फ़िलहाल

राजकमल प्रकाशन

फ़िलहाल

आज की कविता का एक लेखाजोखा

अशोक वाजपेयी

ISBN : 978-81-267-1368-4

मूल्य : ₹595

पहला संस्करण : 1970
सातवाँ संस्करण : 2021

प्रकाशक : राजकमल प्रकाशन प्रा. लि.
1-बी, नेताजी सुभाष मार्ग, दरियागंज
नई दिल्ली-110 002

शाखाएँ : अशोक राजपथ, साइंस कॉलेज के सामने, पटना-800 006
पहली मंजिल, दरबारी बिल्डिंग, महात्मा गांधी मार्ग, प्रयागराज-211 001
36-ए, शेक्सपियर सरणी, कोलकाता-700 017

वेबसाइट : www.rajkamalprakashan.com
ई-मेल : info@rajkamalprakashan.com

मुद्रक : बी.के. ऑफसेट
नवीन शाहदरा, दिल्ली-110 032

आवरण रेखांकन : सैयद हैदर रज़ा

PHILHAL
by Ashok Vajpai

रश्मि के लिए

दस वर्षों में 'फ़िलहाल' का यह तीसरा संस्करण निकल रहा है। अपने समय की महत्त्वपूर्ण रचना को पहचानने और उसकी समझ बढ़ाने के लिए जो कोशिश पहले की गयी थी वह आज भी कुछ प्रासंगिकता रखती है, यह अहसास यों तो अच्छा है पर इसके साथ यह चुनौती भी सामने आती है कि पिछले दशक में कविता में जो नये रुझान और सक्रियता आयी है उसको समझने-बूझने के लिए अपने औज़ारों में संवेदनशीलता और तीक्ष्णता लायी जाये। सन् ८० की शुरुआत एक तरह से काव्यविस्फोट से हो रही है: सृजनात्मक आलोचना के लिए यह नयी विचारोत्तेजना का अवसर है। पूरे परिदृश्य को समझने-सहेजने का काम आसान नहीं होगा। हमेशा की तरह फिर आलोचना को सृजन के सत्यापन के लिए गहरी विनयशीलता और समझ की ज़रूरत होगी और फ़ैसला देने के प्रलोभन से उसे लगातार बचना होगा। यह ज़रूरी होगा, भले बहुत मुश्किल भी।

अशोक वाजपेयी

क्रम

दृश्यालेख

कवियों ने जो आलोचना लिखी है उसे लेकर उनके द्वारा अक्सर यह कहा जाता रहा है कि वह उनके बुनियादी कामों में से नहीं बल्कि आपद्धर्म है। इस बात में कुछ सफ़ाई देने. कुछ अपना बचाव करने का-सा भाव है, हालाँकि ज़्यादातर ये काव्यमूल्य, धारणाएँ और प्रतिमान कवियों की लिखी आलोचना से ही स्पष्ट और विकसित हुए। आलोचना को अपने लिए आपद्धर्म मानने की एक वजह शायद यह भी रही है कि कवि का एक आग्रह आलोचना को दूसरे दरजे का काम मानने का रहा है। यह समकालीन आलोचकों के ज़्यादातर दक़ियानूस, विपन्न और काहिल होने का दुष्परिणाम था। इस झमेले में यह बात भुला दी गई कि आलोचना भी मनुष्य की हालत को देखने-समझने का और अपनी अस्मिता और अभिव्यक्ति की खोज का एक उत्कट माध्यम हो सकती है।

इस पुस्तक के मूल में आलोचना के बारे में मेरी यही धारणा है, और जहाँ तक बना पड़ा है, मैंने समकालीन कविता को समझने-बूझने और इस समझ से हमारे समय के मनुष्य की हालत के बारे में अपने अहसास को प्रासंगिक और गहरा करने की कोशिश की है। इस कोशिश के पीछे इस खोज का अचरजभरा सुख भी है कि कविता, भाषा, रचनात्मक संवेदना की हालत की पड़ताल अपने आप समकालीन मनुष्य की हालत की समझ और पहचान की ओर ले जाती है। विज्ञान, प्रविधि, मनोविज्ञान, समाजशास्त्र, अर्थशास्त्र, आदि के भयावह आतंक के बावजूद जिनके रहते रचनात्मक शब्द की स्थिति आधुनिक समाजों में अवमूल्यित होती जा रही है, कविता मनुष्य की विश्वसनीय और समावेशी परिभाषा

है। निराला ने कहा था कि गद्य जीवन-संग्राम की भाषा है। नई कविता की भाषा ने गद्य के नज़दीक आकर उससे गहरी आत्मीयता स्थापित कर अपने को जीवन-संग्राम की उतनी ही उद्दाम, सहज और उत्तेजक भाषा बना लिया है जितनी समकालीन गद्य की है।

किसी भी समय की महत्त्वपूर्ण कविता अपने समय का साक्ष्य हो सकती है या फिर अपने समय में सीधे हिस्सा लेती, जूझती-उलझती रचना हो सकती है। यह भी ज़रूरी नहीं कि अपने समय का, उसके तनावों-दबावों और दृष्टियों का कविता सीधे-सीधे खुला बखान करे। आलोचना के लिए यह एक बुनियादी समस्या है कि वह कैसे अपनी रुचि को, बिना उसके केंद्रहीन हुए, इतनी लचीली और समावेशी बनाए कि उससे कई तरह की कविताओं, काव्य-दृष्टियों और मूल्यों का सहानुभूति लेकिन दृढ़ता के साथ सामना किया जा सके। रुचि की कोई भी सँकरी दक़ियानूसी, आलोचना का सम्पर्क रचनाओं की सजीव वास्तविकता से तोड़कर, उसे एक अप्रासंगिक परिपाटी में बदल देती है।

लेकिन रुचि के लचीलेपन का अर्थ निरी तात्कालिकता से चिपटकर रह जाना नहीं है। ऐन इस समय, हमारे यहाँ नितांत सम-सामयिकता का ऐसा आतंक है, और सारे ऐतिहासिक विवेक को ताक पर रखकर नितांत नए का ऐसा कनफोड़ नगाड़ा बजाया जाता है कि यह बात भुला दी जाती है कि हमने उत्तराधिकार में भी कुछ पाया है, कि हमसे पहले भी मनुष्य ने अकेलापन और अपने को कगार पर महसूस किया है, कि निराशा, संदेह और अनास्था पहले भी मनुष्य को सता चुके हैं, कि मनुष्य ने पहले भी भयावह सरलीकरणों, निरर्थकता और संत्रास के विरुद्ध संघर्ष किया है। बावजूद बहुत सारे बुनियादी अंतरों के, बीसवीं सदी का भारतीय मनुष्य एकदम अद्वितीय और विविक्त है और इसलिए मनुष्यता के परंपरागत इतिहास से एकदम बाहर और अपरिभाषेय, ऐसा मानना समकालीन साहित्य के मानवीय संदर्भ को अकारण सीमित और सँकरा करना है।

ऐतिहासिक विवेक को छोड़ने के नतीजे रचनात्मक और आलोचनात्मक दोनों ही स्तरों पर भयानक हुए हैं। इससे इतिहास के भार से मुक्ति इतनी नहीं मिली है जितनी एक बेमानी-सी स्वतंत्रता। रचनात्मक स्तर पर भाषा के संस्कार के प्रति, उसकी सांकृतिक जड़ों के प्रति, उदासीनता आई है, और अपनी पारंपरिक अनुगूंजों और आसंगों से, कवियों के अज्ञान और अरुचि के कारण, कट जाने से काव्य-भाषा में—ज्यादातर युवा कवियों की भाषा में—सपाटता, सतहीपन और मानवीय दरिद्रता आई है। अगर साथ ही साथ कुछ खुलापन भी आया है तो उससे भाषा ने जो मूल्यवान खो दिया है उसकी बहुत थोड़ी क्षतिपूर्ति-भर हो पाई है।

आलोचना में खासकर उस आलोचना में जो युवा लेखक लिख रहे हैं, पुराने काव्यमूल्यों और प्रतिमानों का ज़िक्र क्या, आज से दस बरस पहले की धारणाओं और प्रतिमानों की याददाश्त भी धुंधली हो चुकी है। इस सबका समकालीन दृश्य पर प्रभाव पड़ा है। बौद्धिक तर्क की जितनी अवज्ञा आज साहित्य में है उतनी शायद हाल के इतिहास में कभी न रही होगी। किसी धारणा, आलोचनात्मक सिद्धांत या मत का खंडन बौद्धिक स्तर पर करने का किसी को उत्साह ही जैसे नहीं रह गया है। फ़तवेबाज़ी, रिटोरिक आदि से इसको-उसको किसी राजनैतिक, व्यावसायिक संगठन या किसी पीढ़ी आदि के षड्यंत्र का हिस्सेदार कहकर उसकी चरित्र-हत्या करने की खूब और लगातार कोशिश की जाती है, लेकिन बौद्धिक आधार पर तैयारी के साथ उसके तर्कों का संगत खंडन नहीं किया जाता। इस बात से जैसे विश्वास उठ गया है कि तर्क का प्रतिकार तर्क से हो सकता है। एक जागरूक बुद्धिजीवी के लिए इससे बड़ा दुर्भाग्य और क्या होगा कि अपनी समकालीन दुनिया में उसे बौद्धिक चुनौतियाँ दिया जाना बंद हो जाए। नतीजा यह है कि हिन्दी में बुद्धिजीवी, बिना खुद चाहे, बौद्धिक चुनौती के अभाव में धीरे-धीरे स्थापित व्यवस्था बन जाता है। व्यक्ति का अपने आप अपने परिवेश और सहयोगियों की अबौद्धिकता से ऐसा बन जाना लेखक-समाज के भयानक दिवालियेपन की हद पर पहुँचने की सूचना है। स्थापित व्यवस्था के पारंपरिक चेहरों को पहचानना कठिन नहीं, वे सबको मालूम हैं। लेकिन इस चेहराहीन व्यवस्था की ओर बुद्धिजीवी को ढकेलने की दायित्वहीन को थोड़ा गहरे जाकर पहचानने पर दहशत होती है। बौद्धिकता और विचारों से इतनी अरुचि और ऊब के, ज़ाहिर है, बड़े पैमाने पर बहुत गंभीर, यहाँ तक कि मानवद्रोही, नतीजे निकल सकते हैं।

ऐसी हालत में यह पहचान नई करना ज़रूरी है कि वयस्क कविता के लिए निरा अनुभव काफ़ी नहीं, समझ भी ज़रूरी है, और काव्य-भाषा को अनुभव-भर नहीं, कवि के विवेक को भी चरितार्थ करना चाहिए। मनुष्य की हालत को, जो निरंतर जटिल होती जाती है, परिभाषित करने के लिए भाव-संवेदना के अलावा समझ होना भी आवश्यक है। अगर समकालीन कविता तक ही अपने को सीमित रखना हो तो मुक्तिबोध, अज्ञेय, रघुवीर सहाय, श्रीकान्त वर्मा-केदारनाथ सिंह, विजयदेव नारायण साही, कुँवर नारायण, आदि, की कविताएँ इसका प्रमाण हैं। अपनी आदर्श सफलताओं में इन कविताओं में मात्र संवेदनात्मक पकड़ नहीं, बौद्धिक समझ और विचारशीलता भी है। यह ठीक है कि उनमें से हरेक की विचारधारा अलग-अलग है। इधर युवा कवियों में जो भोलापन या अबोधता और अबौद्धिकता की मुद्राएँ हैं, वे उनके काव्य-संसार को सीमित और उथला करती हैं, क्योंकि उसे विचारों से सुरक्षित रखा

गया है। बल्कि यह कहना निराधार न होगा कि अनुभूति, सीधी और नंगी अनुभूति, के साहस के साथ-साथ विचार के साहस का न होना उनके तथाकथित साहस की व्याप्ति और प्रासंगिकता को काफ़ी हद तक अधूरा और कमज़ोर करता है। इस हालत में ज्यादातर युवा कविता में ऐंद्रिकता और आदिम चमक भले हो, समझ शायद नहीं है—कम से कम अपने समय के मनुष्य की हालत के बारे में हमारे अहसास को वह सहलाती तो है पर उसे गहरा, तीखा या विचलित कर किसी नई समझ या पहचान की ओर ले जाने में अक्सर असमर्थ रहती है।

शायद विचार का साहस न होने का ही एक नतीजा यह है कि अक्सर हमारे यहाँ ज्यादातर कवियों का कोई उल्लेखनीय और रचनात्मक विकास नहीं हो पाता। नई कविता में चरितार्थ अनेक और कई बार अंतर्विरोधी जीवन और मूल्य-दृष्टियों के बीच कोई ऊपर-नीचे, आगे-पीछे की कठोर या स्वयंसिद्ध क्रम-परंपरा निश्चित नहीं की जा सकती। लेकिन कोई दृष्टि प्रासंगिक है या नहीं, इसकी पड़ताल ज़रूर की जा सकती है। यह पड़ताल बौद्धिक और रचनात्मक दोनों स्तरों को समेट सकती है और उसमें यह देखना होगा कि कौन-सी दृष्टि या दृष्टियाँ समकालीन जीवन और अनुभव के ज़्यादा से ज्यादा तथ्यों, समस्याओं और संकटों को समेटने और समझने में हमारी मदद करती हैं। दूसरे, किसी दृष्टि की शक्ति की परख इससे भी होगी कि वह किस हद तक दूसरी दृष्टियों द्वारा प्रस्तुत चुनौतियों के प्रति सक्रिय ढंग से जागरूक है, और किसी नई सचाई के दबाव से अपने को यथोचित रूप में संशोधित या परिवर्द्धित करने के लिए तत्पर है। इस सिलसिले के कुछ एक ठोस प्रसंग उठाने से अभिप्राय कुछ और स्पष्ट होगा।

पिछले दिनों यह बात बहुत ज़ोर-ज़ोर से उठाई गई है कि साहित्य का कोई सामाजिक अभिप्राय या उद्देश्य नहीं होता, और अगर होता भी हो तो उसका अहसास होना लेखक के लिए न केवल ज़रूरी नहीं है बल्कि खतरनाक है। इसी से साहित्य की नितांत स्वायत्त दुनिया होने की धारणा भी विकसित की गई है। आम तौर पर इन धारणाओं को आधुनिकता की धारणाएँ मानकर नई संवेदना की चारित्रिक विशेषताओं के रूप में प्रस्तुत किया गया है। इस दृष्टि के लोकप्रिय रहते एक दूसरी घटना हुई मुक्तिबोध की कविता की उपलब्धियों का स्वीकार, जिसमें इस दृष्टि के लिए सबसे बड़ी चुनौती छपी हुई है। इस बात पर अधिकाधिक सहमति होती गई है कि मुक्तिबोध की कविता नई कविता की श्रेष्ठ उपलब्धि है, और बहुत-सारे युवा कवियों के लिए वह उद्गम-ग्रंथ बन गई है। लेकिन मुक्तिबोध साहित्य के सामाजिक उद्देश्य और उसके सचेत अहसास की पुरानी लगती धारणाओं में विश्वास करते थे। उनकी

आधुनिकता से, उनके पोर-पोर और कविरूप में गहरे समकालीन होने से, कोई इनकार नहीं करता। तब क्या सामाजिक उद्देश्य की धारणा को पुरानी और अप्रासंगिक मानने वाली हमारी दृष्टि कमज़ोर है? क्या युवा कवि मुक्तिबोध की कविता के सिलसिले में कविता के सामाजिक उद्देश्य, परिणति और दायित्व के, उसकी स्वायत्तता के, प्रश्नों पर अपनी धारणाओं पर फिर से विचार करने को तैयार या उत्तेजित हैं? अगर नहीं, जो कि शायद सच भी है, तो मुक्तिबोध की चुनौती का क्या जवाब है? उनकी कविता की उपलब्धि और अपेक्षाकृत पुरानी दृष्टि और दूसरों की तथाकथित नई दृष्टि के बीच जो भीषण अंतर्विरोध जन्म लेता है उसका समाधान क्या है? या इस अंतर्विरोध को पहचानने और उससे जूझने की कोई ज़रूरत युवा लेखक को नहीं लगती, क्योंकि वह अपनी अबौद्धिकता में 'नींद में डूबे योद्धा' की तरह सुरक्षित है?

युवा लेखकों के विचार-विरोध और ऊब या अबौद्धिकता का एक और पक्ष कविता में इधर बढ़ी सपाटबयानी से भी जुड़ा हुआ है। नई कविता में बिंबों और प्रतीकों की ऐसी भरमार हो गई थी कि कविता शब्दाडंबर होने लगी थी और उसकी अनुभवात्मक तात्कालिकता नष्ट-सी हो गई थी। कविता को फिर जीवित तात्कालिकता देने के लिए और काव्य-भाषा को, जो बिंबों में फँसकर गतिहीन और जड़ हो चली थी, ताज़गी और जीवंतता देने के लिए, युवा कवियों ने अगर सपाटबयानी की ओर रुख किया तो यह स्वाभाविक और ज़रूरी ही था। लेकिन सपाटबयानी जल्दी ही सतही और यांत्रिक बखान का पर्याय बन गई है और समकालीन यथार्थ का बड़ा अबोध बयान उसके माध्यम से हो रहा है: इसकी तह में समझ को अनुभूति को नियंत्रित न करने देकर यथार्थ का कामचलाऊ और निरा इंद्रिय-बोधी सरलीकरण करने की प्रवृत्ति भी कहीं न कहीं ज़रूर घर करती जान पड़ती है।

सपाटबयानी के खतरे का एक दूसरा पक्ष भी है। इधर की कविता में शिल्प की धारणा भी खासी अवमूल्यित हुई है। बहस और चर्चाओं में भी शिल्प की कोई बात नहीं उठाता। ऐसी हालत में भाषा और काव्य-व्यवस्था के प्रति एक तरह का कामचलाऊ रुख-भर है और इस बात की आशंका है कि युवा प्रतिभा समझ को और भी पीछे ढकेलकर भाषा के अनियन्त्रित और मन-माने उद्रेक को कविकर्म मानने की निहायत रूमानी धारण का शिकार हो रहेगी। इस सिलसिले में कुछ युवा कवियों की लंबी कविता के प्रति आकर्षण उल्लेखनीय है। दुनिया के अपने अहसास और समकालीन जटिलताओं को अधिक संश्लिष्ट ढंग से उजागर करने के लिए अगर युवा कवि छोटी जटिल कविता की परिपाटी तोड़कर एक व्यापक फार्म की ओर बढ़े हैं तो यह उचित ही है। धूमिल की **पटकथा**, मणि मधुकरी की **खंड खंड पाखंड पर्व** और सौमित्र

मोहन की लुकमान अली जैसी लंबी कविताओं में अनुभव का विस्तार और गहरा संयोजन उतना नहीं है जितना उसकी स्फीति ! केंद्रीय अनुभव (बौद्धिक रूप में नहीं, कविताओं में चरितार्थ रूप में) सीमित होने के कारण इन कविताओं में कोई सजीव नाटकीयता नहीं है बल्कि रूमानी अतिरंजना और बड़बोलापन है, फिर वह कहीं बिंबधर्मिता से हो और कहीं सपाटबयानी से। रोज़मर्रा की दुनिया में अपनी पीड़ा और संत्रास का उत्सव मनाना वैसा ही रूमानी काम है, जैसे किसी रहस्य-दृष्टि या लोकोत्तर संसार या आत्मा-परमात्मा के तादात्म्य का उत्सव मनाना।

यथार्थ से सीधे साक्षात्कार के नाम पर रूमानियत, और आत्मसाक्षात्कार के नाम पर आत्मरति, को समझने के लिए युवा लेखक से बाहर जाकर उसका समाजशास्त्रीय संदर्भ देखना भी शायद ज़रूरी हो गया है। ज़्यादातर युवा लेखक छोटे शहरों और क़स्बों से महानगरों की ओर भाग रहे हैं : महानगरों में एक तरफ़ तो भीड़ें, निर्वैयक्तिक संसार है, और दूसरी तरफ़ स्त्री-पुरुष संबंधों में ख़ासकर युवक-युवतियों को लेकर, बढ़ती हुई स्वतन्त्रता और बेहिचक सहजता। यह कहना ग़लत न होगा कि भारत के महानगरों पर, ख़ासकर दिल्ली पर, इस मामले में नवयुवक-युवतियों ने, जिन्हें अंग्रेजी में 'टीन एजर्स' कहा जाता है, जैसे कब्ज़ा-सा कर लिया है। उनके संग-साथ और निर्भीक खुले व्यवहार से महानगरों में एक लगातार सनसनी का वातावरण बन गया है। ज़्यादातर युवा लेखकों के निजी क़स्बाई परिवेश, परिवार और अन्य संस्थाएँ जिनके बीच वे पलकर बड़े हुए हैं, इस तरह की निर्भीकता, पारस्परिक घनिष्ठता और खुलेपन का न तो कोई अवसर देते थे और न ही इजाज़त। इसलिए उनकी क़स्बाई संवेदना में इच्छा, निजी वास्तविकता और महानगरों के परिवेश की वास्तविकता में एक गहरी खाई पैदा होती है। लगता है बहुत-से युवा लेखक इस खाई को पहचानकर उससे विकसित तनावों की कोई गहरी रचनात्मक पड़ताल की उसके तीखे सच्चे अनुभवों को अपनी सृजनात्मकता का आधात नहीं बनाते, बल्कि सामाजिक स्तर पर इस स्थिति को जैसे लाँघने-छुपाने के लिए अपनी रचनाओं में एक असंभव 'टीन एज' की दुनिया बसाते हैं—स्त्री, यौन-संबंध, प्रेम आदि, को लेकर जो 'जीभ और जाँघ का चालू भूगोल' इन रचनाओं में नज़र आता है वह शायद सामाजिक स्तर पर अपने पिछड़े होने के अहसास को संबंधों में आक्रामकता और उग्रता द्वारा दुरुस्त करने की कोशिश की ही एक परिणिति है। बहुत-सा युवा लेखन स्त्री से अगर आक्रांत है, और उसका ख़ासा भाग स्त्रियों के जीवन में आने-जाने पर केंद्रित है, तो यह आकस्मिक नहीं है। बल्कि जो अपेक्षाकृत गंभीर और सक्षम लेखक हैं, जैसे महेन्द्र भल्ला और श्रीकान्त वर्मा, उनमें भी एक तरह का आत्मप्रदर्शन

इस सिलसिले में नज़र आता है : वे भी अपने तथाकथित पुरुषत्व की इमेज में गिरफ्तार लेखक हैं, और कई बार लगता है कि उनका उद्देश्य स्त्री-पुरुष के संबंधों को लेकर कुछ महत्त्वपूर्ण खोजना-रचना उतना नहीं है जितना कि अपना पुरुषत्व साबित करना।

स्त्री के आतंक के समानांतर दूसरा आतंक है भीड़ का। अगर स्त्री का आतंक निजी वास्तविकता को सरलीकृत करता है तो भीड़ का आतंक सामाजिक वास्तविकता को। शहरों में लगातार बढ़ती हुई भीड़ें हमारी ज़िंदगी का एक रोज़मर्रा का अनुभव है। इसलिए युवा लेखन में समकालीन दृश्यालेख का एक प्रमुख तत्त्व भीड़ है तो इसमें अचरज नहीं होना चाहिए। लेकिन बात इतनी ही नहीं है। दरअसल समाज की पूरी धारणा ही अवमूल्यित होकर भीड़ की धारणा में बदल गई है। केदारनाथ सिंह की एक कविता के शीर्षक से शब्द उधार लेकर कहा जा सकता है कि ज़्यादातर युवा कविता 'भीड़ के विरुद्ध' शब्द है। समाज से एक आर्गेनिक रिश्ता संभव है, लेकिन उस चेहराहीन नामहीनता से जिसे भीड़ कहते हैं, ऐसा कोई रिश्ता संभव नहीं। इसलिए युवा कवि की अस्मिता की खोज समाज में अस्मिता की खोज न होकर भीड़ के विरुद्ध अस्मिता की खोज हो गई है। सवाल यह है कि समाज को उसकी जटिल विविधता और जीवित उलझावों में देखकर उसे भीड़ के रूप में सरलीकृत करने से कविता पर क्या असर पड़ता है। बल्कि उससे भी पहले शायद यह परखना ज़रूरी है कि क्या समाज को सिर्फ़ भीड़ मानना, जिससे अलगाव, कटाव और विरोध ही संभव है, जीवित वास्तविकता की सही समझ प्रगट करता है या नहीं। अगर साहित्य से बाहर के तथ्यों का सहारा न लेना हो तो एक बार फिर मुक्तिबोध की कविता को देखा जा सकता है। उसमें हमारे समय की जटिल और भौचक करने वाली सचाई का गहरा और तीखा अहसास है, लेकिन समाज की धारणा भी सक्रिय रूप से मौजूद है। समाज में कारगर शक्तियों के उलझाव टकराव और तनाव को उनकी कविता बिना किसी सरलीकरण के सीधे और तीव्र ढंग से पहचानती है। मुक्तिबोध के काव्य-संसार में समकालीन मनुष्य का सारा भय और संदेह मौजूद है, लेकिन भीड़ें नहीं समाज और उसमें विविध शक्तियों का स्पष्ट बखान और कई बार तो विश्लेषण तक है। यह बखान और उसके पीछे सक्रिय पहचान उनकी कविता में निजता और सामाजिकता के द्वैत को अप्रासंगिक कर देती है और आधुनिक मनुष्य के निजी संसार और उसकी सामाजिक जड़ों की हमारी पहचान और समझ को गहरा और सार्थक करती है। मुक्तिबोध का काव्य-नायक युवक कवियों के काव्य-नायकों की तरह भीड़ के विरुद्ध नहीं है—क्योंकि उनके यह भीड़ नहीं, जीता-जागता समाज है—समाज के विरुद्ध खड़ा हुआ

व्यक्ति नहीं है, वह समाज का एक विराट सरलीकरण भीड़ में कर उससे छुट्टी नहीं पा लेता, बल्कि वह सामाजिक शक्तियों के भीषण टकराव में उन ठोस सामाजिक शक्तियों के विरुद्ध है, जो मनुष्य की अस्मिता, अस्तित्व और मुक्ति के विरुद्ध षड्यन्त्र करती हैं। मुक्तिबोध के यहाँ इसलिए व्यक्ति का संघर्ष किसी सरलीकरण या सामान्यीकरण से नहीं, बल्कि ठोस सामाजिक और आंतरिक शक्तियों से है। इससे स्पष्ट है कि भीड़ के बहाने युवा कविता जीवित सामाजिक संघर्ष, ठोस शक्तियों और जटिल ब्योरों से जूझने से बचती या कतराती है : भीड़ का सपाट सरलीकरण समकालीन व्यक्ति के परिवेश की समझ को भी अधूरी और एकांगी करता है, और बौद्धिक समझ और रचनात्मक बोध दोनों ही स्तरों पर युवा संवेदना को सतही करता है। अपने व्यक्तित्व के हर कमज़ोर-मज़बूत रेशे को आत्यंतिक और महत्त्वपूर्ण समझने वाला युवा लेखक भीड़ को एकबारगी बिना किसी हिचक के ऐसे अस्वीकार कर देता है जैसे वह जीवित व्यक्तियों का समूह न होकर एक जड़ दृश्यपट-भर हो। इस सरलीकरण से जहाँ व्यक्ति के संघर्ष और तनाव का मानवीय संदर्भ सीमित और ओछा होता है, वहाँ इस पहचान के अभाव से कि भीड़ में शामिल लोगों में भी तनाव और आत्मसंघर्ष होता है, तथाकथित 'मैं' का वस्तुनिष्ठ स्थिति से कोई जोड़ नहीं हो पाता और वह रूमानी और शब्दाडंबरी हो जाता है। यों भी कविता में जब जटिलता का स्थान सरलीकरण लेते हैं तब उसमें सतहीपन और सपाटता आती है; पर जब सरलीकरण अपने पूरे जीवित परिवेश का ही हो तो कविता के अमानवीय (डिह्यूमैनाइज्ड) होने का भारी ख़तरा पैदा होता है। बहुत सारी युवा कविता अगर ऊब और चिढ़ पैदा करती है तो इसलिए कि वह घूम-फिरकर स्त्री और भीड़ के सरलीकरणों में उलझ जाती है और उन जटिलताओं का अहसास और समझ नहीं देती जो दरअसल आज हमारी ज़िंदगी में हैं।

किसी भी समय युवा प्रतिभा का अपने सच को चरितार्थ करने के लिए चालू मुहावरों से बचना पहली जरूरत है। इस समय ऐसे युवा कवि खोजना मुश्किल हो रहा है जो चालू मुहावरों से बिलकुल सुरक्षित रह पाए हों। जिन कवियों का मुहावरा निजी और विशिष्ट होने के कर्म में लगा जान पड़ता था, उनमें भी चालूपन के दबावों ने कुछ विकृति पैदा कर ही दी है। कमलेश की कविता **वहाँ से लौटकर** में रघुवीर सहाय की तरह भद्रराम, इस्माइल आदि व्यक्ति-नामों का इस्तेमाल है। विनोदकुमार शुक्ल की **आरंभ-५** में प्रकाशित लम्बी कविता **एक कविता** में उनके सही रंग से हटकर सामाजिक सचाई के बारे में ऐसी प्रचलित चुस्त फिकरेबाज़ी की पंक्तियाँ हैं—'चूहा/एक आसान किस्त है/आदमियत का क़र्ज़ पढ़ने के लिए' या 'जहाँ तक अफसर की घंटी

की आवाज़ जाती थी/मेकमोहन लाइन वहीं से शुरू होती थी ।' धूमिल की **शहर, शाम और एक बूढ़ा मैं** में इस तरह के अतिव्याप्त कथन हैं—'चौराहे पर/कवायद करते हुए ट्रैफिक पुलिस के चेहरे पर/मुझे हमेशा जनतंत्र का नकशा/नज़र आया है ।' लीलाधर जगूड़ी की **इस अवस्था में** सामान्यीकरण है जैसे 'जातीय ज़मीन पर/देशवासी हो जाना/प्रजातंत्र का मसविदा है ।'

पिछले कुछ दिनों से कविता और राजनीति को लेकर जो बहस चल रही है उसमें कुछ दिलचस्प धारणाएँ सामने आई हैं, ख़ासकर उन लोगों की जो दोनों के बीच किसी रिश्ते को ख़तरनाक और ग़रज़रूरी मानते हैं । एक तर्क यह है कि कविता समग्र सचाई की खोज करती है और बाक़ी सब अनुशासन, फिर वह राजनीति हो, धर्म, विज्ञान या और दूसरे, खंड सचाई की। अनुशासनों में एक क्रम-परंपरा-सी बनाना भ्रामक है । मनुष्य कई क्षेत्रों में अपनी हालत की परिभाषाएँ, अपने पूरे सच की खोच करता है । परिभाषा के लिए औज़ार, अंतर्दृष्टियाँ और विधियाँ अलग-अलग हैं, लेकिन यह मानने का कोई आधार नहीं जान पड़ता कि कविता में उपलब्ध परिभाषा दूसरी परिभाषाओं से अधिक समग्र या अधिक प्रामाणिक है । ऐसा मानना आधुनिक समाज में कविता के अवमूल्यन के विरुद्ध भावुक प्रतिक्रिया हो सकती है, लेकिन दूसरे अनुशासनों को अवमूल्यित कर सत्य पर कविता के एकाधिकार या अधिक प्रामाणिक अधिकार के दावे को तथ्यों या धारणात्मक दृष्टि से पुष्ट करना लगभग असंभव है । दूसरा तर्क यह है कि राजनीति कविता को हमेशा भ्रष्ट ही करती है । इस तर्क से एक तो कवि का अपने में आत्मविश्वास न होना ज़ाहिर होता है, और दूसरे, सारी राजनीति को भ्रष्ट मानने का सरलीकरण । अगर मुक्तिबोध, रघुबीर सहाय और धूमिल जैसे कवियों को राजनीतिक घनिष्ठता ने भ्रष्ट नहीं किया है तो खोट राजनीति में नहीं, कवि की प्रतिभा में खोजना चाहिए । आख़िर स्त्री और भीड़ के चालू मुहावरे भी कवियों की निजता और वैशिष्ट्य को क्षति पहुँचाते ही हैं । भ्रष्ट होने वाला कवि राजनीति से ही क्यों, धर्म, नृतत्व, मनोविज्ञान, दर्शन, अपने सँकरे व्यक्तित्व, शुद्धता, जड़ीभूत सौंदर्याभिरुचि, तत्कालीन रुचियों आदि से भी भ्रष्ट होता रहता है । लेकिन महत्त्वपूर्ण कवि इन दबावों के अहसास में जागरूक ढंग से अपनी संवेदना, भाषा और अंततः कविता के संसार को अधिक गहरा, प्रासंगिक और समृद्ध करता है ।

इससे जुड़ा सवाल समकालीनता और आधुनिकता का भी है । मनुष्य की ज़िंदगी का एक तात्कालिक संदर्भ है जिसमें उसके तात्कालिक प्रश्न और समस्याएँ हैं, उसके नितांत आज के सरोकार, तनाव और अंतर्विरोध हैं । इनसे अलग

लेकिन जुड़ा हुआ मनुष्य का एक व्यापक संदर्भ है जिसमें उसके चिरंतन या चरम प्रश्न और समस्याएँ हैं जिनके रहते मनुष्य संसार में अपने होने, अपनी हालत, अपनी नियति और भविष्य के बारे में चिंतित होता है, हल खोजता है। जो कवि मनुष्य के तात्कालिक संदर्भ तक सीमित रह जाते हैं वे समकालीन तो होते हैं, आधुनिक नहीं। लेकिन ऐसे कवि जो तात्कालिक संदर्भ से सीधे या परोक्ष ढंग से प्रतिकृत होते हुए अपने तात्कालिक अनुभव को मनुष्य के चरम अनुभव के प्रकाश में उजागर करने और समझने की कोशिश करते हैं उन्हें ही आधुनिक कहा जा सकता है। ज़ाहिर है कि जहाँ आधुनिक कवि का समकालीन होना अनिवार्य है, यह बिलकुल ज़रूरी नहीं है कि हर समकालीन कवि आधुनिक भी हो। शायद हर समाज कहीं गहरे अपनी नियति, अपने भविष्य, अपने अर्थ की खोज करता संसार है। पर यह अक्सर स्पष्ट नहीं होती। इसी तरह आधुनिक काव्य-संसार में इस खोज का अहसास और तनाव ज़रूरी नहीं कि स्पष्ट हो। मुक्तिबोध, शमशेरबहादुर सिंह और रघुवीर सहाय की दुनिया अपने-अपने ढंग से सीधे समकालीन है लेकिन जहाँ मुक्तिबोध में तात्कालिक और चरम सीधे तनाव की स्थिति में होते हैं, शमशेरबहादुर सिंह और रघुवीर सहाय के यहाँ शायद यह तनाव अधिक प्रच्छन्न है। श्रीकान्त वर्मा की कविता में यह तनाव स्पष्ट महसूस किया जा सकता है। लेकिन अज्ञेय की बाद की कविता समकालीन तनावों से कट जाने के कारण एक सतही शाश्वतता से आक्रांत हो जाती है और अपनी जड़ें ही आधुनिकता से काट लेती है, और समकालीन और आधुनिक दोनों ही तरह की प्रासंगिकताओं से नीचे गिर जाती है।

ऊपर कुछ उन धारणाओं और विचारों का उल्लेख है जो समकालीन कविता के दृश्य को देखने-समझने के आधार को स्पष्ट करते हैं। शायद इस आधार की केन्द्रीय धारणा कविता के प्रति यह ट्रैजिक दृष्टि है कि कविता को समकालीन मनुष्य की हालत उजागर करने, समझने और परिभाषित करने की कोशिश करनी चाहिए, हालाँकि कविता उन शक्तियों में से नहीं रह गई है जो आधुनिक समाज में उस हालत को प्रभावित कर या बदल सके। इस कोशिश से निकटता या दूरी समकालीन कविता की क्रमशः समृद्धि और वयस्कता या विपन्नता और अपरिपक्वता की विश्वसनीय पहचान है।

इस पुस्तक के लेख जब-तब लिखे गए हैं और इसलिए उनमें बहुत स्पष्ट तारतम्य नहीं है। कई स्थापनाएँ या बातें दुहराई भी गई हैं। लेकिन ऊपर जो कहा गया है वह उन खोजों और आग्रहों को स्पष्ट करता है जो समकालीन कविता पर विचार करते समय मन में रहे हैं।

तलाश के दो मुहावरे

तुम शताब्दियों पीछे
छोड़ आए हो अपनी भूमि
भाषा में
अजनबी शब्दों की बहुतायत है इस समय
शब्द भी तुम्हें मजबूर करते हैं
अनावृत करने को
अपना असली हाल
भूलने को
संपदाएँ प्रकृति की
कहाँ से हो परिचय की शुरुआत ?

शायद कमलेश की कविता के कुछेक सरोकारों को उनकी ऊपर उद्धृत कविता के अंश के सहारे पहचाना जा सकता है। भाषा में अपनी पीछे छूट गई भूमि की तलाश, अपना असली हाल अनावृत करने की मजबूरी, प्रकृति की संपदाएँ भुलाने की कोशिश को देखकर उनके काव्य-संसार से परिचय की शुरुआत की जा सकती है।

सबसे पहले तो कमलेश का काव्य-संसार बिंब-केंद्रित और अपने समवयस्कों के मुक़ाबले सबसे ऐंद्रिक व्यवस्था है। भाषा में निजी भूमि की तलाश कमलेश को भाषा के स्वप्न-जगत, उसमें रची-बसी सजीव यादों की ओर ले जाती है। शताब्दियों पीछे छूट गई भूमि को फिर से प्राप्त और चरितार्थ करना जैसे भाषा की जड़ों तक, उसके बचपन तक जाना है। कमलेश के बिंबों में इसीलिए शुद्ध संवेदनात्मक आघात है :

कोई सुराग़ पाने की कोशिश में
मौसम का
तुम्हारी आँखों की पुतलियाँ धीमी बयार में
पौधों-सी हिलती हुई
तुम्हारे स्तनों से झरते हुए फूल···

या जैसे 'जरत्कारु' कविता में

वे रात को चले गये घोड़ों पर सवार, हम जो
सिवान तक पहुँचाने गए थे लालटेनें लेकर
वापस लौट आए दूर जाती टापों की आवाज़ें
सुनते देर तक थके-हारे सो गए, हमने फिर
सपने देखे शेष रात-भर

भाषा की जड़ों तक पहुँचना अनुभव की जड़ों तक पहुँचने का ही दूसरा नाम है—यह पहुँच कमलेश में भाषा को ऐसी रहस्य-मुद्राएँ और चित्रमयता दें देती है कि भाषा सपने के बहुत नज़दीक आ जाती है। बल्कि शायद यह कहना उचित होगा कि कमलेश के काव्य-संसार में भाषा सपना देखती है। सपने और सच का पारंपरिक अंतर्विरोध या द्वैत कमलेश के यहाँ ग़ायब हो जाता है। अनुभव के सच को वे सपने के माध्यम से उसकी सजीव गहराई और रहस्यमयता में खोजने-पहचानने की कोशिश करते हैं।

भाषा की जड़ों तक पहुँचने की कोशिश कमलेश को उन अनुगूँजों, आशयों और मुद्राओं की ओर भी ले जाती है जो कि समकालीन कविता के अत्यधिक शहरातीकरण में उनसे छूट गई है :

समुंदर की नवजात परियाँ
हमें फुसला ले जाती हैं अपने देश में जहाँ
रेशे-रेशे से बहती हुई एक नदी है हमें तैरने को
और हम भूल जाते हैं तैरना, ओ सुबह—गई नयनाभा।

हिरनों के यूथ, नृत्यशालाएँ, आखेट, नीले ऐश्वर्य, भोग्या वसुंधरा, तांत्रिक नागलोक, देवदूत, परशु, रस-परिवर्तन, विष्णुप्रिया, हरिराका, सशस्त्र पहरेदार, अभिसार, प्रवालद्वीप, दैवीगृह, प्रजाजन, सम्राट, ईश्वरीय देश, देवता, मौन सहानुभूतिशील तपस्वी, स्वप्नाली, अशेष यात्राएँ, आदि, बीसियों शब्द या शब्द-समूह कविताओं की संरचना में एक मिथिकल-सा लोक ले आते हैं और काव्य-संसार के अन्दर अनुभव के सीधे और आज के लोक के साथ-साथ एक अंतर्ध्वनित 'दिवंगत' लोक भी उजागर हो जाता है। या शायद उन्हें दो लोक कहना उनके आर्गेनिक संबंध की सही व्याख्या न होगी। वे काव्य-संसार की दो तहें हैं जो एक-दूसरे में घुली-मिली हैं—एक तह में दूसरी तह जैसे अनिवार्यतः निहित है।

"हम डर रहे हैं कि कल वह नाच ग्राखिरी होगा" पंक्ति में मृतात्माओं का नाच अनायास पौराणिक प्रलयंकर नृत्य से भी जुड़ जाता है। यह याद, जो हमारी जातीय याद है, भाषा में एक और तह का ग्रहसास पैदा करती है। भाषा में कवि के उपयोग से स्वतंत्र जो प्रतीक-व्यवस्था अंतर्निहीत होती है उसे, और उससे जुड़ी जातीय यादों को, अपनी बिंब-व्यवस्था में गूँथकर कमलेश मुहावरे की एक असाधारण समृद्धि उपलब्ध करते हैं। इसलिए उनकी कविता अर्थ के किसी एकायामी स्तर पर नहीं, उसकी कई तहों को काव्य-संगति में समेटती चलती है। यह महत्त्वपूर्ण है, क्योंकि ज़्यादातर युवा कवियों में भाषा के प्रति ऐसा तीव्र बोध और ज़िम्मेदारी का अहसास नहीं है, और तथाकथित सपाटबयानी के चलते ज़्यादातर की भाषा अर्थ के एकायामी स्तर पर ही सक्रिय होती है। फिर कमलेश की कविता में परंपरा और सीधे अनुभव के बीच कोई सीधा-सपाट साक्षात्कार नहीं है, बल्कि कविता अपने पूरे फलितार्थ में परंपरा और अनुभव की धारावाहिकता में ही अपनी जड़ें फेंकती और चरितार्थता पाती है।

जब ऐंटी-रोमैंटिक होने के शौक़ में बहुत सारे युवा कवियों ने भाषा की वाचकता और ऐंद्रिकता को कुंठित कर दिया है, कमलेश की कविता की ऐंद्रिकता विशेष उल्लेखनीय जान पड़ती है। यह ऐंद्रिकता उनकी गहरी रूमानियत से जुड़ी हुई है और कमलेश कहीं भी अपनी रूमानियत को अकवियों की तरह सतही मुद्राओं और अर्थहीन निर्भीकता से छुपाने या लाँघने की कोशिश नहीं करते। बल्कि अनुभव के सच में सपना मिलकर उसकी काव्य-चरितार्थता को एक ऐसी ऐंद्रजालिकता दे देता है कि बावजूद इससे हुई भावस्फीति के, कविता में अद्भुत तात्कालिकता आ जाती है:

मैं तुम्हें खोजता हूँ, चंद्रमा की कलाओं के बीच
तुम्हारे शुतुरमुर्ग के पंख बिटोरते हुए—तुम्हारे
घोंसलों में बैठे हुए साँपों से डरते हुए, मैं तुम्हें
पाने की कोशिश करता हूँ जिराफ़ों दरियाई घोड़ों के बीच जहाँ
हथिनियों के बच्चे बड़े हुए हैं

विष्णुप्रिया में इस दृष्टि से रूमानियत और ऐंद्रिकता का अद्भुत रचाव है:

तुम्हारी देह की किस कारा में बंदी हैं हम
ओ साँझ-गई हरिराका जहाँ रोज रात शैया से
शेर के शरीर की दुर्गन्ध उठती है और हम
इस कारा में छटपटाते चक्कर लगाते रहते हैं अपने को
एक-गुना, दो-गुना और सौ-गुना गिनते हुए…

ज़ाहिर है कमलेश अतिरंजना से काम ले रहे हैं, लेकिन प्रखर ब्योरे उसे प्रासंगिक बनाते हैं। इसलिए उसमें आत्म-प्रदर्शन नहीं, आत्म-विस्तार है। अति-

रंजना को एक दूसरे स्तर पर संयमित और प्रासंगिक करती है कविताओं की अनिवार्यता। आम युवा कविता की तरह कमलेश की कविता आदि और अंतहीन नहीं है। एक अनिवार्य संरचना का घटक होने के कारण रूमानी अतिरंजना निरा भावोद्रेक या शब्दों या बिंबों की 'फ़िज़ूलखर्ची' बनकर नहीं रह जाती, बल्कि कविता की सार्थकता बढ़ाने में समझ-बूझकर हिस्सा लेती है। फिर कमलेश शायद ही कभी सामान्यीकरणों और भाववाचक संज्ञाओं से अपनी अतिरंजना बुनते हों जैसा कि अकवि करते हैं। जटिल अनुभव को चरितार्थ करने के लिए अगर किसी भाववाचक संज्ञा का इस्तेमाल करना ही पड़े तो वे उसे ऐसे ठोस चित्रों में रख लेते हैं कि वह मूर्त लगने लगे :

उन पहाड़ियों की चट्टानों में
तुम्हारे स्तनों की आहट है स्वप्नों से भी कुछ भारी
कुछ ठोस-सा संसार एक कंदरा में किसी याद
के ऊँघने पर निर्भर है यहाँ एक आवाज़ की गुर्राहट
असमान अंतरालों पर खरगोश की तरह उछलती चली जाती है…

लेकिन लगता है कमलेश ऐंद्रिकता के बहाने अपना असली हाल अनावृत करने की मजबूरी से बच जाते हैं। उनकी भाषा स्वप्न देखती है, लेकिन आज की सचाई की जटिल विविधता और उलझावों से जूझती या टकराती नहीं है। कमलेश की ऐंद्रिकता मुक्तिबोध की तरह समकालीन भयावह सचाइयों की फैंटेसी के रूप में पुनर्रचना नहीं है, वह एक स्वायत्त संसार रचने की कोशिश है। सवाल यह है कि क्या यह स्वायत्त काव्य-संसार प्रासंगिक संसार भी है ? इसका उत्तर खोजने की कोशिश करने पर यह लगता है कि ज़्यादातर कमलेश अपने काव्यानुभव को ऐसी सीमाओं में रखते हैं कि उसके सौंदर्यमूलक आनंद प्राप्त हो। समकालीन मनुष्य के तीव्र अंतर्विरोध, भय, संदेह इसलिए सीधे-सीधे कमलेश के काव्य-संसार में नहीं दीख पड़ते। वे अगर हैं भी तो उन्हें उनकी ख़ास सौंदर्य-दृष्टि, कमलेश का ही एक शब्द लेकर कहें, 'रस-परिवर्तित' कर देती है। नतीजा यह होता है कि कमलेश की कविता असली हाल अनावृत नहीं करती, बल्कि उस हाल के एक ऐसे अपेक्षाकृत प्रीतिकर पहलू को उजागर करती है कि असली हाल और उसके पहलू के बीच अंतराल आ जाता है। बाहरी सचाई के भीषण दबावों और निजी अनुभव के बीच ज़्यादातर युवा कविता में तनाव और टकराहट है। लेकिन कमलेश के संसार में ऐसा कोई तनाव नहीं जान पड़ता। अधिक से अधिक उनके यहाँ शुद्ध काव्य-कौशल के स्तर की अभिव्यक्ति की छटपटाहट है, लेकिन वह अपने समय को उसकी जटिल अराजकता में व्यवस्थित करने और पकड़ने की छटपटाहट नहीं जान पड़ती। यह नहीं है कि रचनात्मक स्तर पर कमलेश को अपने संसार के सँकरे होने का अहसास न हो।

सिकुड़ती जाती है ऋतु मौसमी फूलों की/मृदुता महसूस नहीं होती। बल्कि वे इस अहसास को सीधे अपने काव्य-संसार की समस्या से जोड़ते भी हैं :

> **घोषित धोखों**
> **की भाषा में बैंगनी नीले लाल फूलों के क़िस्मों की**
> **पहचानें सारी उलट-पुलट जाती हैं, रोता है**
> **देवता मुरदार आयुधों के नाम, जरूरी हो जाती है तब**
> **कविता एक और क़िस्म की।**

कमलेश की बाद की कविताओं को इस एक और क़िस्म की कविता की तलाश में लिखी रचनाओं के रूप में देखा जा सकता है। लेकिन यह तलाश अभी तक कमलेश को एक अधिक समावेशी मुहावरे की ओर नहीं ले जा सकी है। सामाजिक सचाइयों से रिश्ता जोड़ने की कोशिश कुछ ऐसे अबोध भाव से वे करते हैं कि भाषा अपनी दूसरी अर्थ-तहों से कटकर सपाट और एकायामी हो जाती है और कमलेश जैसे गंभीर कवि भी अपनी कविता को ऐंद्रिक सुगठित व्यवस्था में चुस्त फ़िक़रेबाज़ी के झटके देने का शिकार हो जाते हैं।

> **लूटी नहीं जाती सही है**
> **अनाजों की दूकानें**
> **सब को इजाज़त है भर ले**
> **कोई भी स्वाँग, सब रहते हैं तैयार**
> **धोखा खाने को जान या अनजान, शर्त सिर्फ़**
> **गले में लटका लें तस्वीर**
> **आप प्रधान मंत्री की।**

कमलेश की अबोध मुद्रा का आधार यह जान पड़ता है कि उनकी कविता में अहसास तो है, समझ नहीं। अपने समय के भारतीय मनुष्य को, उसके अंत-संघर्ष और जूझ को परिभाषित करने की चेष्टा कविता के प्रासंगिक और वयस्क होने के लिए ज़रूरी है। लेकिन ऐसी चेष्टा मनुष्य की हालत के अहसास-भर से कारगर नहीं हो सकती, उसके लिए ज़रूरी है कि उसकी समझ भी कविता के संगठन में सक्रिय हो। अपनी संवेदनात्मक ऐंद्रिकता में कमलेश इतना जकड़े हुए हैं कि उन्होंने विचारों और उनके टकरावों को, समझ को, अपने काव्य-संसार से देश-निकाला-सा दे दिया है। उनके कवि-व्यक्तित्व में संवेदना और ज्ञान के बीच एक गहरी खाई जान पड़ती है। उनकी नई कविताओं में ज़्यादा से ज़्यादा कहीं-कहीं इस खाई का अहसास-भर है लेकिन रचनात्मक स्तर पर उसे किसी आत्मसंघर्ष, या अपने संसार को सिर्फ़ ऊपरी ढंग से चौड़ा करने, के बजाय उसका पुनराविष्कार करने की गहरी छटपटाहट से जोड़ना मुश्किल लगता है। शायद कमलेश को इसके लिए अपने कवि-व्यक्तित्व के विरुद्ध खड़ा

होना होगा लेकिन अपने विरुद्ध अपने ही संसार में खड़ा हुआ जा सकता है—चालू मुहावरों और कविता से अलग उपलब्ध सामाजिक सचाइयों के आकर्षक संसार में नहीं, जैसा कि कमलेश अपनी हाल की कविताओं में करते जान पड़ते हैं।

अब उसे मालूम है कि कविता
घेराव में
किसी बौखलाए हुए आदमी का
संक्षिप्त एकालाप है।

धूमिल की इन पंक्तियों को उन पर चस्पाँ करने का प्रलोभन होना बहुत आसान है। आसान यह भी है कि इन पंक्तियों को धूमिल की कविता-संबंधी धारणा मान लिया जाए। लेकिन दोनों ही आसानियतों में खतरा है क्योंकि एक तो धूमिल की चारित्रिक काव्य-मुद्रा 'बौखलाए हुए आदमी' की नहीं है, और दूसरे उनकी कविता की चारित्रिक संरचना 'संक्षिप्त एकालाप' भी नहीं है। ऊपर की पंक्तियाँ एक कविता के अन्त में दिया गया नाटकीय वक्तव्य है जिसे उसकी नाटकीय व्यवस्था से काटकर धारणा के रूप में प्रस्तुत करना भ्रामक होगा।

लेकिन अगर धूमिल की कविता की आंतरिक सचाई और उसमें उपलब्ध नाटकीय वक्तव्यों को पहचान लिया जाए तो उनके काव्य-संसार को समझने की ओर बढ़ा जा सकता है। धूमिल को आज हिन्दुस्तान में मनुष्य के चारों ओर भीषणता से बढ़ते, सघन होते, घेराव का पूरा अहसास है, लेकिन यह अहसास सिर्फ़ बौखलाहट में व्यक्त नहीं होता। बौखलाहट के पीछे सतही भावुक प्रतिक्रिया और निस्सहायता होती है और उनकी कविता, जब कमज़ोर और असफल होती है तब भी न तो भावुक प्रतिक्रिया-भर है और न उसमें कोई दीनता का भाव है। गहरी भावात्मक पकड़ के साथ-साथ, जो प्रखर और ताज़े बिंबों से ज़ाहिर होती है, धूमिल में बौद्धिक समझ भी है जो अहसास को संयमित करती और गहरा बनाती है। यहीं कमलेश-जैसे दूसरे युवा कवियों से धूमिल की विशिष्टता भी स्पष्ट होती है: धूमिल मात्र अनुभूति के नहीं विचार के भी कवि हैं। उनके यहाँ अनुभूतिपरकता और विचारशीलता, अहसास और समझ एक-दूसरे से घुले-मिले हैं, और उनकी कविता मात्र भावात्मक स्तर पर

नहीं, बल्कि बौद्धिक स्तर पर भी संयोजित और सक्रिय होती है। इस समझ का कविताओं में प्रमाण वे पंक्तियाँ हैं जिनमें कोई न कोई सामान्यीकरण किया गया है। मुक्तिबोध ने कहीं शिकायत की है कि नई कविता में जीवन-जगत के बारे में ऐसे सामान्यीकरण नहीं हैं जो जीवन-दृष्टि को नाटकीय ढंग से सघन रूप में ज़ाहिर कर सकें। धूमिल में ऐसे सामान्यीकरण कई बार आते हैं। दो उदाहरण काफ़ी होंगे :

नंगापन
अंधापन होने के खिलाफ़
एक सख़्त कार्यवाही है

(उस औरत की बगल में लेटकर)

वह चाहे जो है
जैसा है, जहाँ कहीं है
आजकल
कोई आदमी जूते की नाप से
बाहर नहीं है

(मोचीराम)

इन सामान्यीकरणों की निरी चुस्त फ़िक़रेबाज़ी और छद्म दार्शनिकता से भिन्नता धूमिल की शक्ति है। कविताओं की नाटकीय संरचना में वे ऐसे गुँथे हैं कि काव्यात्मक स्तर पर एकदम अनिवार्य लगते हैं और ठोस मानव-स्थितियों से अपनी जीवंत प्रासंगिकता प्राप्त करते हैं। इस सिलसिले में यह याद करना ज़रूरी जान पड़ता है कि भाषा और शिल्प के प्रति अधिकांश युवा कवियों में जिम्मेदारी का कोई भाव नहीं है। बल्कि अधिक से अधिक कुछ कामचलाऊ दृष्टिकोण है जिससे उनकी मुद्राओं, युक्तियों और संगठनों में प्रायः किसी तरह की अनिवार्यता नहीं है और उनकी कविताओं में रचनात्मक सामग्री पर कोई सार्थक या कल्पनापूर्ण नियंत्रण नहीं है। युवा कविता अक्सर एक तरह कई यांत्रिक लेखन जान पड़ती है। लेकिन कमलेश की ही तरह धूमिल ऐसे युवा कवि हैं जो उत्तरदायी ढंग से अपनी भाषा और फ़ार्म को संयोजित करते हैं। ऐसे समय जब ज्यादातर युवा कविताएँ व्यर्थ और प्रसंगहीन अराजकता और असंयमित दायित्वहीनता की गिरफ्त में हों, किसी युवा कवि का उत्तरदायी होने और बने रहने की कोशिश करना उल्लेखनीय ही नहीं मार्मिक भी लगता है।

धूमिल की दायित्व-भावना का एक और पक्ष उनका स्त्री की भयावह लेकिन समकालीन रूढ़ि से मुक्त रहना है। मसलन, स्त्री को लेकर लिखी गई उनकी कविता **उस औरत की बगल में लेटकर** में किसी तरह का आत्मप्रदर्शन, जो इस

ढंग की युवा कविताओं की लगभग एकमात्र चारित्रिक विशेषता है, नहीं है, बल्कि एक ठोस मानव स्थिति की जटिल गहराइयों में खोज और टटोल है जिसमें दिखाऊ आत्महीनता के बजाय अपनी ऐसी पहचान है जिसे आत्म-साक्षात्कार कहा जा सकता है :

मेरे भीतर एक कायर दिमाग़ है
जो मेरी रक्षा करता है और वही
मेरी बटनों का उत्तराधिकारी है

उत्तरदायी होने के साथ धूमिल में गहरा आत्मविश्वास भी है जो रचनात्मक उत्तेजना और समझ के घुले-मिले रहने से आता है और जिसके रहते वे रचनात्मक सामग्री का स्फूर्त लेकिन सार्थक नियंत्रण कर पाते हैं। उनके यहाँ फ़ार्म में अक्सर कसाव और सुघरपन है और शायद कमलेश और श्रीराम वर्मा के अलावा और कोई ऐसा युवा कवि नहीं है जो उनकी तरह सचेत और सचेष्ट हो।

यह आत्मविश्वास उन अछूती थीमों के चुनाव में भी प्रगट होता है जो धूमिल अपनी कविताओं के लिए चुनते हैं। **मोचीराम, राजकमल चौधरी के लिए, अकाल दर्शन, गाँव, प्रौढ़ शिक्षा,** आदि कविताएँ, जैसा कि शीर्षकों से भी आभास मिलता है, युवा कविता के संदर्भ में एकदम ताज़ी बल्कि कभी-कभी तो अप्रत्याशित भी लगती हैं। इन थीमों से धूमिल जो काव्य-संसार बसाते हैं वह हाशिए की दुनिया नहीं बीच की दुनिया है। यह दुनिया जीवित और पहचाने जा सकने वाले समकालीन मानव-चरित्रों की दुनिया है जो अपने ठोस रूप-रंगों और अपने चारित्रिक मुहावरों में धूमिल के यहाँ उजागर होती है। धूमिल का काव्य-संसार अकवियों की तरह कल्पना-विलास से रचाया गया ऐसा संदर्भच्युत लोक नहीं है जिसकी हमारे रोज़मर्रा के जीने से संगति और जीवित प्रासंगिकता स्पष्ट न हो, और जिसमें कोई गहरी पहचान या खोज तो न उभरती हो लेकिन कवि के आत्म-प्रदर्शन और आत्मस्फीति के लिए अवकाश खूब हो। धूमिल की दुनिया जितनी ठोस है उतनी ही ठेठ और बेबाक भी। अपनी श्रेष्ठ उपलब्धि में वह समकालीन सचाई पर कोई धीमी मद्धिम रोशनी डालकर संतुष्ट नहीं हो जाती, बल्कि निर्भीकता और विश्वास से सचाई को उघार देती है। अक्सर ऐसी कविता के 'हीरोइक्स' में फँस जाने का ख़तरा रहता है, लेकिन धूमिल के यहाँ किसी तरह की आत्मस्फीति या अपने बारे में बड़बोलेपन का लटका ज़्यादातर नहीं है। इस बात को अनदेखा नहीं किया जा सकता कि उनका काव्य-संसार सीमित या छद्म आभिजात्य का अप्रासंगिक हालाँकि लुभावना संसार नहीं है जैसा कि अकवियों का है। यह भी नहीं लगता कि कमलेश की तरह अनुभव को अपनी सौन्दर्य-दृष्टि से प्रभावित कर धूमिल उसे प्रीतिकर बनाने की कभी कोशिश करते हों। उनके यहाँ सुंदर लगते बिंब भी

किसी ऐसे अप्रीतिकर प्रसंग से जुड़े होते हैं कि विचलित कर देते हैं :

जलते हुए जनतंत्र के सूर्योदय में
शरीक़ होने के लिए
तुम चुपचाप अपनी दिनचर्या का
पिछला दरवाज़ा खोलकर
बाहर आ जाओगे
जहाँ घास की नोक पर
थरथराती हुई ओस की एक बूंद
झड़ पड़ने के लिए
तुम्हारी सहमति का इंतज़ार
कर रही है

(जनतंत्र के सूर्योदय में)

असल में धूमिल की संवेदना पूरी तरह से जागरूक और चौकन्ना होते हुए भी सिर्फ़ शहराती नहीं है। उसमें गहरा ग्रामीण संस्कार भी है और इसलिए उनकी कविताओं में ज़ाहिर सचाई सिर्फ़ शहराती सचाई नहीं है। बल्कि शायद यह कहना अनुपयुक्त न होगा कि धूमिल में शहराती बौद्धिकता और ग्रामीण संवेदना एक रचनात्मक तनाव की स्थिति में रहकर उनकी कविता के संदर्भ को व्यापक और ठोस बनाती है। ग्रामीण संस्कार धूमिल के यहाँ फैशनेबिल आंचलिकता का रूप नहीं लेता। वह उनकी कल्पना-शक्ति, बिंबयोजना और भाषा को ताज़गी और विस्तार देता है। इस सिलसिले में **मोचीराम**, जो संभवतः धूमिल की अब तक की श्रेष्ठ रचना है, कविता को लिया जा सकता है। कविता का चरितनायक एक मोची है जो अपने मुहावरों और अक्खड़ सहजबुद्धि से कविता में एक ठोस और विशिष्ट चरित्र के रूप में स्थापित होता है। लेकिन बड़ी सफाई से वह एक नाटकीय युक्ति के रूप में भी इस्तेमाल होता है, जिसके माध्यम से धूमिल कुछ सामान्यीकरणों की ओर पहुँचते हैं। लेकिन मोचीराम की चारित्रिक मूर्तता और ठोसपन और सामान्यीकरणों में कोई अलगाव नहीं, बल्कि 'ऑर्गेनिक' एकता है। मोचियों के पारंपरिक बातूनीपन को बहुत सूझ-बूझ से धूमिल ने इस कविता के संदर्भ को स्पष्ट और विश्वसनीय बनाने के लिए इस्तेमाल किया है। अगर कविता के सामान्यीकरण ठोस मानव-स्थिति से उभरते जान पड़ते हैं तो इसीलिए कि वे मोचीराम के बातूनीपन में रसे-बसे हैं :

असल बात तो यह है कि ज़िंदा रहने के पीछे
अगर सही तर्क नहीं है
तो रामनामी बेचकर या रंडियों की

दलाली करके रोजी कमाने में
कोई फ़र्क नहीं है ।

धूमिल मोचीराम के पेशेवर वस्तु-जगत का बहुत चतुराई से नई और ताजी बिंबमाला प्राप्त करने के लिए उपयोग करते हैं :

अब आप इस बसंत को ही लो
यह दिन को ताँत की तरह तानता है
पेड़ों पर लाल-लाल पत्तों के हजारों सुखतल्ले
धूप में सीझने के लिए
लटकाता है

दरअसल, धीरे-धीरे मोचीराम का बातूनीपन और बिंब-र्धामता उसके साथ कवि के तादात्म्य को लगभग अनिवार्य-सा बना देते हैं। इसलिए जब कविता के अंत के करीब हम इन पंक्तियों पर पहुँचते हैं कि :

जो असलियत और अनुभव के बीच
खून के किसी कमजात मौके पर कायर है
वह बड़ी आसानी से कह सकता है
कि यार तू मोची नहीं शायर है

तो यह बात एकदम स्पष्ट हो जाती है कि कविता अपने नाटकीय विकास में अर्थ की एक और तह उजागर करती है, और कवि-कर्म पर भी कविता हो जाती है, यानी उस धंधे पर भी जो मोचीराम के धंधे की ही तरह आदमियों, उनकी भाषा और असलियत से उलझता है ।

भाषा के प्रति जिम्मेदारी महसूस करने का मतलब आज भाषा की जड़ता और अपर्याप्तता को पहचानना है। धूमिल में यह पहचान काफ़ी प्रखर है :

अब यहाँ कोई अर्थ खोजना व्यर्थ है
पेशेवर भाषा के तस्कर संकेतों
और बैलमुत्ती इबारतों में
अर्थ खोजना व्यर्थ है

(कविता)

व्यर्थता और निरर्थकता की नई दक़ियानूसियों के सक्रिय रहते भाषा की अपर्याप्तता का बोध अनायास ही ऐसे बहुत-से युवा कवियों को पिछले दिनों हुआ है जिनकी भाषा-शक्ति बड़ी सीमित और विपन्न रही है । लेकिन धूमिल में भाषा की अपर्याप्तता की पहचान भाषा का अत्यंत सघन और नाटकीय उपयोग करने के बाद उभरती है और वास्तविक जान पड़ती है । भाषा के सघन उपयोग का प्रमाण उनके ठोस, जटिल लेकिन ताज़ा बिंब हैं । दो-तीन उदाहरण ही काफ़ी होंगे :

चौराहों पर
भीड़ किसी अपभ्रंश का शुद्ध रूप जानने के लिए
उस प्रागैतिहासिक कथा की मुट्ठी
खोलने में व्यस्त है जहां रात
बनैले पशुओं ने विश्राम किया था

(राजकमल चौधरी के लिए)

तथापि यह सही है कि सूरज
तुम्हारी जेब-घड़ी है
तुम्हारी पसलियों पर
मौसम की लटकती हुई जंजीर
हवा में हिलती है और
पशुओं की हरक़तों से
तुम्हें आने वाले खतरों की गंध
मिलती है

(प्रौढ़ शिक्षा)

मूत और गोबर की सारी गंध उठाए
हवा बैल के सूजे कंधे से टकराए
खाल उतारी हुई भेड़-सा
पसरी छाया नीम पेड़ की
डाँय-डाँय करते डाँगर की सींगों में
आकाश कैसा है

दरवाज़े पर अंधी बुढ़िया
ताला-जैसी लटक रही है
कोई था जो चला गया है

(गाँव)

पटकथा धूमिल की अभी तक की सबसे लंबी और महत्त्वाकांक्षी कविता है पर वह एक दिलचस्प असफलता है। उसकी थीम व्यापक है और यह कहना भी शायद काफ़ी न हो कि वह देश के समकालीन बिखराव और प्रजातंत्र की सचाइयों के सिलसिले में भारतीय मनुष्य की स्थिति का सही जायज़ा लेने की कोशिश करती है। जनता, संसद, संविधान और प्रजातंत्र जैसे शब्द और धारणाएँ इधर की कविता में चालू मुहावरा बन गई हैं और **पटकथा** भी इन्हीं के इर्द-गिर्द घूमती है। यह ज़रूरी नहीं है कि जो दूसरों में चालू मुहावरा हो वह किसी समर्थ कवि में विशिष्ट और ठोस अभिव्यक्ति न

हो सके। खेद है कि चालू मुहावरों को मात्र मुद्राओं के स्तर से **पटकथा** में धूमिल ऊपर उठाकर किसी सार्थक और विशिष्ट वक्तव्य में बदल नहीं पाते। अपने विशिष्ट मुहावरे को विकसित कर सकने में समर्थ धूमिल-जैसा युवा कवि भी चालू मुहावरों की गिरफ्त में आकर चुस्त फ़िक़रेबाज़ी और बड़बोलेपन पर उतर आता है :

अपने यहाँ संसद
तेली की वह घानी है
जिसमें आधा तेल है
और आधा पानी है
दरअसल, अपने यहाँ जनतंत्र
एक ऐसा तमाशा है
जिसकी जान
मदारी की भाषा है

....

मैंने अहिंसा को
एक सत्तारूढ़ शब्द का गला काटते हुए देखा
मैंने ईमानदारी को अपनी चोरजेबें
भरते हुए देखा
मैंने विवेक को
चापलूसों के तलवे चाटते हुए देखा...।

ऐसे ढेरों अतिव्याप्त कथनों से कविता भरी पड़ी है लेकिन उन्हें ठोस प्रासंगिकता में गूँथकर सार्थक बनाने वाला चारित्रिक केंद्र कविता में नहीं है। कवि के ही शब्दों का सहारा लेकर कहा जा सकता है कि कविता के पीछे बराबर यह अहसास बना रहता है कि 'अब वक्त आ गया है...कि अपनी ऊब को आकार दो।' लेकिन बहुत व्यापक दृश्य को समेटने के चक्कर में **पटकथा** में ऊब अपना स्पष्ट और विशिष्ट आकार विन्यस्त नहीं कर पाती। **मोचीराम** के जैसा कोई स्पष्ट परिभाषित और ठोस चरित्र भी कविता के केंद्र में नहीं है जो उसे सँभाल सके। बल्कि कवि की 'मैं-सब-कुछ-जानता हूँ' या 'आज मैं तुम्हें वह सत्य बतलाता हूँ/जिसके आगे हर सचाई/छोटी है' की मुद्रा और उससे उपजनेवाला पैगम्बराना अंदाज़ विश्वास पैदा नहीं करते। उनसे कविता की आंतरिक सत्ता बिखरती है, और चूँकि **पटकथा** एक लंबी कविता है, पढ़ने में ऊब और कभी-कभी चिढ़ भी पैदा होती है। कविता के लिए यह दुर्भाग्यपूर्ण हो जाता है कि कवि-दृष्टि इस मुद्रा के प्रति कोई व्यंग्य-भाव न रख आसक्ति ही ज़ाहिर करती है। आज जब युवा कविता में सीधे-

सीधे ठोस व्यक्ति-नामों द्वारा मार्मिक नाटकीयता और प्रासंगिकता लाई जा रही है (और इस कोशिश में धूमिल स्वयं भी शामिल हैं), उनका हिन्दुस्तान को एक चरित्र बनाना, जो अमूर्त ही बना रहता है, हास्यास्पद लगता है :

तुमने पहचाना नहीं मैं हिन्दुस्तान हूँ
हाँ मैं हिन्दुस्तान हूँ

पटकथा में न तो सौमित्र मोहन की **लुकमान अली** की तरह कोई ठोस मानवीय केंद्रीय चरित्र है और न ही उसके व्यापक दृश्यलेख को कोई नाटकीय प्रसंग या आधार प्राप्त है जैसा कि राजकमल चौधरी के **मुक्तिप्रसंग** में अस्पताल-ऑपरेशन के रूप में है। इसलिए उसमें धूमिल के कई सूक्ष्म अवलोकन और प्रखर बिंब खो जाते हैं। जैसे, एक यही

एक अजीब-सी प्यार-भरी गुर्राहट
जैसे कोई मादा भेड़िया
अपने छौने को दूध पिला रही है और
साथ ही किसी मेमने का सिर चबा रही है

छोटी कविताओं में धूमिल अपनी काव्य-सामग्री पर जैसा कल्पनापूर्ण नियंत्रण रख सके हैं वह **पटकथा** से ग़ायब है। यह भी लगता है कि धूमिल की काव्यात्मक समझ, जो निरंतर बड़ी जागरूकता से उनके यहाँ सक्रिय रही है, **पटकथा** में चूक गई है।

समकालीन यथार्थ का, उसके अपने भीषण अनुभव का, बखान करने से धूमिल संतुष्ट होते लगते हैं जब कि कविता निरा बखान नहीं चरितार्थ करती है। चरितार्थता के लिए ज़रूरी है कि कवि अपने आस-पास तैरते चालू मुहावरों के प्रति सतर्क और सशंक रहे—धूमिल में यह सतर्कता कम हो गई है इसका प्रमाण **पटकथा** ही नहीं, उनकी बिलकुल ताज़ी कविता **नक्सलबाड़ी** भी है। उसमें जहाँ एक ओर—

लेखपाल की
भाषा के लंबे सुनसान में
जहाँ पाला और बंजर का फ़र्क
मिटा चुका है चंद खेत
हथकड़ी पहने खड़े हैं

जैसी ताज़ा और कुछ नई उजागर करने वाली पंक्तियाँ हैं, वहाँ—

मतलब की इबारत से होकर
सबके सब व्यवस्था के पक्ष में
चले गए हैं
....

और वह सड़क
समझौता बन गई है जिस पर खड़े होकर
कल तुमने ससंद को
बाहर आने के लिए आवाज़ दी थी

जैसे चालू मुहावरे भी हैं, जो सरलीकरण और ऐसे सामान्यीकरणों से आक्रांत हैं जिनकी प्रामाणिकता या विश्वसनीयता की परख करने का कोई नाटकीय आधार कविता में नहीं है।

अंत में धूमिल की एक और विशेषता का ज़िक्र करना आवश्यक लगता है। उनकी केंद्रीय काव्य-मुद्रा संबोधन की है। अगर अकेलापन बीसवीं सदी के मनुष्य की केंद्रीय स्थिति है, तो यह स्वाभाविक ही है कि धूमिल भी इस स्थिति को टटोलते और उजागर करते हैं। लेकिन उनका अकेलेपन का अहसास दूसरों के साथ जुड़ा है। ज़्यादातर युवा कवियों के समान धूमिल के यहाँ दूसरे लोग कवि के अकेलेपन का सामान जुटाने की युक्ति नहीं हैं, बल्कि जीवंत उपस्थितियाँ हैं। इसलिए जब वे कहते हैं :

मुझे अपनी कविताओं के लिए
दूसरे प्रजातंत्र की तलाश है

तो यह उनके अकेले के राजनैतिक आग्रह या काव्यगत प्रयत्न का दृढ़ कथन-भर नहीं है। इन दो पंक्तियों में भारतीय मनुष्य की समकालीन तलाश का, उसकी नई आक्रामकता का, सीधा पर नाटकीय वक्तव्य भी है। दूसरे प्रजातंत्र की तलाश का तीखा अहसास अगर धूमिल की कविता में है तो इसलिए कि वे राजनैतिक अर्थ में भी एक जागरूक और क्षुब्ध कवि हैं। यह जागरूकता उनकी कविता के दृश्य को व्यापक और मानवीय बनाती है। धूमिल की कविता में भी लोग और भीड़ हैं; लेकिन ज़्यादातर युवा कवियों के 'लोग' और 'भीड़' की तरह वे सरलीकरण नहीं हैं—उनकी कविता में सामाजिक शक्तियों का टकराव साफ़ पहचान में आता है। यह महत्त्वपूर्ण है, क्योंकि सारे समाज और सामाजिक संघर्ष को सरलीकृत कर इधर बेचारगी और निरर्थकता की जो नई दक़ियानूसी प्रतिष्ठित हुई है, धूमिल का स्वर उसमें शामिल नहीं है, बल्कि उसके आगे एक बड़ा प्रश्नचिह्न लगाता है। वह स्त्रियों के शारीरिक संसार तक सीमित नहीं रहता, बल्कि उस संसार को चरितार्थ करने की, पहचानने और चुनौती देने की, कोशिश करता है जो रोज़मर्रा आदमी का मरता-खपता और कभी-कभार मुट्ठी तानता संसार है। यह और बात है कि बौद्धिक समझ और संयम के बाद भी कभी-कभी धूमिल की कविता निरे अनावश्यक रिटौरिक पर उतर आती है और उनका मुहावरा

उत्सवधर्मी होने लगता है। **पटकथा** में इस तरह के रिटौरिक के, जो निरा भाषण मालूम होता है, कई पैबंद हैं। **प्रौढ़-शिक्षा** के बीच का अंश भी रिटौरिक से आक्रांत हो जाने के कारण अप्रासंगिक जान पड़ता है। चालू मुहावरे और रिटौरिक से अगर बच सके तो धूमिल की कविता हमारे समय की एक युवा और विश्वसनीय पहचान का दस्तावेज़ बन सकती है।

कुछ युवा कवि

आज की दुनिया में कविता से क्या उम्मीद करनी चाहिए, इस सवाल का जवाब भाषा पर हर पल बढ़ रहे दबावों के रहते इसी स्वीकार की ओर ले जाता है कि कविता से समकालीन मनुष्य की हालत की पड़ताल की उम्मीद करना चाहिए, भले ही समकालीन मनुष्य ऐसे बिन्दु पर पहुँच गया है जहाँ उसकी हालत जिन शक्तियों से प्रभावित होती है कविता उनमें शामिल नहीं रह गई है। आप चाहें तो इसे कविता का ट्रैजिक रोल भी कह सकते हैं। हमारी युवा कविता में कहीं-कहीं इस पड़ताल की, कुछ गहरे टटोल की, कोशिश ज़रूर है, लेकिन ज़्यादातर उसका चारित्रिक मुहावरा उग्रता और दिखाऊ बड़बोले विद्रोह का है। इस मुहावरे का ऐसा आतंक-सा स्थापित हो गया है कि अगर किसी कवि का मुहावरा इससे मेल नहीं खाता तो इसकी पूरी संभावना है कि उसकी कविता को बिना इस पर ध्यान दिये अप्रासंगिक करार दे दिया जायगा। कुछेक अपवादों को छोड़ दें (और ऐसे अपवाद किसी भी भाषा में प्रायः हर समय होते हैं), तो ज़्यादातर कविताएँ पड़ताल, खोज या साक्षात्कार की न होकर आत्मलिप्ति और आत्मस्फीति की, सामान्यीकरणों से भरी, रचनाएँ हैं। अक्सर लगता है कि इन कविताओं में कोई ठोस मनुष्य नहीं, एक सामान्यीकृत मनुष्य है, और युवा कवि इस बात को भूल गए हैं कि कविता सामान्यीकृत मनुष्य की हालत से नहीं, ठोस और विशिष्ट मनुष्यों की हालत से साक्षात्कार कर प्रासंगिक और सार्थक होती है।

प्रयाग शुक्ल की कविताओं को पढ़कर इतनी राहत तुरंत होती है कि उनके काव्य-संसार में कोई सामान्यीकृत मनुष्य नहीं है : वे एक विशिष्ट व्यक्तित्व की रचनाएँ हैं जिसने अपनी खोज के लिए चालू मुहावरों से दूर और अलग, अपेक्षाकृत शांत और ऐंद्रिक, भाषा चुनने की कोशिश की है। समकालीन आतंकों और नई दक़ियानूसियों के रहते इतना करना भी, बल्कि ऐसा करना तय करना भी, स्वतंत्र विवेक और समझदारी की शुरुआत है। अब यह कवि-संवेदना के अपने गुणों औन क्षमता पर निर्भर है कि इस निर्णय के कविता में कैसे नतीजे निकलते हैं।

प्रयाग शुक्ल की कविता उदास और भावना-भरे युवापन की कविता है। अगर उन्हीं के कुछ शब्दों का इस्तेमाल करें तो, कहा जा सकता है कि उनका संसार 'एक पीड़ारहित निजी संसार' है जिसमें बीते हुए सुख, अधूरी कामना, थकान, चमकता-सा इन्तज़ार, हल्की-सी दबाई गई उत्तेजना और बेतरीब बेचैनी से प्रयाग शुक्ल कविता संभव करते हैं। यह बिलकुल ज़रूरी नहीं है कि समकालीन मनुष्य की हालत के लिए कविता में सीधे-सीधे बड़े-बड़े सामाजिक और समकालीन ब्योरे, घटनाओं आदि का उल्लेख हो। कवि अपनी खोज बिलकुल अपनी शर्तों पर, और एक सर्वथा निजी मुहावरे में, कर सकता है। लेकिन यह मुहावरा इतना समावेशी होना चाहिए कि समकालीन तनावों और कशमकश को या तो वह चरितार्थ कर सके, या कम से कम उनका अहसास सक्रियता से कविता में पैदा कर सके। प्रेम, ललक, कामना, प्रतीक्षा और बचपन की यादों में उलझा हुआ प्रयाग शुक्ल का मुहावरा दुर्भाग्य से ऐसा नहीं है। वह न केवल अनुत्तेजित रहता है बल्कि ज़्यादातर तनावहीन भी हो जाता है।

या तो फूल है, शोर नहीं
या शोर है और फूल नहीं।

ऐसी पंक्तियाँ कवि-संवेदना में फूल और शोर को एक साथ समेटने की शक्ति और प्रौढ़ता का अभाव ही ज़ाहिर करती हैं। बल्कि यह कहना भी अनुचित न होगा कि कई बार लगता है कि प्रयाग शुक्ल हमारी ज़िंदगी में बढ़ते हुए शोर में फूलों के खो जाने के दुख के कवि नहीं हैं, बल्कि उनकी कविता में बाहर के शोर को भुलाने और सिर्फ़ फूलों से सरोकार रखने की प्रवृत्ति है जो उनकी कविता की प्रासंगिकता को क्षीण करती है।

मैं देखूँगा सब कुछ साफ़-साफ़ लेकिन
सुनूँगा नहीं
और छू नहीं पाऊँगा······

में जो स्वीकारोक्ति है वह प्रयाग शुक्ल के संसार की सीमाएँ स्पष्ट कराती

है। अपने आस-पास की दुनिया और उसके भीषण नाटक को उनकी कविता छूती या टटोलती नहीं है और इसलिए वह उसके अधूरे दृश्यचित्र-भर प्रस्तुत कर पाती है।

प्रयाग शुक्ल की उल्लेखनीय कविताएँ प्रेम-कविताएँ हैं। स्त्री को लेकर भी एक भयानक और आक्रामक दक़ियानूसी युवा कविता में विकसित हुई है, जिसके रहते स्त्री-पुरुषों के संबंध में चाह, कोमलता, ललक और कामना की संभावना का कोई अहसास तक नहीं रह गया है, और ज़्यादातर प्रेम-कविताएँ प्रेम के बारे में न होकर आत्मलिप्त पुरुषत्व की उद्घोषणाएँ-भर बनकर रह जाती हैं। इस दक़ियानूसी में स्त्री कोई विशेष व्यक्ति न होकर एक सामान्यीकरण मात्र हो गई है। लेकिन प्रयाग शुक्ल की प्रेम-कविताओं में यही नहीं कि इस दक़ियानूसी से बिलकुल अलग रहा गया है, बल्कि उनकी बुनियादी तौर पर रूमानी संवेदना को उनमें अपनी चारित्रिक और ऐंद्रिक चरितार्थता मिली है :

हाथों में नहीं आँखों में
इच्छा-सा चमकता हुआ
जल है—
अब कितनी देर, उससे कहूँ
'आओ मैं हूँ
आओ'।

या

तभी याद आती है एक दुपहर
देर तक फ़ोन की घंटी बजती रही थी
वह शायद नींद में थी और नींद से सरकती आई थी
मैं महसूस कर रहा था उसका उठना और करवटें
हल्का अँधेरा—मेरे किसी भी सोच से परे !

ऐसी कविताओं में प्राय: एक तरलता और शांत, मंद उत्तेजना है। युवा ललक, कोमलता और मार्मिक याद उन्हें उल्लेखनीय बनाती हैं।

इसमें शक नहीं है कि जिन मन:स्थितियों को प्रयाग शुक्ल अपनी कविता में चरितार्थ करते हैं, उनके बारे में कोई कामचलाऊ या सतही दृष्टि उनके यहाँ नहीं है। लेकिन इन मन:स्थितियों को कोई वैचारिक आधार या दृढ़ता उपलब्ध नहीं है और इसलिए कविता अंततः हल्की जान पड़ती है। अगर भावात्मक उत्तेजना की जड़ें वैयक्तिक अंत:संघर्ष में न हों तो ऐसा हल्कापन अनिवार्य हो जाता है।

प्रयाग शुक्ल अकसर अपने बचपन, उसके चित्रों-यादों की ओर लौटते हैं। चूँकि उनकी बुनियादी काव्य-मुद्रा यात्रा की है, वह लौटना उन्हें कमलेश की तरह भाषा की जड़ों या जातीय स्वप्नों की ओर नहीं ले जाता है—उनके मुहावरे में कोई सघनता या समृद्धि नहीं आती। यह मुहावरा इसलिए भी कोई निजीपन या वैशिष्ट्य नहीं पाता। अपने आस-पास से किसी गहरे उलझाव, और समकालीन दुनिया की आक्रामक टकराहटों और तनावों के अविराम नाटक, के किसी क्रियात्मक अहसास के अभाव में प्रयाग शुक्ल की कविता संवेदनशील और चालू मुहावरे से मुक्त होकर भी, हाशिए पर की कविता है। उसे पढ़ने के बाद कुछ नया देखने या खोजने का संतोष नहीं मिलता।

प्रयाग शुक्ल के **कविता संभव** से मणि मधुकर के **खंड खंड पाखंड पर्व** की ओर आना चालू मुहावरों, चुस्तबयानी और बड़बोलेपन की ओर आना है। यह एक लंबी कविता है और सिवा इसके कि मनमाने तौर पर उसे मणि मधुकर ने लंबी बनाया है, उसके लंबी होने का और कोई अनिवार्य कारण नहीं जान पड़ता। समकालीन सच्चाई के अपने अनुभवों को एक व्यापक और नाटकीय धरातल पर विन्यस्त करने की कोशिश में युवा कवि का लंबी कविता की ओर आकर्षण स्वाभाविक है। पर उसके लिए जरूरी है कि पूरी सामग्री को, प्रासंगिकता का ध्यान रखते हुए, कल्पनापूर्ण ढंग से नियोजित किया जाए और कविता का एक स्पष्ट फ़ार्म हो। मणि मधुकर ने अपने लिए एक तरह की प्रलाप-शैली चुनी है और संभवतः उसके माध्यम से जिस तरह के अनुभव उन्होंने गूँथने चाहे हैं उस तरह के अनुभवों के लिए प्रलाप-शैली काफ़ी उपयुक्त भी हो सकती है। लेकिन प्रलाप के अवसर का आधार प्रस्तुत करने के लिए कविता में कोई चरित्र या केन्द्रीय ठोस मानव-स्थिति नहीं है। इस कारण कविता के फ़ार्म में अस्पष्टता और अराजकता आ गई है। उसमें इधर-उधर बिखरे बिंब-सूत्रों या विचार-सूत्रों को किसी सार्थक या गहरी संगति में जोड़ना मुश्किल हो गया है और पूरी कविता इस अर्थ में चित्रहीन हो जाती है।

इसके बावजूद यह साफ़ है कि मणि मधुकर की भाषा में एक तरह का मँजाव, आत्मविश्वास और समावेशिता है जिसके रहते उनकी संवेदना की

काट और चमक महसूस बराबर होती है। कुल दो उदाहरण ही काफ़ी होंगे :

निष्करुण क़ालीनों और वैभवहीन
क़ंदीलों में आकस्मिकता
की उपस्थिति है खनिज सीत्कार
खुशनुमा उछाहभरे कुंजों के अहाते में
अनाहत आमंत्रण—
नेत्रहीन रक्तपात के बाद क्या मैं ठीक-ठीक पहचान सकूंगा
मातृ-सत्ता से सहमी हुई हरियालियों, पीपल के बातूनी
त्यौहारों को ? यह ठंडा अंतकाल मोतिया-मूँगिया टीबों
वाले वे संत खट्टे बेरों वाली सहपाठिन झाड़ियाँ
क्या सब-कुछ वहीं है, जहाँ मैंने छोड़ा था ?
और दिशाएँ खुली हुई हैं
मैं उनकी रोशनियों के बीच से गुजरती हूँ। अहिल्या
भी नहीं हूँ क्योंकि पत्थर होने से डरती हूँ।…

या,

वह जाने लगी और अचानक मुझे भाने लगी पर
मैंने उसे रोका नहीं। रोकने का अर्थ है उसके नजरिये को
ओढ़ना। अपने लिए एक अपरिचित नरक खोजना।

इन उदाहरणों से यह भी स्पष्ट है कि बिंबबहुलता और बातचीत का लहजा, दोनों ही का इस्तेमाल मणि मधुकर आसानी से कर लेते हैं। लेकिन इस बुनियादी शक्ति के बावजूद, और बावजूद इसके भी कि उन्होंने अत्यंत नाटकीय संभावनाओं वाला समकालीन परिदृश्य चुना है, कविता के असफल होने का एक कारण शायद यह है कि रचनात्मक संवेदना चालू मुहावरों, सरलीकरणों और 'मैं-सब-कुछ-जानता हूँ' तथा 'मुझे-सब-कुछ-पर-कुछ-भी-कह-लेने-का-हक है' की पैगंबराना मुदाओं के दबावों का मुक़ाबला नहीं कर सकी है, और उनकी गिरफ़्त में आ गई है। तुकों को लेकर एक व्यंग्यपूर्ण खिलवाड़ इधर कविता की एक नयी रूढ़ि बन गई है। इस युक्ति की शुरुआत कूर्मांचली और श्रीकान्त वर्मा ने की। मणि मधुकर ने इस रूढ़ि को काफ़ी व्यापक रूप से अपनी कविता में पोसा है, यहाँ तक कि—

किसकी तमन्ना है कि गर्मियाँ ढोए बोए
पीली कुर्सियों के खेत भूलकर अपनी खूराक।
जनवाणी के तीन ग्राहक हैं
रेस्त्राँ का खानसामा, पटवारी और सूजाक।

या,

> **हक़ीक़त (यदि तुम्हें वह शब्द पसंद हो तो) यही है**
> **कि पृथ्वी गोल नहीं है (बजती है पर ढोल नहीं है।)**
> **तिकोनी है**
> **इसीलिए ताउम्र मुझे, तुम्हें, सबको**
> **इसकी लाश ढोनी है। पच्चीस वर्ष तो चले गए**
> **समानांतर एक उग्र लय में गूँजते हुए। भूनते हुए**
> **सदाचार के टुकड़े···**

ऐसी पंक्तियों में श्रीकान्त वर्मा और 'झंडों-डंडों-दंडों-अखाड़ा-पहाड़ों-कुल्हाड़ों में गूँज रही थी राजधानी' जैसी पंक्तियों में रघुवीर सहाय के सुपरिचित लटके साफ़ नज़र आते हैं। मणि मधुकर की भाषा इसलिए अपना कोई निजी व्यक्तित्व विकसित नहीं कर पाई है।

बेवजह आत्मस्फीति का ख़तरा यों भी युवा संवेदना को हमेशा रहता है। पर इन दिनों युवा कविता में यह ख़तरा ख़तरा न रहकर स्थायी भाव-सा हो गया है। इसलिए इस सिलसिले में बिना चतुराई और सूझ-बूझ के युवा प्रतिभा अपनी विशिष्टता चरितार्थ नहीं कर सकती। मणि मधुकर में इस सूझ का अभाव दीखता है।

> **बाज़ार, कलेण्डर, पेड़, मशीन, अदालत, खप्पर, बिस्तर, कोठरी,**
> **प्रशंसा, निन्दा, यात्रा, मेज, चौखट, सितार, अलबम, आरा, उदयपुर,**
> **मास्को, शिलालेख, यातना, सौरमंडल, तुम मुझे कहीं भी अनुमान**
> **सकते हो···**

ऐसी पंक्तियों से सिर्फ़ अतर्कित आत्मस्फीति और अतिशय रूमानियत ही नहीं बल्कि शब्दों, बिंबों और खंड-चित्रों की, अगर कमलेश का एक शब्द उधार लें, फ़िज़ूलख़र्ची भी प्रगट होती है। **खंड खंड पाखंड पर्व** को इस दृष्टि से इन सब का एक बेतरतीब और उबाऊ प्रकरण कहा जा सकता है।

यह लंबी कविता यह बात दुहराने का एक मौक़ा फिर पेश करती है कि कविता का सामान्यीकरणों और सरलीकरणों से कुछ सरोकार नहीं हो सकता, जब तक कि वह उन्हें ठोस मानव-स्थितियों में नाटकीय ढंग से उपलब्ध न करे। बावजूद झटकों, जटिलताओं और चुस्तबयानी के, **खंड खंड पाखंड पर्व** में नाटक नहीं है, और इसलिए उसमें आम चुनाव, गणतंत्र, आज़ादी, व्यवस्था, राष्ट्र, आदि, को लेकर जो प्रयत्क्ष या अप्रत्यक्ष सामान्यीकरण हैं, उनका कोई औचित्य कविता की सीमाओं में नहीं है। बल्कि 'जानते हो कुछ उन मुहावरों के बारे में जो पंचतंत्र से निकलकर गणतंत्र में खो जाते हैं?' जैसी पंक्तियाँ, जिनमें गणतंत्र और पंचतंत्र के बीच मात्र ध्वनि-साम्य होने से खिलवाड़

किया गया है, एक तरह की नैतिक काहिली या ग़ैरज़िम्मेदारी का प्रमाण है। अगर राजनेता या वैज्ञानिक को हक नहीं है कि वह कविता का भाग्य-निर्णय करे, या उस पर अपना फैसला घोषित करता फिरे, तो कवि को भी हक नहीं है कि वह प्रजातंत्र, भीड़, जनता, विज्ञान आदि पर इस तरह के चुस्त वक्तव्य और अनुत्तरदायी निर्णय दे। हर हालत में कविता को एक गहरा उत्तरदायी कर्म होना चाहिए और इस तरह से सामान्यीकरण, खासकर सामाजिक सचाइयों के बारे में, उसे अपने दायित्व से दूर ले जाते हैं।

पूरी कविता में शुरू से अंत तक एक पैगंबराना स्वर व्याप्त है। यह ठीक है कि इस स्वर के प्रति कुछ व्यंग-दृष्टि भी बीच-बीच में उभरती है, लेकिन उस स्वर और इस दृष्टि के बीच पूरी कविता में बराबर तनाव नहीं है (अगर होता तो एक समृद्धिकर नाटकीयता की स्थिति हो सकती थी) और पैगंबर व्यंगकार पर छा जाता है। **'जलूस की पृष्ठ-पंक्तियों में खो गया वह सूत्रधार**/पर मैं ही **क्यों रह गया पीछे'** से लेकर **'मैं हाग केवल मैं एक सूराख की तलाश में भटकता रहा/कि उसमें ऐसा कुछ रख दूं जिसका शताब्दियों तक विस्फोट हो/बगावत के इस दुस्साहस में/कोई नहीं रहा मेरे साथ मेरे आगे मेरे पीछे**···' तक हर जगह कविता का **चरितनायक** पैगंबराना लटके में अपनी वीरगाथा सुनाता है बिना किसी नैतिक हिचकिचाहट के। यह अजीब बात है कि कभी-कभी हम भूल जाते हैं कि दूसरों की विपन्न व्यथा-कथा और अपनी संपन्न वीरगाथाएँ सुनाने के दिन गए—कविता में, जैसे कि ज़िंदगी में भी, उनसे खूब चिढ़ ही होती है।

अगर तथाकथित अकवियों ने अपने सामाजिक पिछड़ेपन के अहसास को आक्रामक और बड़बोले मुहावरे की कविता लिखकर लाँघने या दुरुस्त करने की कोशिश की है, तो ऐसे भी बहुत-से युवा कवि हैं जो अपने निजी नाटक और सीमित अनुभवों को अपनी रूमानियत से फैला-फुलाकर अपनी कविता के माध्यम से आत्मविस्तार प्राप्त करते हैं। हर हालत में एक ऐसी कविता पैदा होती है जो न तो व्यक्ति (या व्यक्तित्व) की अतल और भयावह गहराइयों और सचाइयों को उजागर करती है, और न ही समकालीन दुनिया और व्यक्ति के बीच किसी संबंध या संबंधहीनता की कोई विशिष्ट और प्रासंगिक और इसलिए परेशान करने वाली पड़ताल या टटोल को। यही नहीं, बल्कि अक्सर ये कविताएँ किसी

तरह की बेचैन करनेवाली अंतर्दृष्टि या अहसास पैदा करना तो दूर रहा, सभी को सुखी करती हैं। (**बड़े-बड़े शब्दों में छोटे-छोटे अनुभव लिख/सभी को सुखी हो जाने दो। मिथ-२—दूधनाथ सिंह**) साक्षात्कार की हिम्मत न रखने वाले कवियों की रचनाएँ संकीर्ण आत्मसंतोष से उपजती हैं और अपने फलितार्थ में, सतह पर की असंतोष, संत्रास और विद्रोह की विशाल मुद्राओं के बावजूद छिछला आत्मसंतोष ही पैदा करती हैं—कुछ इस तरह का भाव कि हालाँकि चीज़ें भयानक हालत में हैं, उन्हें गहरे में जानने या कुछ करने की कोई खास ज़रूरत नहीं है।

इस सिलसिले में दूधनाथ सिंह के **अपनी शताब्दी के नाम** और नीलाभ के **संस्मरणारंभ** इन दोनों पहले कविता-संग्रहों को देखा जा सकता है। दूधनाथ सिंह प्राथमिक रूप से एक रूमानी कवि हैं, और यह ग़नीमत है कि वे अपनी बुनियादी संवेदना को छुपाने या उससे इनकार करने की कोशिश नहीं करते। लेकिन समकालीन मनुष्य की स्थिति में व्याप्त 'केऑस' को ठोस ढंग से पहचानने और बखान करने के बजाय अक्सर दूधनाथ सिंह की रूमानियत कुछ अस्पष्ट और मोहक सामान्यीकरणों में व्यस्त हो जाती है। कुछ पंक्तियाँ इस प्रसंग में :

उसका एक नक्शा है जिसमें एक शहर है
उसका एक गीत है जिसमें एक जंगल है
उसकी एक अपनी ठंड है, जिसे कोई नहीं पहचानता।
कहीं एक जगह है—जिसे
कोई नहीं जानता।

(कहीं एक जगह)

मैंने महाकाव्यों की आँखों में तुम्हें टकटकी बाँधे हुए देखा है।
वेदों की ऋचाओं और बुद्ध के उपदेशों
और निराला की कविताओं में मैंने
पोस्त के फूल की तरह तुम्हें सूँघा है

(क्रूरता)

हज़ारों सालों से सूरज मरा हुआ पड़ा है
हज़ारों सालों से आकाश की छाजन चू रही है
हज़ारों सालों से लोग मरे हुए पैदा हो रहे हैं
हज़ारों सालों से ताज़ी हवा के इश्तहार साँसों में छपे हैं

(मुझे इस धरती को पढ़ने से डर लगता है)

इन उद्धरणों से यह ज़ाहिर है कि जहाँ इनका मुहावरा खासा भावुक और गीतधर्मी है वहाँ उन्हें किसी ठोस मानव-स्थिति या वस्तु-जगत से भी नहीं

जोड़ा जा सकता और कुल मिलाकर उनमें एक अप्रासंगिक हवाईपन है। एक शब्दसंपन्न शैली विकसित करने की कोशिश में दूधनाथ सिंह कुछ मोहक शब्दों और बिंबों की गिरफ़्त में आ जाते हैं। उनका सरोकार, उन्हीं के शब्दों में, **आह मेरी भाषा तेरा सुन्दर उपयोग किस तरह करूँ** है, जिसमें संगति और खोज की बात गौण हो जाती है।

आज जब निजी सचाई और सामाजिक सचाई दोनों ही ध्रुवों पर कुछ आसान सामान्यीकरणों का आतंक स्थापित हो गया है, यह याद दिलाना ज़रूरी लगता है कि बुनियादी तौर पर हर कविता किसी मानवीय स्थिति पर प्रतिक्रिया है, और उसके पीछे एक पहचानी जा सकने वाली मानवीय स्थिति होना उसकी प्रासंगिकता के लिए आवश्यक है। दूधनाथ सिंह भी जब अपनी रूमानी संवेदना को किसी पहचानी जा सकने वाली मानव-स्थिति से दो-चार होने के लिए काम में लाते हैं, जैसे **अजनबी तसवीर, कन्याकुमारी** या **मिथ-१** में, तो उनकी भावुक अतिरंजना एक नाटकीय युक्ति के रूप में इस्तेमाल होती है और कविताएँ सार्थक और संगत होती हैं। लेकिन कुल मिलाकर वे एक प्रीतिकार कवि हैं जिनकी कविता में समकालीन टकराहटों का मंद और सामान्य अहसास है। उनके यहाँ दार्शनिकता की मुद्राएँ हैं, लेकिन रूमानी संवेदना को संयमित करनेवाली विचारशीलता नहीं है। इसलिए अधिकांश कविताओं में (इसी पुस्तक में संकलित उनके एक निबन्ध में उन्हीं के द्वारा निर्धारित प्रतिमान को लागू किया जाए तो) सुलझे हुए संपादन, संयम और वेहेमेंस की कमी है। भावोद्रेक है, वेहमेंस नहीं, उसे संगति देनेवाली वैचारिक दृढ़ता या समझ नहीं। एक बात यह भी उल्लेखनीय है कि दूधनाथ सिंह का मुहावरा ऊपर से ख़ासा शब्दसंपन्न और जटिल जान पड़ता है, पर थोड़ा-सा कुरेदने पर यह स्पष्ट हो जाता है कि दरअसल वह आत्मलिप्त रिटौरिक का मुहावरा है जो उत्सवधर्मी होने के बहुत क़रीब पहुँच जाता है। अंततः कविता के हल्के होने का एक कारण शायद यह भी है कि अपनी रूमानियत के प्रति कवि के पास व्यंग-दृष्टि नहीं है। एक निहायत ग़ैर-रूमानी संसार में रूमानी दृष्टि तब तक सार्थकता प्राप्त नहीं कर सकती जब तक वह अपनी विडंबना को साफ़-साफ़ न पहचाने और स्वीकार करे। दूधनाथ सिंह के यहाँ यह पहचान और स्वीकार एकदम ग़ायब न भी हो तो काव्यात्मक स्तर पर सक्रिय नहीं है। इसलिए **'वह वो कविता नहीं है/यह केवल खून-सनी चमड़ी उतार लेने की तरह है।'** जैसी पंक्तियाँ उनके इरादे का बखान भले करती हों, उनकी कविता और रचना-प्रक्रिया की सचाई का नहीं। वे चाहते भले हों कि उनकी कविता में रस नहीं, ज़हर हो, लेकिन असल में उनके यहाँ रसमयता काफ़ी है और ज़हरीलेपन का सिर्फ़ एक अस्पष्ट झीना आभास-भर।

नीलाभ की चारित्रिक मुद्रा एक बात करते व्यक्ति की है। उनका संबोधन किसी के भी प्रति या इतना व्यापक नहीं है कि उसकी नाटकीयता का ठोस आधार धुंधला हो जाए। हालाँकी उनकी कविताओं में उपस्थित दूसरा जिसे वे 'तुम' कहकर सम्बोधित करते हैं, स्वयं सक्रिय नहीं होता, वह एक तात्कालिक और विशिष्ट संदर्भ बना रहता है, कुछ इस तरह कि ऊपर से एकालाप लगती कविताएँ संवाद बन जाती हैं। बातचीत की हिकमत का इस्तेमाल कर नीलाभ की कविताओं का चरितनायक धीरे-धीरे और सुव्यवस्थित ढंग से कुछ दिखाने की कोशिश करता है, और अगर वह मानव-स्थितियों के निपट और भयावह साक्षात्कार की ओर न भी ले जाता हो तो, कम से कम पहचान और स्वीकार की ओर ज़रूर ले जाता है। इस पहचान को किसी अमूर्त मुहावरे में रूपांतरित करना मुश्किल है—बल्कि ऐसा करना इसलिए अन्याय भी होगा कि प्रायः सभी कविताएँ स्पष्ट मानवीय स्थितियों में जमी हुई हैं। उनमें सामान्यीकरणों और भाववाचक संज्ञाओं का भी इस्तेमाल हुआ है। सरसरी तौर पर यह इस्तेमाल कविताओं के बातचीत होने के संदर्भ में अखरता नहीं है और कभी-कभी मार्मिक तात्कालिकता पा जाता है। लेकिन ध्यान से पढ़ने पर लगता है कि नीलाभ भी इनकी वजह से स्थितियों को काव्यात्मक स्तर पर पूरी तरह से चरितार्थ या साक्षात् नहीं कर पाते। यह खेदजनक है क्योंकि उनकी मुद्रा दिखाने की है, और चूँकि यह दिखाना ठोस नाटकीय प्रसंग में होता है, उसे भौतिक रूप से दिखाने के बहुत नज़दीक होना चाहिए। यह दुहराने की ज़रूरत नहीं है कि भौतिक देखने में ठोस चीज़ें, ब्यौरे और विशिष्ट आकार-रूप-रंग नज़र आते हैं, सामान्यीकरण नहीं। ब्यौरों से प्राप्त ठोस तीव्रता को आगे बढ़ाकर सामान्यीकरणों तक ले जाया जा सकता है, लेकिन कविधर्म मुख्यतः तो इन ब्यौरों से जूझने, उन्हें चरितार्थ करने में ही है। चूँकि नीलाभ के यहाँ ऐसा नहीं हो पाता, उनकी कविता में कई बार बखान नहीं, सूचना मात्र है। एक उदाहरण है :

या काले जंगलों में
विवस्त्र दौड़ते हुए वही आदिम पशु
वे तुम्हारा हाथ पकड़कर तुम्हें
उन गुफाओं में ले गए थे। और
तुमने उन गुफाओं में देखा था
एक समानान्तर संसार

(निःशब्द हिमपात में)

यहाँ काले जंगल, आदिम पशु और गुफाएँ बहुत ठोस या विशिष्ट ढंग से चरितार्थ या परिभाषित नहीं कहे जा सकते। लेकिन दौड़ना, हाथ पकड़कर ले

जाना और देखना निश्चित भौतिक क्रियाएँ हैं जो उन्हें तात्कालिकता देती हैं। लेकिन जब देखना एक समानांतर संसार जैसे सामान्यीकरण को देखना हो जाता है तो यह तात्कालिकता भरभरा जाती है और लगता है कि नीलाभ ठोस ब्यौरों से उलझने की झंझट से (जो कि सच्चा कविधर्म है) कतराकर सामान्यीकरण का आसान रास्ता अपना रहे हैं। कई बार वे जिस अर्जेंसी का भाव अपनी कविताओं में लाना चाहते हैं। वह इसी वजह से कमज़ोर और विरल रह जाता है।

लेकिन संतोष की बात यह है कि नीलाभ ने चालू मुहावरों से अपने को भरसक मुक्त रखा है और अपने माध्यम के प्रति स्पष्ट नज़र आनेवाला आत्मविश्वास उनमें है। अगर ठोस ब्यौरों से जूझने की बजाय सामान्यीकरणों में फँस जाने की बात छोड़ दें तो उनके यहाँ सब कुछ पर निर्णय देने की वह अधीरता भी नहीं है जो उनके ज़्यादातर समकालीनों की लगभग चारित्रिक विशेषता बन गई है, और जो दरअसल विचार-विरोध और बौद्धिक काहिली या विपन्नता से उपजती है। संयोग से नीलाभ के यहाँ अहसास-भर नहीं, समझ की कोशिश भी है। याने वे एक ऐसे कवि हैं जो ज़िम्मेदार होना चाहते हैं और प्रौढ़ भी। अगर छोटे-छोटे अनुभवों को बड़े-बड़े शब्दों में लिखकर सुखी होना युवा कवि की नियति नहीं होना है तो ऐसी युवा आवाज़ों को शोर-गुल के बीच पहचानना, सुनना और उनसे आस लगाना ज़रूरी है।

युवा लेखन : साहस और उग्रता की पड़ताल

पिछले बीस बरसों में साहित्य के बारे में एक बुनियादी धारणा तीव्रता से विकसित हुई है। यह धारणा है समकालीनता की। रचनात्मक लेखन की ही नहीं आलोचनात्मक विचार और व्यवहार की यह एक स्थायी रूढ़ि हो गई है। किसी भी रचना या लेखक की सार्थकता, महत्त्व और प्रामाणिकता की पड़ताल कहीं न कहीं उसकी समकालीनता की जाँच-परख से अनिवार्य रूप से जुड़ जाती है। समकालीनता का हर महत्त्वपूर्ण लेखक में अलग और विशिष्ट मुहावरा होता है। पर एक ही समय के अधिकांश लेखकों में उसका एक सामान्य मुहावरा भी विकसित होता है। यह मुहावरा उनको परिभाषित करता है—उनकी संवेदना के किसी मूल और सामान्य आग्रह को नाटकीय ढंग से व्यक्त करता है। भले संबद्ध कवियों ने न चाहा हो, पाँचवें दशक के बीच के आस-पास के उत्तेजक और महत्वपूर्ण लेखकों का मुहावरा प्रयोग और अन्वेषण का था। उसके बाद नए लेखक का मुहावरा नएपन का था। हालाँकि ज़ोर अब भी नएपन पर है, पिछले पाँच-छः बरसों से ऐसा लगने लगा है कि समकालीन युवा लेखक का मुहावरा उग्रता और आक्रामकता का हो गया है। उसके नएपन के आग्रह में उग्र और आक्रामक होना उतना ही ज़रूरी हो गया लगता है जितना उसका नया होना। नए कवि ने समकालीन वास्तविकता का यथासंभव सीधा साक्षात्कार करने के लिए एक नई जीवंत भाषा की तलाश की थी। संबंधों को सूक्ष्म और संवेदनशील धरातल पर अन्वेषित करने के लिए नई कविता की भाषा एक प्रामाणिक और तीव्र भाषा थी। पर धीरे-धीरे भाषा अनुभव को उसके सभी जटिल तनावों के साथ सार्थक ढंग से व्यवस्थित करने का

उपकरण न रहकर शब्दों की एक निष्करुण परम्परा-भर रह गई। उससे अनुभवों के अप्रत्याशित कल्पनाशील और प्रसंगानुकूल संयोजन नहीं, ऐसी बिंब-मालाएँ और प्रतीक-व्यवस्थाएँ जन्म लेने लगीं जिनकी मानवीय तात्कालिकता क्षीण थी, और जिनसे मानव-स्थिति के बारे में कोई नई खोज नहीं, बँधे-बँधाए ढर्रे या परिपाटी की आवृत्ति-भर होती थी। कहानियों में विचार-प्रधान फ़ार्मूलों का घेरा तो टूटा था पर स्थितियों के प्रति निर्मम तटस्थता नहीं आ सकी थी। नए कहानीकार को टूटने का दर्द सालता था और भाषा में अनावश्यक ब्यौरों की भरमार थी। ऐसी स्थिति में युवा प्रतिभा का भाषा की अपर्याप्तता को पहचानकर उसका पुनराविष्कार करने की चेष्टा करना स्वाभाविक है, पर यह चेष्टा आक्रामक रूप क्यों ले बैठी, इस सवाल का उत्तर सिर्फ़ भाषा की अपर्याप्तता या रूढ़िबद्ध हो जाने की स्थिति की चुनौती बताकर नहीं दिया जा सकता। मूल्य-बोध के स्तर पर देखें तो इधर के लेखक अकसर मूल्यों के प्रति उदासीन हैं। उनमें से कुछ ने सभी मूल्यों को निरर्थक घोषित किया है। उनके लिए सारा संसार अर्थहीन है, इसलिए सारे संबंध और सभी मानवीय भाव भी। नए लेखक में मूल्यों के बारे में एक सतर्क दृष्टि थी, बल्कि कई बार अतिरिक्त उत्साह भी। उसके लिए मूल्य निश्चित नहीं थे और उनको लेकर सार्वभौम दिग्भ्रम उसकी दृष्टि का अनिवार्य संदर्भ था। कम-से-कम विचार के स्तर पर उसमें मूल्यों के लिए एक विकलता थी, भले ही रचना के स्तर पर वह विकलता उतनी तीव्र और तीक्ष्ण न रही हो। आज के उग्र लेखक में ऐसी कोई विकलता नहीं है। वैचारिक स्तर पर उसने सभी मूल्यों को अप्रासंगिक करार दिया है। यह और बात है कि रचनाओं में अनजाने और शायद अनचाहे कुछ धूमिल-सी मूल्य-दृष्टि उभर ही आई है। मूल्यबोध का सीधा संबंध रचना के स्तर पर अर्थ से है : जो साहित्य मूल्य-निरपेक्ष होना चाहता है वह अर्थ-निरपेक्ष भी होना चाहेगा। इसलिए उचित ही है, यह साहित्य जान-बूझकर अर्थहीन साहित्य है। जब मूल्य-बोध नहीं, अर्थ नहीं, तो फ़ार्म भला क्यों होने चला? इस साहित्य में फ़ार्म की धारणा बेमानी हो गई है। नया लेखक फ़ार्म को मुक्त करता था, उग्र लेखक फ़ार्म से ही मुक्त हो गया है। नए कवि की अर्थ की लय में अर्थ और लय दोनों से ही उसका कोई सरोकार नहीं रह गया है।

ऊपर से देखें तो लग सकता है कि नए साहित्य की परंपरा से ये लेखक विद्रोह कर रहे हैं, उसकी स्थापित व्यवस्था से उनका लेखन इनकार या असहमति का आभास देता है। पर दरअसल ऐसा है नहीं। यह आक्रामक साहित्य नए साहित्य की एक दुर्भाग्यपूर्ण परंपरा का शिकार है, उससे मुक्त या विद्रोही नहीं। नए साहित्य की शुरुआत भले ही इस क्रान्तिकारी और सदाशय प्रतिज्ञा से हुई हो कि हर विषय साहित्य का विषय हो सकता है, उनमें संकीर्णता आती

गई। मानवीय संबंधों के तनावों और अंतर्विरोधों की सूक्ष्म पड़ताल उसमें जरूर हुई पर यह सब धीरे-धीरे रूढ़ और जड़ होता चला गया। वैयक्तिकता का ऐसा आतंक स्थापित हुआ कि व्यक्ति की दुनिया से बाहर जो था उससे लेखक को कोई सरोकार नहीं रह गया। ऊपर-ऊपर से तो यह लगता रहा कि वह सारे बाहरी तनावों और दबावों से प्रतिकृत हो रहा है पर साहित्य अधिकाधिक उसके नितांत निजी नाटक का लेखा-जोखा होता गया। अनुभूति की प्रामाणिकता के चक्कर में उसकी सार्थकता की बात धुंधली पड़ती गई। मानवीय संबंधों की प्रामाणिक और सूक्ष्म अभिव्यक्ति हुई, पर उन्हें किसी बृहत् संदर्भ से जोड़ने की कोशिश नहीं। बावजूद तमाम वक्तव्यों के, जिनमें समूची मानवीय नियति के प्रति नए लेखक की चिंता बार-बार बड़े घटाटोपी ढंग से व्यक्त हुई है, मानवीय संबंधों की नियति को कोई व्यापक अर्थ देने का, उसे देश की सामाजिक-राजनीतिक नियति से जोड़कर किसी सार्थक और अनिवार्य ढंग से देखने का, प्रयत्न बहुत कम हुआ। नए लेखक ने चीज़ों के बीच जो संबंध खोजे उनमें अद्वितीयता का आग्रह बढ़ता गया। लेखक अपनी अद्वितीय दुनिया बनाने में इतना व्यस्त हो गया कि उस दुनिया को सार्थक, समृद्ध और मानवीय बनाने की बात गौण हो गई। बल्कि धीरे-धीरे लगने लगा कि नया लेखक अपने अनुभव की वैयक्तिकता और अद्वितीयता से संतुष्ट होकर उसे बाहरी दबावों के प्रति खुला रखकर सार्थक और व्यापक बनाने से कतराने लगा। उसने साक्षात्कार की अपनी मूल प्रतिज्ञा को भुला दिया। उसका लेखन साक्षात्कार का नहीं सुरक्षा का हो गया। जिस रूमानी संकीर्णता से वह मुक्ति चाह रहा था उसी में वह गिरफ़्तार हो गया। उसकी मानवीय वस्तु बहुत क्षीण होती चली गई। बल्कि यह कहना ग़लत न होगा कि कुछ को छोड़कर अधिकांश नए लेखकों का साहित्य मानवीय अनुपस्थिति का साहित्य हो गया। संबंध ठोस न रहकर 'ऐब्स्ट्रैक्ट' होते गए। इन रूढ़ियों से विद्रोह का मतलब साहित्य को फिर तत्कालीन वास्तविकता से सीधे और जोखमभरे साक्षात्कार की ओर मोड़ना होता; धुंधली, प्रसंगहीन, अतिवादी मुद्राओं से काटकर उसे फिर से समृद्ध, सार्थक और मानवीय कर्म के रूप में प्रतिष्ठित करना होता। पर उग्र और आक्रामक साहित्य का अधिकांश ऐसा कुछ नहीं करता। वह वैयक्तिकता के एकाधिपत्य और अद्वितीयता के संप्रदाय का एक अतिरंजित संस्करण है। यह आकस्मिक नहीं है कि सारे शोरोगुल और 'एंटी रोमेंटिक' होने के दावे के बावजूद अ-कवि हों या अ-कथाकार, उनकी रचनाओं का मूल स्वर रूमानी अतिरंजना का है। अ-कवियों की रचना का सामान्य संगठन 'रोमेंटिक लिरिक' का संगठन है और उनकी सारी भयावह बिंबमालाएँ उनकी बुनियादी रूमानी दृष्टि को छुपा नहीं पातीं। ज्यादातर युवा कवियों को फ़ॉर्म-जैसी किसी चीज़ की,

अनुभव को अनुशासित कर सार्थक बनाने के लिए, ज़रूरत ही नहीं होती। इसलिए उनकी रचनाओं में कोई फ़ार्म नहीं है। बल्कि टैक्नीक भी नहीं, सिर्फ़ तात्कालिक युक्तियाँ। बहुत सारी कविताएँ और कहानियाँ ऐसी हैं जिनका न आरंभ अनिवार्य है और न अन्त ही। भाषा के साथ एक वास्तविक संसार का अहसास घनिष्ठ रूप से जुड़ा होता है। पर इन रचनाओं में यह अहसास एक छद्म बन जाता है। चीज़ों को उनके सही नाम से पुकारना तो दूर, ये रचनाएँ नामों का एक ऐसा घटाटोप तैयार करती हैं कि चीज़ों की किसी भी विश्वसनीय सत्ता से उनका संबंध टूट जाता है। यह एक विडंबना ही है कि अनुभव को इंद्रिय-बोध से आगे जाने से इनकार करने वाले आक्रामक लेखक ने भाषा की सारी ऐंद्रिक तात्कालिकता नष्ट-सी कर दी है। मृत्यु, संभोग, रति, स्तन, जाँघें, अकेलापन, आदि, बीसियों शब्दों को पीट-पीटकर उनकी वाचकता ही जैसे समाप्त कर दी गई है। दरअसल ये स्मृतिहीन लोग हैं जिन्हें अपनी तात्कालिक साहित्य परंपरा भी याद नहीं रह गई। वरना नए साहित्य की एक संकीर्ण परंपरा का शिकार हुई पीढ़ी अपने को उससे विद्रोही कैसे मानती और अपने इस दावे को सिद्ध करने के लिए ऐसी धारणाएँ, जो नए साहित्य के विकास में कभी-न-कभी प्रस्तुत की जा चुकी हैं, क्यों इतने नई खोज के आश्चर्य के भाव से प्रस्तुत करती ?

आक्रामक लेखन की कुछ अपनी रूढ़ियाँ बनी हैं। उनमें से दो प्रमुख हैं : साहसिकता और नग्नता। जैसा कि पहले कहा जा चुका है, ये लेखक की क्षमता को तो कुछ बढ़ाती हैं, पर अनिवार्य रूप से साहित्य की सार्थकता को नहीं। एक संश्लिष्ट दृष्टि या संश्लेषण पाने के लिए विकल दृष्टि के अभाव में साहसिकता स्त्री-पुरुष के संबंधों में सीमित रह जाती है और धीरे-धीरे एक नए अतिवाद तक पहुँच रही है। स्त्री-पुरुष के रिश्ते को पुराना लेखक उसके वास्तविक ठोसपन में न देखकर उसके स्थान पर इच्छित आदर्श स्थिति आरोपित करता था। नए लेखक ने उस संबंध को उसकी वास्तविकता में निर्निमेष और ग़ैर-रूमानी ढंग से देखने की कोशिश की। आक्रामक लेखकों में से अधिकांश की रचनाओं में इस संबंध पर तनाव, अकेलेपन, त्रास, निरर्थकता, यौनातिवाद, यांत्रिकता आदि का इतना बोझ डाल दिया गया है कि यह जीवित संबंध वास्तविकता नहीं रह गया है। उनके स्थान पर फिर एक दुराग्रहजन्य 'ऐब्स्ट्रैक्शन' आ गया है। अ-कवि और अ-कथाकार की स्त्री-पुरुष संबंध की कल्पना उतनी ही अवास्तविक और अधूरी है जितनी छायावादी कवि की या जितनी जैनेन्द्र कुमार और यशपाल की थी। उसके ऐंटी-रोमेंटिक घोषित होने से उसकी अवास्तविकता और सतही नक़लीपन का प्रतिकार नहीं हो जाता। नई कविता में मानव-संबंधों की कई नई श्रेणियाँ हमारे साहित्य

में पहली बार खोजी गईं और अभिव्यक्त हुई थीं। लेकिन अगर आप कुछ युवा कवियों का संसार देखें, खासकर उनका जो अपने को अकवि कहते हैं, तो उसमें संबंधों की विविधता की जटिलता तो गायब है ही, संबंधों को किसी ताज़ा या उत्तेजक रूप से देखने, समझने या रचने के बजाय निरर्थकता और निस्संगता को एक नई दक़ियानूसी ने अपने को स्थापित किया है। अपने को हर क़िस्म की दक़ियानूसी से विद्रोही मानने-कहने वाला युवा लेखक दरअसल खुद एक नए क़िस्म का दक़ियानूस है—उसकी संवेदना अनुभव के हर नए आघात को सहने-रचने का उपकरण नहीं, अनुभव की सीमित और पूर्वनिश्चित कोटियों को दुहराने का एक यंत्र-भर है। इससे इनकार नहीं कि समकालीन दबावों में पिसकर मानव-संबंध भ्रष्ट और विकृत हो जाते हैं, लेकिन मानव-संबंधों की ललक, कोमलता और प्रेम एकदम ओझल हो जाएँ, कम से कम ऐसी दुर्घटना हमारी आर्थिक, सामाजिक स्थिति में नहीं हुई है।

प्राय: इस समूचे साहित्य के अमानवीय, और इसके पहले के नए साहित्य के अधिकांश के बहुत क्षीण ढंग से मानवीय, होने का कारण क्या है? इससे इनकार करना मुश्किल होगा कि हमारे समय में मानवीय नियति अपने को राजनैतिक अर्थों में व्यक्त करती है। यह भी जगज़ाहिर-सी बात है कि इस युग में राजनीति की सारी मानवीय वास्तविकता पर गहरी छाया है। हिन्दी में प्रगतिवाद के विरुद्ध प्रतिक्रिया का सबसे दुर्भाग्यपूर्ण पक्ष यह रहा कि उसने समूची राजनीति को नए लेखक के लिए अछूत-सा बना दिया। यह अजीब व्यंग्य था कि मानवीय मूल्यों और नियति के प्रति गहरी संवेदना का दावा करने वाले नए लेखक को राजनैतिक उथल-पुथल, उतार-चढ़ाव, मूल्यों की टकराहट और दिशा से कोई सरोकार ही नहीं रह गया। अधिकांश नया साहित्य समकालीनता का दम भरते हुए भी वास्तविक समकालीनता से कटा हुआ सुरक्षित साहित्य होता चला गया।

नए लेखक ने अपने बुनियादी लगावों को कैसे उनके व्यापक अर्थों तक ले जाने की कोशिश नहीं की, इसका एक दिलचस्प उदाहरण उपन्यास के प्रति उसकी उदासीनता है। कहानी के सुविधापूर्ण माध्यम को काफ़ी मानकर नए कथाकार ने आत्मतुष्टि अनुभव की। छोटे-छोटे अनुभवों को एक व्यापक धरातल पर सार्थक और व्यवस्थित दृष्टि में गूँथने और व्यक्ति-संबंधों को सामाजिक सचाई से जोड़कर उन्हें प्रासंगिकता और गहराई देने की कोशिश बहुत कम हुई है। इस छोटी और सँकरी दृष्टि की परंपरा की एक चरम कड़ी एकदम नये कहानीकार हैं, जिनके यहाँ सारा लगाव ज़्यादातर स्त्री-पुरुष-संबंध को थोड़ा चौंकाने वाली निर्ममता और नग्नता से देखना-भर है। महेन्द्र भल्ला का उपन्यास **एक पति के नोट्स** उदाहरण के लिए लिया जा सकता है। उसमें

एक तरह की ताज़गी और संवेदनशील क्षमता ज़रूर है—भाषा का ताज़ा इस्तेमाल—लेकिन वह किसी सार्थकता तक नहीं पहुँच पाता। आदमी की हालत के बारे में हमारी जानकारी या अनुभूति किसी नई तीव्रता, अंतर्दृष्टि या गहराई तक नहीं पहुँचती। उपन्यास ख़त्म करने के बाद यह सवाल लटका रह जाता है : 'तो क्या ?' ऐसी हालत में यह कहना, जैसा कि मुद्रा राक्षस ने कहा है, कि ऐसी रचनाएँ दरअसल लेखक के ऐसे माहौल से 'वाक आउट' करने का प्रमाण हैं जिसमें सामाजिक निर्णय कवि के हाथ में नहीं राजनेता अथवा अन्य किसी के हाथ में आ चुका है, कोई माने नहीं रखता। यह कहना सामाजिक निर्णय से अक्सर उदासीन बल्कि कभी-कभी अपरिचित लेखक के लिए नाटकीय आत्मदर्शन वाला लेखन उचित ठहराने का एक बहाना-मात्र है।

पिछले दिनों देश में जो घटनाएँ हुई हैं उनसे हमारे समाज में छुपी हुई उग्रता और हिंसात्मकता उजागर हुई है। सामाजिक स्तर पर उदासीनता और बेचारगी के भावों को इस हिंसात्मकता ने कुछ झकझोरा है। ऐसा लग सकता है कि समाज में धीरे-धीरे स्थापित व्यवस्था के प्रति जो आलोचनात्मक और आक्रामक रुख उभर रहा है, जो असहमति का स्वर सुनाई दे रहा है, आक्रामक लेखन उसी का एक साहित्यिक संस्करण है। पर ज़्यादातर लेखन ऐसा नहीं है; उन दोनों की संगति सतही है। सामाजिक आंदोलन मोहभंग के बाद की जागरूकता व्यक्त कर रहे हैं—उग्र लेखन नए कलामूल्यों और नक़ली संकीर्ण समकालीनता से रूमानी मोह। सच्ची असहमति या अस्वीकार का स्वर उसमें नहीं है। समृद्धि के अवास्तविक प्रतीकों को जमाकर एक आत्मतुष्ट उठाईगीर संस्कृति हमारे देश में विकसित हुई है। आक्रामक लेखक और उसका साहित्य इस संस्कृति को स्वायत्त करने की दौड़ की विवेकहीनता के विरुद्ध विवेक और सचाई का पक्षधर नहीं है। यह एक करुण स्थिति है कि वह उस दौड़ में प्रतिस्पर्धी है।

आक्रामक लेखन के बारे में यह दावा भी किया गया है कि वह 'अवाँ-गार्द' लेखन है। इस धारणा की पड़ताल भी लगे हाथ कर लेना उचित होगा। चूँकि 'अवाँ-गार्द' की धारणा मूलतः पश्चिमी है, वहाँ उसकी स्थिति स्पष्ट करना ज़रूरी है। बीसवीं सदी की दुनिया की भयानकता कला-व्यवहार में प्रखर हो जाती है क्योंकि पश्चिमी कलाओं की भाषा बार-बार नष्ट हो जाती है और बार-बार उसके पुनर्संस्कार की ज़रूरत होती है। पश्चिम में इस सचाई का साक्षात्कार बदलते हुए सभी प्रसंगों में ईमानदारी के साथ जिस ढंग के कलाकार करते रहे हैं, उनमें प्रमुख वे रहे हैं जिन्हें 'अवाँ-गार्द' का नाम दिया जाता है। पिछले क़रीब सौ बरसों से 'अवाँ-गार्द' पश्चिमी संस्कृति का एक अनिवार्य मिथ रहा है।

अवाँ-गार्द का सीधा मतलब है—सेना की अगली टुकड़ी। साहित्य और कला के क्षेत्र में उससे मुराद लेखकों और कलाकारों के उस वर्ग से है जिसमें अपने नए अनुभवों का सामना करने का साहस होता है, जो ऐसा करने के लिए अभिव्यक्ति के नए से नए उपकरण विकसित करता है, और जिसके कृतित्व में बुनियादी उग्रता और विध्वंसात्मकता होती है। कुछ पत्र-पत्रिकाओं में हाल ही में हुए विवाद से पता चलता है कि इधर पश्चिम में 'अवाँ-गार्द' के स्वरूप में कुछ मौलिक परिवर्तन हुआ है। वैसे हमेशा बदलते रहना ही उसका स्वरूप रहा है। पर इधर उसकी परिस्थिति में भी कुछ बुनियादी अंतर आया है। एक तो अक्सर 'अवाँ-गार्द उस वर्ग के विरुद्ध होता था जिसे 'ऐस्टेब्लिशमेंट' कहा जाता है। दूसरे महायुद्ध के बाद से यह स्थिति नहीं रही—नाज़ीवाद के भीषण अनुभव और रूस में बढ़ती सांस्कृतिक नियंत्रण की नीतियों ने पश्चिमी सरकारों और संरक्षकों को 'अवाँ-गार्द' के प्रति अपना रुख़ बदलने पर मजबूर किया। उसे प्रजातंत्र और स्वतंत्रता के एक प्रतीक के रूप में नई प्रतिष्ठा दी जाने लगी। नतीजा यह हुआ है कि अब उसके 'आक्रामक दुस्साहस' को ख़तरनाक नहीं माना जाता, बल्कि उसे सरकारी और व्यावसायिक समर्थन और प्रश्रय मिलने लगा है। उसके और 'ऐस्टेब्लिशमेंट' के बीच की पुरानी दुश्मनी ख़त्म हो गई है। अमेरिका के बीटनिकों और इंग्लैंड के नाराज़ युवाओं के विद्रोह का जो हश्र हुआ है वह इस सिलसिले में बड़ा दिलचस्प है। वे व्यावसायिक ढंग से आगे बढ़ाए जाने लगे हैं और उनकी शैलियों का विज्ञापनबाज़ी में धड़ल्ले से इस्तेमाल हो रहा है और इंग्लैंड के तथाकथित नाराज़ युवा लेखकों में अधिकांश अब न तो नाराज़ हैं और न ही युवा रह गए हैं। जैसा कि **टाइम्स लिटरैरी सप्लीमेंट** ने कहा है, पश्चिमी जनता का रुख़ बिलकुल बदल गया है। अब वह 'अवाँ-गार्द' के कारनामों से न तो आतंकित होती है और न चौंककर 'हे भगवान !' कहती है। उसकी प्रतिक्रिया अक्सर उत्साहरहित, ठंडी और उत्सुकता-भरी होती है कि 'इनकी अगली करतूत क्या होगी ?'

यों 'अवाँ-गार्द' बहुत सारे बेमेल तत्वों का मिश्रण है, कोई एक स्पष्ट प्रवृत्ति नहीं जिसे ठीक से परिभाषित किया जा सके। फिर भी उसमें दो छोर स्पष्ट देखे जा सकते हैं। एक तो वे कलाकार हैं जो ४०-५० बरस पुराने प्रयोगों को दुहराकर अब भी 'बुर्जुआ' को 'शॉक' देने में दिलचस्पी रखते हैं। इनके कृतित्व में दया, प्रेम, आशा, विनम्रता और सार्थकता जैसे बुनियादी मानव-भावों के प्रति एक हिंस्र दृष्टि व्यक्त होती है और रूढ़ नैतिकता का घोर उल्लंघन होता है। दूसरी ओर वे लोग हैं, और दरअसल वे अधिक महत्त्वपूर्ण हैं क्योंकि उनके प्रयत्न रचनात्मक खोज की एक नई संभावना का

दिशा-संकेत करते हैं, जो ऐसे क्षेत्रों की ओर बढ़ रहे हैं जिनमें कलाएँ एक-दूसरे से नए संबंध स्थापित कर रही हैं या भाषा, विज्ञान, विचार, प्रविधि और मानव-व्यवहार से नए रूपाकारों में संयुक्त हो रही हैं। तथाकथित यांत्रिकता के साथ रचनात्मकता के संयोजन के ये प्रयास काफ़ी महत्त्वपूर्ण हैं और बराबर जटिल होती यंत्र-संस्कृति में कला के जीवित और जीवंत रहने की चेष्टा की अभिव्यक्ति हैं। बीटनिक और स्कैंडेनेविया के 'स्थितिवादी' अवाँ-गार्द के पारंपरिक ढंग के सदस्य हैं जिनकी भावपूर्ण सामाजिक आक्रामकता, ज़रूरी नहीं, रचनात्मक ढंग से मूल्यवान सिद्ध हो। संगीतज्ञ जान केज, नर्तक मर्स कनिंघम, ऑपेराकार माइकेल ब्यूटर और कतरनों के अतर्कित संयोग से रचना लिखनेवाले उपन्यासकार विलियम बरोज़ ऐसे कलाकार हैं जो स्फूर्तिहीन यांत्रिक आवृत्ति को कला का सिद्धांत मान रहे हैं। कविता और जाज़ संगीत के सहयोग से 'पोएज़ी' का प्रचलन हुआ है और 'ठोस कविता' के लेखक भवन-निर्माण और स्थापत्य के कुछ सिद्धांतों का कविता में प्रयोग कर रहे हैं। हो सकता है इनमें से कुछ सिर्फ़ फ़ैशन बनकर रह जाएँ, लेकिन किसी महान कलाकार के लिए इनमें से कुछ प्रेरणा भी मिल सकती है।

क्या हमारे यहाँ वैसा 'अवाँ-गार्द' है जैसा पश्चिम में? आक्रामक लेखन में बावजूद परंपरा के अस्वीकार, लक्ष्यहीन विद्रोह, हिंसा और आक्रामकता के, इस प्रश्न का उत्तर है—'नहीं'। हमारे यहाँ का तथाकथित 'अवाँ-गार्द' ज़्यादा से ज़्यादा पारंपरिक ढंग का है, जिस ढंग की संभावनाएँ पश्चिम में लगभग खत्म हो चुकी हैं। एक तो ग़रीबी, भुखमरी और अशिक्षा के देश में यंत्र-संस्कृति का ऐसा गहरा दबाव नहीं है कि कलाओं के नए संयोजन होने के अवसर बढ़ें। दूसरे, आमतौर पर नए लेखक की चित्रकला को छोड़कर दूसरी कलाओं में न तो दिलचस्पी है और न उनकी कोई जानकारी ही। सच्चा 'अवाँ-गार्द' ऐसी स्थिति में असंभव है। तीसरे, हमारे यहाँ रंगमंच अभी विकसित ही हो रहा है, उसकी ऐसी कोई सुदृढ़ परंपरा नहीं है जिससे समकालीन कलाकार प्रतिबद्ध हो सके। पश्चिम में रंगमंच के बिना या उसकी अविकसित परंपरा में 'अवाँ-गार्द' के जन्म की बात सोचना लगभग असंभव है। चौथे, बावजूद सारे हो-हल्ले और वक्तव्यों के, हमारे यहाँ साहस, अदम्य साहस का घोर अभाव है। अधिकांश आक्रामक लेखन के मूल में अपने अनुभवों का और अपने समय की वास्तविकता का सामना करने के साहस की बुनियादी कमी है। जहाँ साहस न हो, वहाँ और सब-कुछ हो सकता है, 'अवाँ-गार्द' नहीं।

ऊपर नए लेखक के मानवीय साक्षात्कार करने के प्रयत्न की बात कही गई है। नई कविता में यह प्रवृत्ति किसी न किसी रूप में जीवित रही। ज़्यादातर कवियों में यह साक्षात्कार आगे जाकर कुंठित होता गया। पर मुक्तिबोध जैसे

कवि में, जो नई कविता की मुख्य रूढ़ियों से अलग और उपेक्षित रहे, यह साक्षात्कार अपने मानवीय और कलात्मक चरम तक पहुँचा। प्रगतिवाद की निर्वैयक्तिक सार्वजनीनता से अलग हटकर उन्होंने व्यक्ति के गहन अन्तर्जगत और बाहर की दुनिया और मानव नियति को एक प्रखर और विचलित करने वाले संतुलन में देखा। हमारे समाज में मानवीय अन्तःकरण की मृत्यु और संभावना का, उनका कृतित्व, एक मार्मिक दस्तावेज़ है। उनकी रचनाओं में भी एक भयावह उग्रता है, पर वह साक्षात्कार और व्यापक दृष्टि की उग्रता है : सच्ची, बेलौस, प्रसंगानुकूल और मानवीय रूप से अत्यंत समृद्ध। साक्षात्कार की यह परंपरा केदारनाथ सिंह, रघुवीर सहाय, श्रीकान्त वर्मा, धूमिल, कमलेश, विनोद कुमार शुक्ल आदि की कुछ रचनाओं में आगे बढ़ी है। उग्रता उठाईगीर संस्कृति की भी एक अभिव्यक्ति है और खुले जोखमभरे मानवीय साक्षात्कार की भी। दोनों में अन्तर करना आज साहित्य को समझने के लिए पहली आवश्यकता है।

युवा कविता की आलोचना

अभी कुछ दिनों पहले जितेन्द्रकुमार से युवा कविता पर बातचीत हो रही थी। मुझे उनकी एक बात काफ़ी सही लगी और वह यह कि युवा कविता को लेकर जो बहस हो रही है उससे साफ़ है कि जो कुछ थोड़ी-सी अच्छी कविता लिखी जा रही है उस पर ज़्यादा ध्यान न देकर ज़्यादातर खराब कविता पर समय और शक्ति खर्च हो रही है। आलोचनात्मक समझ और विवेक वाले लोग खराब युवा कविता पर तरह-तरह के पैने आक्रमण कर रहे हैं, लेकिन जो थोड़े-बहुत अच्छे जानदार युवा कवि हैं उनकी रचनाओं से आतंकित या 'ऑबसेस्ड' कोई युवा आलोचक क्यों नहीं है? अच्छी कविता से ऑबसेशन का अभाव आलोचना को अगर एकदम बेजान नहीं तो कम से कम काफ़ी हद तक प्रसंगच्युत ज़रूर करता है। यह ठीक है कि हमारी भाषा में एक उठाईगीर संस्कृति विकसित हुई है और उसके विरुद्ध लड़ाई एक वक़्ती ज़रूरत है लेकिन ऐसा जेहाद अक्सर ग़लत क़िस्म की 'हीरोइक्स' को जन्म देता है।

सन् साठ के बाद से बदलाव की बात धीरे-धीरे एक रूढ़ि बन रही है, यानी कि बिना ठीक पड़ताल के उसे स्वीकार किया जाने लगा है। मुझे नहीं लगता कि इस बदलाव को नई कविता से विद्रोह मानने का पर्याप्त साक्ष्य है, बल्कि बदलाव सच्चे रूप में आया ही उनमें है जो नए कवि हैं और तथाकथित साठ के पहले प्रतिष्ठित हो चुके थे। रघुवीर सहाय, श्रीकान्त वर्मा और केदारनाथ सिंह की इधर की कविताएँ उनके पिछले कृतित्व से अलग हैं—उनकी दुनिया कुछ चौड़ी हुई है। और सबसे बड़ी बात

यह है कि बिना अपनी कविता को नारा या कोरा उत्तेजनात्मक वक्तव्य बनाए उन्होंने अपने समय के सामाजिक-राजनैनिक उलझावों को पहचानने, उनका सामना करने का साहस दिखाया है। जैसा कि रघुवीर सहाय ने लिखा है :

> **भाषा कोरे वादों से**
> **वायदों से भ्रष्ट हो चुकी है सबकी**
> **न सही यह कविता**
> **यह मेरे हाथों की छटपटाहट सही**
> **यह कि मैं घोर उजाले में खोजता हूँ**
> **आग······**

इन तीनों कवियों में छटपटाहट है, लेकिन उस दुनिया में रहने का साहस भी जिसमें हम दरअसल रह रहे हैं, उसकी खास समस्याओं, उसके खास दबावों और शक्तियों के बीच। ज्यादातर युवा कवियों में यह साहस नहीं दीख पड़ता। उनकी दुनिया कल्पना-विलास से, साक्षात्कार से बचने के कारण कायरता से, रचाई हुई दुनिया है : वह साहसहीन व्यक्तियों का नया आभिजात्य है। उसकी छटपटाहट और बेचैनी प्रसंगहीन है। अगर अज्ञेय के स्वयं के सरोकारों के लिए पर्याप्त और उपयुक्त होते हुए भी गरिमा का उनका अभिजात मुहावरा, मध्यवर्गीय आदमी की हालत की कविता लिखने के लिए बाध्य उनके समवयस्क या युवतर समकालीनों के लिए, अप्रासंगिक था तो आज भी वैसा ही करने के लिए तत्पर युग-प्रतिभाओं के लिए उग्रता और आक्रामकता का अतिरंजित रूमानी मुहावरा दरअसल अप्रासंगिक ही है।

पर दूसरी ओर मुझे तीव्रता के साथ महसूस होता है कि सन् साठ के बाद ऐसे बहुत-से युवा कवि आए हैं जो ऊपर से आक्रामक या उग्र न दीख पड़ें पर जिन्होंने अपेक्षाकृत शांत ढंग से, बिना हिंसा, उग्रता और निरर्थकता का नगाड़ा बजाए या उत्सव मनाए, समकालीन मनुष्य की निरर्थकता और अकेलेपन की अनुभूतियों को सार्थक और विशिष्ट ढंग से व्यक्त किया है। उन्होंने जान-बूझकर कोई विद्रोह करने की कोशिश नहीं की है, लेकिन अपनी प्रतिभा के स्वाभाविक परिणाम से अपने युवा होने को चरितार्थ किया है—यानी उनका लेखन ताजा, उत्तेजक, अप्रत्याशित और लीक से हटकर है। कमलेश, धूमिल, विनोदकुमार शुक्ल, जितेन्द्रकुमार, ऋतुराज, सौमित्र मोहन आदि कुछ ऐसे ही कवि हैं। कोरे वादों और वायदों से भ्रष्ट हो चुकी भाषा इन कवियों के हाथों नया संस्कार, नई आग पा रही है। धूमिल का बेबाक ठेठपन और कमलेश की प्रतिबद्ध ऐंद्रिकता, अगर दो उदाहरण-भर लें, भाषा को समकालीन सचाई से सामना कराने के लिए ऐसे बिंदुओं पर ले आने की कोशिश उजागर

करते हैं जहाँ पर वह जैसे अपने-आप उत्तेजक और रचनात्मक हो उठती है। पर ऐसा किसी बाक़ायदा या संगठित विद्रोह के फलस्वरूप नहीं हो रहा है। यह सिर्फ़ प्रतिभा का संयोग है और शायद इन सबका युवा होने के साथ आत्ममुग्धता से बचकर साहसी होने का सहज नतीजा है। धूमिल का मुहावरा मुखर है—स्पष्ट राजनैतिक प्रेरणा के अलावा उनमें एक गहरी नैतिक चेतना भी है जो स्त्री-पुरुष सम्बन्धों तक सीमित नहीं है। दूसरी ओर ऋतुराज और विनोदकुमार शुक्ल की कविताएँ हैं जिनका मुहावरा शांत है–बल्कि वे लगभग 'शुद्ध' कविताएँ लग सकती हैं। लेकिन इसके बावजूद उनमें अपने निजी नाटक का संयत, 'प्रिसाइज़' और अप्रत्याशित साक्षात्कार है। विनोदकुमार शुक्ल का ठंडापन, भाषा की उद्वेगहीन सहजता नाटकीय तो है ही, पर वह विचलित करती है।

एक संपादक ने मुझसे पूछा कि क्या मुझे ऐसा नहीं लगता कि युवा कविता को वर्गीकृत करना संभव नहीं रह गया है और उसकी आलोचना या तो हो ही नहीं रही है या फिर एकदम सब्जेक्टिव क़िस्म की हो रही है। युवा कविता से उनकी मुराद क्या है, मैं नहीं जानता। बल्कि मुझे लगता है कि हमें युवा कविता की बात न कर युवा कवियों की बात करनी चाहिए। हमेशा प्रवृत्ति, वाद या आंदोलन की शब्दावली में सोचने के हम इतना आदी हो चुके हैं कि हम वास्तविक कवियों या कविताओं को अधिक से अधिक इस या उस धारणा के उदाहरण-भर के रूप में उद्धृत करते हैं, और यह भूल जाते हैं कि हर महत्त्वपूर्ण कवि अपने समकालीनों के साथ कुछेक सामान्य आग्रहों और गुणों का समभागी होते हुए अपनी कविता में अपनी निजी और अद्वितीय दुनिया बसाता और चरितार्थ करता है। आलोचना का मुख्य काम इस दुनिया को, और उसकी ख़ास भाषा-व्यवस्था में जो कुछ घटता है उसको, पहचानना और परिभाषित करना है। वर्गीकरण आलोचना की लाचारी है—वह कवि की इस दुनिया के अपने अहसास को दूसरों तक पहुँचाने के लिए इस आसान तरीके का इस्तेमाल करती है। वर्गीकरण किसी रचना की आत्यंतिक विशेषता नहीं है और न ही उसकी भावात्मक या कलात्मक नियति में कोई निर्णायक तत्व ही। पारंपरिक वर्गीकरण नई कविता बल्कि प्रायः पूरे नवलेखन के लिए अप्रासंगिक हो गया था। मुक्तिबोध की कविता में, जो ब्रेख़्त के मुहावरे का उपयोग करें तो, 'भयानक खबर' की कविता है, व्यक्ति के गहन अंतर्जगत और हमारे समाज और सभ्यता की तनावों-भरी बाहरी दुनिया को एक प्रखर विचलित करने वाले अनिवार्य सन्तुलन में देखा और उजागर किया गया है। उसे आप कैसे वर्गीकृत करेंगे ? उसमें गहरा और स्पष्ट राजनैतिक आशय है लेकिन कविता के केंद्र में एक विशिष्ट दृढ़ व्यक्तित्व भी है जो उसे

नियमित करता है, तात्कालिक बनाता है। उसे राजनैतिक कविता कहना उतना ही नाकाफ़ी है जितना कि मनोवैज्ञानिक या व्यक्तिप्रधान कविता कहना। मैं नहीं समझता कि ऐसा वर्गीकरण इस कविता में हमारी समझ या परख को कोई मदद पहुँचाता है। जो कविता अपने समय में मानवीय होने के अनुभव को उसकी जटिल विविधता में और तनावों, अंतर्विरोध और उलझावों के साथ संश्लिष्ट ढंग से व्यक्त करने की कोशिश करती है, उसके विश्लेषण के लिए वर्गीकरणों की अप्रासंगिकता एकदम साफ़ और स्वाभाविक है। मैं नए कवियों और युवा कवियों को इसी कोशिश के सिलसिले में जुड़ा हुआ देखता हूँ। ज़ाहिर है इस कोशिश के अलग-अलग कवियों में अलग-अलग रंग और तेवर हैं—युवा कवियों में भी। लेकिन अगर किसी का ख़्याल हो कि यह बात यकायक युवा कवियों पर लागू होने लगी है तो मैं सहमत नहीं हूँ। अगर **मोचीराम** (धूमिल), **मुक्ति प्रसंग** (राजकमल चौधरी), **विष्णुप्रिया** (कमलेश) और **सबसे अच्छी कविता** (ऋतुराज) को वर्गीकृत नहीं किया जा सकता तो ऐन उसी अर्थ में **मैं दिया जाता हूँ** (रघुवीर सहाय), **बुखार में कविता** (श्रीकान्त वर्मा), **जो भी हम सोचते हैं** (केदारनाथ सिंह), **अँधेरे में** (मुक्तिबोध) और **अलविदा** (विजयदेव नारायण साही) को भी किसी सार्थक वर्गीकरण के दायरे में नहीं रखा जा सकता।

मैंने अभी कहा कि आज का सच्चा कवि अपने मानवीय होने के पूरे संश्लिष्ट अनुभवों को व्यक्त करना चाहता है—उसकी अभिव्यक्ति भी अनिवार्यतः संश्लिष्ट होती है। पहले, यानी मोटे तौर पर नई कविता के पहले, कविता की भाषा, रोज़मर्रा के जीवन-कर्म की भाषा और ज्ञान के अनुशासनों की भाषा अलग-अलग थी—उनमें अंतर स्पष्ट था। अपने को संश्लिष्ट अनुभव को चरितार्थ करने में सक्षम बनाने के लिए कविता की भाषा ने स्वयं को अधिकाधिक दूसरे मानवीय कार्य-क्षेत्रों की भाषा से प्रतिकृत होने दिया है (कविता का मुहावरा रोज़मर्रा और राजनीति, नृतत्त्व, मनोविज्ञान, पत्रकारिता, विज्ञान आदि के मुहावरों को गूँथकर बनाया गया है), इसलिए वह अधिक अर्थव्यापी भी है और उसमें निहित अनुगूँजें भी कई तरह की हैं। अगर अनुभव और कार्य दोनों ही स्तरों पर जटिल ऑर्गेनिक संश्लेषण के बारीक जीवित रेशों का सामना करने में आलोचक अपने को असमर्थ पाता है तो इसमें अचरज क्या? दरअसल, हमेशा सामान्यीकरणों की ओर प्रवृत्ति या आंदोलन की शब्दावली में काम करने वाले हमारे आलोचकों के पास इस तरह के सार्थक साक्षात्कार के लिए पैने और प्रासंगिक औज़ार हैं कहाँ? इस असफलता की वजह हिन्दी आलोचना की अपनी कमज़ोरी उतनी नहीं जितनी कि ज़्यादातर आलोचकों की बौद्धिक काहिली और फ़तवेबाज़ी से संतुष्ट हो

जाने की आदत है। आख़िर विजयदेव नारायण साही ने शमशेर की काव्यानुभूति की बुनावट की एक सक्षम पड़ताल पिछले दिनों की ही है।

जब आप किसी चीज़ की वस्तुपरक पड़ताल से बचना चाहते हैं, या आपके पास वैसा करने के लिए आवश्यक औज़ार या बौद्धिक अवकाश नहीं है, तो सबसे आसान तरीक़ा 'सब्जेक्टिव' हो जाने का है। लेकिन आलोचना के 'सब्जेक्टिव' हो जाने की एक दूसरी वजह यह भी हो सकती है कि जब आपका सामना कवि के मानवीय होने के संश्लिष्ट अनुभव से होता है तो आप उससे अपने अनुभव-संसार की प्रासंगिकता खोजने को, दोनों की तुलना करने को कई बार विवश हो जाते हैं। ऐसी आलोचना भी उपयोगी हो सकती है अगर आलोचक अपने और कवि के संसारों के बीच के तनावों का उत्कृष्टता से बखान कर सके। ऐसी आलोचना में रचनात्मक ताप और उत्तेजना हो सकती है जो उसकी सार्थकता की एक विश्वसनीय पहचान है। लेकिन आलोचना में सार्थकता तभी संभव है जब कविता के सामने आलोचक विनम्रशील हो। जब तक आलोचक निर्णायक बनने का दंभ लिये कविता को सामने कठघरे में खड़ा किए फ़ैसला सुनाने को बेताब है, आलोचना सार्थक और उपयोगी संभव ही नहीं है। विद्या विनय के बिना शोभती है या नहीं, मैं नहीं जानता लेकिन इतना ज़रूर महसूस करता हूँ कि बिना विनय के आलोचना सार्थक नहीं होती। एक छोटी-सी सचाई, जिसे हम अक्सर भूल जाते हैं यह है कि कविता कवि से नहीं आलोचना से भी हमेशा बड़ी है।

हमारे यहाँ एक और मर्ज़ पिछले ही दिनों तेज़ी से फैला है—पीढ़ियों की शब्दावली में हर बात को सोचने की आदत। यह भी एक तरह का आसान और ज़्यादातर व्यर्थ वर्गीकरण है। इसके रहते आपने अपने किसी समवयस्क के बारे में कुछ प्रतिकूल कहा नहीं कि आप पर आरोप लगा कि आप अपनी पीढ़ी से दग़ा कर रहे हैं, और आपने पिछली पीढ़ी के किसी कवि को मूल्यवान पाया तो तुरंत फतवा दे दिया जाएगा कि आप पिछली पीढ़ी के एजेंट हैं। इस बचकाने खेल में आलोचक भी आते हैं: आलोचना की परख भी इस बात से होने लगी है कि वह इस पीढ़ी के साथ है या उस पीढ़ी के। मुझे यह सब एकदम वाहियात लगता है: आलोचना का काम पीढ़ियों को समर्थन देना या उनका विरोध करना नहीं है। उसका काम, जैसा मैंने शुरू में कहा, हमेशा अच्छी कविता की तलाश करना, उससे 'ऑबसेस्ड' होना, उसमें जो घटता है उसका उत्कटता से बखान करना है, और अगर ज़रूरी हो तो अच्छी कविता को प्रतिष्ठित करने के लिए संघर्ष करना है। इस संघर्ष के चलते हो सकता है आपद्धर्म की तरह पीढ़ियों आदि के झगड़े में पड़ना पड़े। पर आपद्धर्म नित्यकर्म नहीं हो सकता, न होना चाहिए।

अकविता : एक नई रूमानियत

हिन्दी का सृजनात्मक मुहावरा इधर अधिक व्यापक और शहराती हुआ है। आमतौर पर क़स्बाई संवेदना रूमानप्रिय और आत्मीय क़िस्म की होती है। सहानुभूति, करुणा और मानवीय संवेदना उसका अनिवार्य संदर्भ होती है। इस संवेदना का आमना-सामना महानगर की ज़िंदगी से, याने एक ऐसी ज़िंदगी से, होता है जो क्रूर और निर्वैयक्तिक है, जिसमें निजीपन और आत्मीयता नहीं, और जहाँ मानव-संबंधों और उनकी करुणा की जैसे किसी को कोई परवाह नहीं रहती। यह हर विशिष्ट संवेदना पर निर्भर करता है कि वह महानगर के इस साक्षात्कार से कैसे प्रतिकृत होती है। यह साक्षात्कार क़स्बाई संवेदना को अधिक नागरिक, समृद्ध और वयस्क कर सकता है, उसकी बुनियादी मानवीय आत्मीयता को अधिक तनावपूर्ण होने का अवसर देकर उसे अधिक गहन और सार्थक कर सकता है। दूसरी ओर, भीड़, निर्वैयक्तिकता और उपेक्षा से आतंकित होकर क़स्बाई संवेदना अपनी मानवीय जड़ों से कट सकती है, वयस्क होने के बजाय अपने किशोर रूमान से और जमकर लिपट सकती है, गहरे विचलित होने के बजाय ऊपर-ऊपर की छटपटाहट की मुद्राओं से आत्मतुष्ट हो सकती है, या फिर महानगर की विवश निर्वैयक्तिकता और ट्रैजिक अमानवीयता के मुकाबले क़स्बाई सौहार्द और सहजता को अधिक वांछनीय मानने-बताने के सपाट सरलीकरण की ओर जा सकती है। और पिछले बीस बरस में लिखी गई कविता ने और कुछ किया हो या न किया हो, हमें हमेशा के लिए यह पाठ ज़रूर सिखा दिया है कि समृद्ध और सार्थक कविता किसी तरह के सरलीकरण से पैदा

नहीं होती, और न ही रचनात्मक स्तर पर सरलीकरणों से उसे कोई वास्ता हो सकता है। दरअसल, सुविधाजनक उठाईगीर सभ्यता के रहते सच्ची कविता सभी मानवीय सरलीकरणों के विरुद्ध खड़ी होकर ही अपनी नियति चरितार्थ कर सकती है।

तथाकथित 'अकविता' संप्रदाय के कवियों पर विचार करते समय इन बातों को याद रखना ज़रूरी है। सिर्फ़ इसलिए ही नहीं कि ज़्यादातर अकवि महानगरों में रहते हैं और वहाँ जाने के पहले अक्सर छोटे शहरों में थे। बल्कि इसलिए भी कि, बावजूद अपने उग्र स्वर और आक्रामक मुद्राओं के, और बावजूद अपने ऐंटी-रोमेंटिक होने की उन घोषणाओं के जो उनमें से कुछ पिछले दिनों अपने वक्तव्यों में करते रहे हैं, उनकी संवेदनाएँ रूमानी हैं और उनकी मूल क़स्बाई भावुकता उनके तथाकथित महानगर-बोध के सामने संयमित या तनावपूर्ण न होकर दरअसल और अधिक सतही और लिजलिजी हो गई है। भयावह प्रतीकों और थोड़ा-बहुत चौंकानेवाली बिंबमाला का सहारा लेकर तेज़-तर्रार कविताएँ लिखने की कोशिश इस सचाई को दबा नहीं पाती कि उनका भावबोध अतिरंजना और भाव-स्फीति पर आधारित है। कुछ प्रमुख अकवियों से उदाहरण आसानी से दिये जा सकते हैं :

···टूटी हुई हथेलियों पर पुरुष
थामे हुए होंगे टूटे ताजमहल
यहाँ एलोरा की मूर्तियों की परतदार चट्टानें
यहाँ अजंताई चित्रों की बड़ी दरारें
यहाँ कन्याकुमारी मंदिरों के बुझे हुए दीये
एक क़तार में रखे हैं।

(गंगाप्रसाद विमल)

रोती हैं विधवाएँ
चीखते हैं नाजायज बच्चे
और धूमकेतु-सा बढ़ रहा हूँ मै
लीलने नगर का सुख
औरतों का कौमार्य
और पलने में सोए बच्चों की माताओं का सतीत्व।

(जगदीश चतुर्वेदी)

गुफाओं के अँधेरे मेरी आँखों में होते हैं
मैं समुद्री थपेड़ों को डाल लेता हूँ
छाती पर
रेशमी बुश्शर्ट की तरह,

केरल के नारिकेल—
मेरी भुजाओं का स्पर्श करते हैं……

(श्याम परमार)

इससे इनकार नहीं है कि हमारे ज़माने की सचाई हिंसा-भरी, आक्रामक और उग्र सचाई है। जैसा अमरीकी आलोचक लायनेल ट्रिलिंग ने कहा है (पश्चिमी साहित्य के बारे में होकर भी यह बात हम पर खूब लागू होती है) कि "हमारे समय में दार्शनिक से अधिक कलाकार को सचाई पकड़ने से अधिक सीधा सरोकार है और ऐसा करने के उसके तरीके को व्यक्त करने के लिए अक्सर हिंसा का रूपक उपयुक्त जान पड़ता है। लेकिन सचाई सीधी-सरल चीज़ नहीं है। वह हमेशा, और अब तो और भी, मानवीय संभावना से कई स्तरों पर एक साथ गहरे जुड़ी हुई है। इसलिए लाज़िमी है कि इस सचाई को चरितार्थ और उजागर करनेवाली कविता न केवल उग्र और नाटकीय हो बल्कि संभावना के लगातार और अनंत अहसास से अविकल घिरी हो।

अकविता के कवियों का मुहावरा उग्र है पर उसमें नाटकीयता नहीं है—याने वह नाटकीयता जो भाषा और अनुभव दोनों ही स्तरों पर जटिल ब्यौरों से कवि-दृष्टि से जूझने के बाद उत्पन्न तनावों से आती है। यह देखकर थोड़ा अचरज हो सकता है कि जगदीश चतुर्वेदी और गंगाप्रसाद विमल जैसे अकवियों की बड़बोली आक्रामक कविताएँ दरअसल तनावहीन रचनाएँ हैं। इस तनावहीनता का कारण यह है कि इन कवियों का संसार, आधुनिक और शहरी दीखने के बावजूद, छोटा, सँकरा, सपाट और सरलीकृत है। नई कविता में मानव-सबंधों की विविध जटिलता को पहचानकर उनके ठोस अन्वेषण की एक मूल्यवान परंपरा शुरू हुई थी। उदाहरण के लिए 'विजप' के कवियों और कैलाश वाजपेयी के काव्य-संसार में एक तो मानव-संबंधों की विविध तसवीरें नहीं हैं, और दूसरे जो थोड़े-बहुत संबंध झलकते भी हैं वे सामान्यीकृत और निर्विशिष्ट हैं। हमारा संसार तेज़ी से अमानवीय बनता जाता संसार है, ख़ासकर महानगरों वाला। लेकिन इसलिए उसे संबंधहीन या उनकी संभावनाओं से शून्य संसार मान लेना एक बेहद आसान भोलापन है : यह संसार के अमानवीयकरण के विरुद्ध मानवीय को प्रतिष्ठित करने का जोखम लेना नहीं, बल्कि उसका शिकार हो जाना है। यह सोचकर दहशत ही होती है कि ये कविताएँ अमानवीयकरण के विरुद्ध चीख नहीं, उसका उत्सव मनाती किशोर उत्साह की गीतकल्पी रचनाएँ हैं।

कविता अगर साक्षात्कार है तो उसके पीछे कोई ठोस मानव-स्थिति होगी, और ठोस ब्यौरे, जो या तो सीधे चित्रों के रूप में, भाषा की मुद्राओं में या प्रतीक व्यवस्था में, उजागर और विन्यस्त होंगे। अकवियों की ज़्यादातर कवि-

ताओं को किसी ठोस, मानवीय स्थिति से जोड़ना मुश्किल है, क्योंकि प्रायः वे उद्धरण-योग्य चौंकानेवाले वक्तव्य देने के लिए उतावले हैं और उनकी कवि-दृष्टि सामान्यीकरणों में उलझकर आत्मतृप्त हो जाती है। ये उदाहरण देखें :

उगल रही है संस्कृति ढेर सारे पिस्सू और गुबरीले
और ऊदबिलाव
नंगे ओठों पर कोढ़ के घाव लिये मानवता चीख़
रही है लगातार
नीली बड़ी देह और सूजे हुए वक्ष लिये स्त्रियाँ
गर्भाधान से डरती हैं

(जगदीश चतुर्वेदी)

अगर कोई जीने की शर्त है तो
यही कि आदमी सड़क
का कुत्ता बन जाए या बीवी का
गुलाम या एयर इण्डिया
का विज्ञापन

(सौमित्र मोहन)

भूगोल नंगा है
सागर के गर्भ के अलावा
गृहयुद्धों से तानाशाही तक
राजनीति का शरीर गंदा है
धर्म और दर्शन के खेत में
जो भी उग सकता था।

(कैलाश वाजपेयी)

साक्षात्कार को सिर्फ़ सामाजिक-राजनैतिक याने बाहरी सचाई के साक्षात्कार तक सीमित करना उसके अर्थ को सीमित करना होगा। व्यक्ति के अंतर्जगत का साक्षात्कार, आत्म-साक्षात्कार भी उतना ही जोखम-भरा साहसिक काम है और उतना ही मानवीय और प्रासंगिक भी। पिछले पाँच-छः वर्षों से युवा पीढ़ी ने नितांत निजीपन के सुरक्षित प्रतीक घरों को तोड़कर बाहरी दुनिया के बारे में कविता लिखने में पहल की है। यह एक तो कवि-कर्म की अपनी कुछ वर्जनाओं से उबरने की कोशिश का नतीजा था, और दूसरे, हमारी सामाजिक सचाई ही कुछ इतनी उग्र और आक्रमक हो गई है कि उसके दबावों से बचना कविता के लिए भी मुश्किल हो गया है। अकवि साक्षात्कार के कवि भी नहीं हैं। उनकी बुनियादी मुद्रा केंद्रहीन है, क्योंकि वह किसी स्पष्ट मानव-संबंध या

सामाजिक सचाई को संबोधित न होकर सभ्यता, संस्कृति, शहर, जैसे सामान्यीकरणों की ओर जाती है। नामों, बिंबों का घटाटोप इन कविताओं में भले हो, ठोस, संगत, अनिवार्य ब्यौरों का अभाव है। जहाँ किसी तरह के निजीपन का आभास है वहाँ भी आत्म-प्रदर्शन ने उसकी गरमाई नष्ट कर दी है और कविता में शक्तिहीन सपाटपन आ गया है। एक उदाहरण काफ़ी होगा :

प्रेमिका नं० १
(इ० के लिए)
एक उजला आकाश थीं तुम
और तुमने एक छोटे वृक्ष-सा
मुझे पूरा का पूरा ढँक लिया था :
सच, तुम मेरी माँ थीं।

(जगदीश चतुर्वेदी)

अगर इस कविता की निपट छायावादी रूमानियत को नज़रन्दाज़ कर दिया जाए, तो भी यह ज़ाहिर है कि कविता में संबोधित स्त्री कोई विशेष ठोस स्त्री न होकर एक काल्पनिक सरलीकरण-भर है। अपनी थीम की स्वाभाविक माँग और कवि-दृष्टि की रूमानियत के विपरीत, भाषा में कोई ऐंद्रिकता या ऐंद्रिक तात्कालिकता नहीं है। दरअसल यह अंतर्विरोध कमोबेश **विजप** के तीनों कवियों की कविता के ठंडे, सपाट और शक्तिहीन होने की बुनियादी वजह जान पड़ता है। नंगेपन की मुद्रा पर आभिजात्य और शालीनता का मध्यवर्ग-जनोचित आकर्षण इन कवियों को एक ऐसे बिंदु पर ले जाकर छोड़ता है जहाँ उनकी भाषा ठेठ और सीधी न रहकर गड्डमड्ड और नामहीन हो जाती है। मानव-संबंधों या मनुष्य के अंतर्जगत या बाहरी दुनिया की क्रूर निरर्थकता, हिंसात्मकता से कोई बहस नहीं—बहस इस 'एक्सपोजर' की कोशिश से भी नहीं जो ये कवि करते अपने को दिखाते हैं। पर इन कविताओं में यह सब-कुछ चरितार्थ नहीं होता। कविता अनुभव की रचना नहीं, सूचना रह जाती है। कविताएँ संसार की हिंसा को नहीं कवि की शक्तिहीनता को एक्सपोज़ करती हैं : ज़्यादातर अकवि दूसरों को चौंकाने का जतन तो करते हैं, अपनी शराफ़त के घेरे नहीं तोड़ पाते। यह आकस्मिक नहीं है कि अक्सर अकवियों की भाषा ज़्यादातर किताबी है। सौमित्र मोहन और श्याम परमार के कुछ रोचक प्रयोगों को अपवाद के रूप में छोड़ दें तो उनकी काव्य-भाषा निपट एकायामी है और उसमें किसी सार्थक ढंग की रचनात्मक उत्तेजना बिल्कुल भी नहीं है। असंख्य भाववाचक-संज्ञाओं का बार-बार असहाय आलंबन कविताओं में ठोसपन की कमी ही नहीं अनुभूति की अनुपस्थिति भी उजागर करता है। यह आकस्मिक नहीं है कि **विजप** के कवियों की, जो इस संप्रदाय के सबसे बड़बोले कवि हैं, भाषा

अक्सर संस्कृतनिष्ठ है। जिन सचाइयों को प्रकट करने की उनकी मुद्रा है वे ठेठ और निपट अलंकारहीन भाषा की माँग करती हैं और विजय के अभिजात मुहावरे उसके लिए अप्रासंगिक लगते हैं। श्याम परमार का यह दावा कि 'साफ़गोई-पसंद अकविता की भाषा रोमेंटिक स्तर की नहीं है, उसमें शालीन विक्षोभ है', कम-से-कम कविताओं और उनकी भाषा से समर्थित नहीं होता। शालीन विक्षोभ यों भी एक तरह की रूमानियत ही है, और आज के लिए प्रासंगिक, बेबाक और ठेठ इनकार की भाषा अकवियों के पास नहीं, धूमिल जैसे कवियों के पास है। कवि के उपयोग से स्वतन्त्र भाषा में अपनी एक प्रतीक-परंपरा होती है जिसका सीधा इस्तेमाल या जिसकी अनुगूँजों का विन्यास किसी भी काव्य-मुहावरे को समृद्ध और गहरा बनाता है। अकवियों की संवेदना हिन्दी की इस जातीय अंतर्निहित प्रतीक-परंपरा का कोई इस्तेमाल नहीं करती, बल्कि उनका बड़बोला-पन कुछ स्वाभाविक और समृद्धिकर अनुगूँजों को दबा देता है—एक सतही काम-चलाऊपन से काव्य-मुहावरा इतना विपन्न हो जाता है कि कई बार लगता है जैसे ये कवि हिन्दी का इस्तेमाल एक विदेशी या कम-जानी भाषा की तरह कर रहे हों।

भाषा के 'दलिद्दर' को छोड़कर अगर दृष्टि की पड़ताल करें तो और भी दिलचस्प नतीजों पर पहुँचना होगा। जगदीश चतुर्वेदी के स्त्री के प्रति रुख का ज़िक्र इस सिलसिले में काफ़ी होगा। एक तो उनमें अज्ञेय-जैसा पुरुषत्व का अतर्कित दंभ है जिसके रहते स्त्री हमेशा पुरुष के नीचे स्थान पाती है। दूसरे, स्त्री साथ के संबंध (जो, यह याद रखना ज़रूरी है, चरितार्थ नहीं सूचित-मात्र होता है) यायावरी क़िस्म का है। अज्ञेय की परंपरा से विद्रोह का मुखर दावा करने वाला असल में उस परंपरा की एक कमज़ोर, विलंबित और अनपढ़ कड़ी-भर है। तीसरे, स्त्री जगदीश चतुर्वेदी की कविताओं में एक मानवीय उपस्थिति के रूप में व्यक्त न होकर एक वस्तु, 'चीज़' के रूप में प्रकट होती है। स्त्री को मानव-प्राणी न मानकर 'चीज़' समझना, जिसके साथ कुछ भी खिलवाड़ करना, विधि-सम्मत हो, दक़ियानूसी भारतीय का रुख है। विद्रोह-मुद्राओं की अंतर्राष्ट्रीय परिक्रमा करने के बाद फिर भारतीय दक़ियानूसी और मध्यकालीनता में लौटना कवि की तथाकथित आधुनिकता के कुछ बुनियादी गोलमाल को स्पष्ट रेखांकित करता है।

दूसरे अकवियों से सौमित्र मोहन अलग हैं क्योंकि बावजूद रूमानी स्फीति के उनके यहाँ बड़बोलापन और सामान्यीकरणों को लेकर बातूनीपन काफ़ी कम है। दूसरे, उनकी भाषा की जड़ें ज़्यादातर गहरे निजी अनुभव और दैनिक गद्यात्मकता में हैं। विशेषणों और भाववाचक संज्ञाओं के आसान प्रलोभनों से मुक्त सौमित्र मोहन की भाषा सिर्फ़ सूचित नहीं करती बल्कि देखती और उजा-

गर करती है—या शायद यह कहना अधिक उचित हो कि वह देखने की ओर विचलित करती है बिना किसी शोर-गुल या अतिरंजित मुद्रा के :

'मेरा घर' निबंध पर ब्लेड रख मैं अभी बाहर गया हूँ
बिना उढ़का दरवाज़ा बिना उढ़का ही है
न उसका रंग उड़ा है, न वह पुराना हुआ है, न गणेश की
खुदी तस्वीर खंडित हुई है,
एक दरवाजा है, एक निबंध है, एक ब्लेड है, है;
(अन्दर से निकलकर कोई बाहर गया है अन्दर आने के लिए)

अक्सर शांत मुहावरे से तनावहीनता का भ्रम हो जाता है। लेकिन 'एक दरवाज़ा है, एक निबंध है, एक ब्लेड है' या 'मेरा घर निबंध पर ब्लेड रख मैं अभी बाहर गया हूँ' की सपाटबयानी में तनाव छुपा हुआ है और वह उस दहशत को सफलतापूर्वक चरितार्थ करती है जो कविता की थीम है।

सौमित्र मोहन की काव्यभाषा में, ख़ासकर उनकी कुछ प्रेम-कविताओं में, ठंडी ऐंद्रिकता है जो उन्हें व्यर्थ के शब्दाडंबर से अलग कर अनुत्तेजित पर स्पष्ट प्रखरता और पारदर्शिता दे देती है; स्त्री-पुरुष संबंध की सचाइयों को पहचानने और उजागर कर सकने में ही जीवित भाषा सफल हो सकती है।

हाल ही में उन्होंने एक लंबी कविता **लुकमान अली** प्रकाशित की है। मुख्यतः निजी अनुभव के कवि होने के कारण अगर उन्होंने अपने काव्य-संसार को कुछ चौड़ा और ज़्यादा सार्वजनिक करने की कोशिश की है तो यह उचित ही है। अपने आप में **लुकमान अली** जैसे किसी चरित्र को लेकर कविता लिखने का विचार बहुत आकर्षक और दिलचस्प भी है। मुश्किल यही है कि अपने बुनियादी रूमानी मिज़ाज के रहते, और अकविता के चालू मुहावरों से प्रभावित हो जाने के कारण, **लुकमान अली** सफल नहीं हो सकी है। यों तो उनकी छोटी कविताओं में भी अनिवार्यता कम है, लेकिन इस लंबी कविता में तो वह क़रीब-करीब ग़ायब ही हो गई है। नतीजा यह है कि कविता में ढेरों पंक्तियाँ ऐसी हैं जिनकी कोई संगति समझ में नहीं आती, भले ही कवि के मन में उनकी कोई प्रासंगिकता स्पष्ट रही हो। दूसरे, सौमित्र मोहन निजी ठोस ब्यौरों से उलझना छोड़कर सामान्यीकरणों का सहारा लेने लगे हैं :

लुकमान अली के लिए स्वतन्त्रता उसके क़द से केवल तीन इंच बड़ी है
वह बनियान की जगह तिरंगा पहनकर क़लाबाज़ियाँ खाता है
वह चाहता है कि पाँचवें आम चुनाव में दोनों का प्रतिनिधित्व करे
उन्हें टाफ़ियाँ बाँटे
जाति और भाषा की कसमें खिलाए।

....

वह जानता है कि चुनाव

लोगों की राय का प्रतीक नहीं, धन और धमकी का अंगारा है···

अकविता से अलग समकालीन कविता के कुछ चालू मुहावरों को भी सौमित्र मोहन ने अपना लिया है और अपने निजीपन की अकारण क्षति की है :

वह सोने और भाषा के बीच के पुल

को अपनी कमर में लपेटकर संसद् में कूद जाना चाहता है।

....

लुकमान अली प्रजातन्त्र की हँडिया में महापुरुषों की डाक टिकटें, सिक्के और वीरता-चक्र

इकट्ठे करता हुआ भीख माँग रहा है।

पूरी कविता चित्रों, बिंबों, नामों, चुस्त फ़िकरेबाज़ी, सामान्यीकरणों आदि का एक बेढब-सा गोदाम बनकर रह गई है। लुकमान अली जैसा सार्वजनिक चरित्र काव्यनायक होते हुए भी कविता में कोई गहरी नाटकीयता नहीं आ पाती, और कविता भाषा और बुनियादी तौर पर 'लिरिकल' कल्पनाशीलता की, अगर कमलेश के एक शब्द का प्रयोग करें, फ़िज़ूलख़र्ची बनकर रह जाती है।

हड़बड़ी की कविताई : ईमानदारी की सीमाएँ

अभी कुछ दिनों पहले एक युवा कवि ने कहा कि आज की कविता की मुख्य प्रवृत्ति भाषा के साथ खिलवाड़ है। बहुत सारे युवा कवियों में मनुष्य की हालत की भयानकता को चरितार्थ करने की कोशिश और भाषा के साथ प्रसन्न खिलवाड़ पहली बार एक उत्तेजक और बुनियादी काव्य-तनाव के रूप में लगभग एक ट्रैजिक और रचनात्मक बाध्यता की तरह प्रकट हो रही है। लेकिन प्रभाकर माचवे की निजी कविता की परंपरा शुरू से ही भाषा के साथ खिलवाड़ का एक अटूट सिलसिला रही है। अंतर यही है (और यह अंतर इतना बुनियादी है कि युवा कविता और माचवे को किसी सार्थक रिश्ते में जोड़ने की बात अप्रासंगिक हो जाती है) कि माचवे की कविता बखान की कविता है : वह मनुष्य की हालत और उसकी दुनिया के बारे में ताजा से ताज़ा सूचना देती है, लेकिन हमें उसके ब्यौरों से रचनात्मक ढंग से उलझाती नहीं। यह जानकारी देती है, रचनात्मक अहसास या समझ नहीं।

उनके नए संग्रह **मेपल** की कविताएँ ज़्यादातर विदेश-यात्रा और प्रवास में लिखी गई हैं—उनमें विदेशी दृश्य, व्यक्तियों और जिंदगी के अनगिन ब्यौरे हैं जिन्हें जब-तब माचवे बरबस याद, मुक्त आसंग या तुकप्रियता से स्वदेशी तथ्यों और ब्यौरों से जोड़ते चलते हैं। लेकिन यह जोड़ किसी मानवीय 'इन्वॉल्वमेंट के अभाव में दो भिन्न मानव-स्थितियों के बीच एक यांत्रिक-सा रिश्ता बन-कर रह जाता है, उनके बीच कुछ सार्थक उजागर करने वाला संवाद नहीं। शायद इसीलिए माचवे जब कविता के अंत में कुछ 'महत्त्वपूर्ण' वक्तव्य देते हैं तो कविता के मूल शरीर से उसे कोई

अनिवार्य समर्थन या चरितार्थता नहीं प्राप्त होती। एक उदाहरण देखें :

देखा मैंने मंद टेम्स के मुँह पर कुहरा
जैसे बुरक़ा (वर्दी)
देखी मैंने तेल-सनी गंदी काली
शिकागो नदी
देखी मैंने निर्मल धूप औ' हरियाली पहने
हँसती गलोम्मा (रानी)
....
यह पानी के चौक अधूरे
फिर आए मन में कितने घरवाले नद उभर
कई मालव-सरिताएँ, चोरल, कालीसिंध;
बेतवा, शिप्रा, गंगा,
महानदी, कावेरी-कृष्णा, भीमा, घग्घर,
रेवा···
अब सब रेता
पानी के परदे पर हम सब हैं अभिनेता
बेमानी
(मच्छी-मच्छी कित्ता पानी ?)

(मिसीसिपी)

कविता में अंतिम वक्तव्य और पहले की विशेषणों से भरी-पूरी, (यह गौर करने की बात है कि विशेषण भी 'सामान्य' हैं, चारित्रिक नहीं) नदियों की सूचियों में कोई 'आर्गेनिक' संबंध नहीं है।

असल में माचवे का काव्यशास्त्र बेचैनी (अधीरता के अर्थ में) और हड़बड़ी का काव्यशास्त्र है। अगर उनकी कविता में, हन्नाह अरेंट के शब्दों में कहें, आज के आदमी के जीने की व्यथा और झंझट से कोई रचनात्मक और गहरा उलझाव नजर नहीं आता तो इसलिए कि अपने खास काव्यशास्त्र के रहते उनकी कविता कुछ-कुछ 'टूरिस्ट' कविता हो जाती है : टूरिस्ट कविता यों कि ज़्यादातर वह समय रहते जो देखा-सुना, उससे बिना गहरे उलझे और बिना इस साक्षात्कार के अपने-आप रचनात्मक उत्तेजना पाकर तात्कालिक बने, उसे टीप लेने की और उससे जल्दी से एकाध मानवीय सत्य या नतीजा पा लेने की आदतों का प्रतिफल है।

खेद है कि माचवे के हड़बड़ी के काव्यशास्त्र को संयमित करने के लिए इनके पास प्रासंगिकता की कोई धारणा नहीं है—बौद्धिक स्तर पर हो भी, रचनात्मक स्तर पर नहीं है। कविता में जो कुछ भी अतर्कित आवेश में आ

सकता है उसे माचवे ला देते हैं बिना इसकी परवाह किए कि वह प्रासंगिक है या नहीं। माचवे का काव्य-संसार कुछ-कुछ गोदाम-जैसा है जहाँ जाने क्या-कुछ भरा-लदा पड़ा है। जैसे :

कांगो में रक्त-भरे दागों के, ठंडे बेअसर दिमाग़ों के
तेजाब की बोतल के कागों के
सभ्यता-संस्कृति के स्वाँगों के
कृष्ण तन्त्र
उन्नीस सौ तेईस में रवि बाबू आए थे, यहाँ पर लिखा था
'नमो यंत्र, नमो यंत्र, नमो यंत्र.........'
'पोएट्री' के संपादक मिल गए हेनरी रागो।
शिकागो—

(**शिकागो**)

यह बिलकुल संभव है कि जो ऊपर से एक-दूसरे से कतई असंबद्ध लगती हों ऐसी चीज़ों की कविता उन्हें एक अप्रत्याशित लेकिन सार्थक संबंध में जोड़कर स्पष्ट करे। ऐसा कुछ भी ऊपर के कवितांश में नहीं होता। उसमें दिए गए ब्यौरे सूचनाएँ मात्र हैं और उनके वहाँ होने की कोई अनिवार्यता नहीं जान पड़ती। माचवे उन बहुत थोड़े कवियों में से हैं, जो अपने पढ़े का सीधा इस्तेमाल कविताओं में करते हैं : कभी 'टु बी ऑर नॉट टु बी', 'सब्वा संखारा अनित्ता', 'आपुलें मरण पाहिले क्यां डोलां' जैसे उद्धरणों द्वारा, और कभी क्विन्लन्, सोन्या-अन्ना, इयागो, विवेकानन्द, पोटाला, तिरूअण्णामलै, रादेक्, केलिनी आदि के नामोल्लेख द्वारा। लेकिन यह इस्तेमाल ज़्यादातर इतना यांत्रिक और सतही ढंग का है कि उससे वर्तमान और अतीत की धारावाहिकता का सार्थक अहसास या उनके बीच किसी तनाव का बोध नहीं होता। ऐसा करना शायद माचवे का सरोकार भी नहीं है : वे तो अपनी जानकारी की व्यापकता बखानने से संतुष्ट होने लगते हैं। माचवे की कीर्ति एक बुद्धिजीवी कवि के रूप में रही है तो शायद इसीलिए कि उनकी कविता ऊपरी तौर पर उनकी बहुज्ञता का रौब ग़ालिब कर देती है। पर ज़रा गहरे पड़ताल करते ही ज़ाहिर हो जाता है कि उनकी मूल संवेदना में ख़ासी रूमानियत है : वह भी ऐसी रूमानियत जो जानकारी के जाल के पीछे दरअसल प्रासंगिकता की किसी धारणा से असंयमित उद्रेक का सहारा लेती है, और जिसमें आत्मस्फूर्ति अवमूल्यित होकर अधीरता और हड़बड़ी बन जाती है। थोड़े अचरज के साथ अंत में आज पहचानते हैं कि माचवे की कविता में ऊपरी परिष्कार के बावजूद तह में एक तरह का सरल दिमाग़ी सपाटपन है : उसमें अप्रासंगिक शायद बहुत-कुछ है, सचमुच जटिल बहुत कम। अज्ञेय के उत्सवधर्मी मुहावरे के मुक़ाबले माचवे की इन कविताओं का मुहावरा

अधिक समकालीन और समादेशी है इसलिए युवा कवि के नज़दीक है। लेकिन माचवे की कविता, जैसे अज्ञेय की कविता, विचलित नहीं करती और न ही किसी को चोट पहुँचाती है। यह आकस्मिक नहीं, बल्कि माचवे की काव्योपलब्धि की सीमा और क्षीणता को उजागर करने वाला एक तथ्य है कि उनकी कविता, बावजूद मुहावरे की समकालीनता के, हाशिये पर की होती जाती है।

माचवे की कविता से हरिनारायण व्यास की कविता की ओर जाना एक बिलकुल कशमकश-भरी संघर्षमयी दुनिया की ओर जाना है। माचवे के यहाँ

जब होता हूँ बहुत-बहुत मैं उदास
चमक-चमक जाता है अद्भुत आकारों में :
एक सलीब
एक धर्मचक्र
एक नंगे फकीर का अभय-हस्त। (मैं)

जबकि हरिनारायण व्यास के यहाँ इस तरह का कोई पारंपरिक आश्वासन नहीं, बल्कि एक चोट पहुँचानेवाला अहसास है :

हमने जो कुछ भी अब तक सहा
वह बहिश्त का सुख नहीं
जंगली सूअर का
अकेलापन है।

व्यास **दूसरा सप्तक** के एक कवि हैं और काफ़ी अरसे तक उनकी काव्य-रचना के बारे में अनुशासन के कारण कुछ पता नहीं चला। पिछले वर्षों में उनकी कविताएँ फिर पत्र-पत्रिकाओं में प्रकाशित हुई और **मृग और तृष्णा** नाम से उनका पहला काव्य-संग्रह भी निकला। इन कविताओं से ज़ाहिर है कि "आज के आदमी की जीने की व्यथा और झंझट" व्यास का बुनियादी लगाव है। बल्कि शायद यह कहना अधिक सही होगा कि आज का संघर्षरत मध्यवर्गीय मनुष्य उनकी प्रमुख थीम है। यह थीम नई कविता के लिए अपरिचित और नई नहीं है, लेकिन जो बात इन कविताओं को विशिष्ट बनाती है वह यह है कि 'बहिश्त के सुखों' के मुकाबले 'अकेलापन' नितांत निजी और अद्वितीय न रह-कर दूसरे समानधर्मियों के अकेलेपन से जुड़-मिलकर एक बिरादरी-सी तैयार करता है। हरिनारायण व्यास का अकेलापन अपने में सीमित-संकीर्ण बंद दुनिया नहीं रचता बल्कि उसकी उद्दाम जिजीविषा, बावजूद इस अहसास के कि 'हमें फिर से जीने का भय सहना है / मृत्यु में रहना है', उसे बाहरी और दूसरों की अनगिन दुनियाओं के प्रति खुला छोड़ देता है। इसलिए उनकी कविता इन कई दुनियाओं के टकराव की दुनिया है, कोई स्वायत्त संपूर्ण संसार नहीं। चालू मुहावरे में कहें तो उनकी कविता आज के युवा कवियों की तरह निजी और

अकेले के प्रोटेस्ट की नहीं, सामाजिक और सम्मिलित विरोध की कविता है।

टकराव की भाषा व्यास के यहाँ युवा कवियों की तरह सुथरी, चुस्त और पैनी नहीं है और इसलिए उनकी कविता को कुछ पुरानी मानना खासा आसान जान पड़ता है। उनके यहाँ सामाजिक सचाई और अपने बारे में आक्रामक ढंग से बात करने के ताज़ातरीन मुहावरे नहीं हैं। नई कविता के पुराने लटके उनके यहाँ अभी भी सक्रिय हैं, ज़्यादातर अनजाने। पर यह ऊपरी पुरानापन हरिनारायण के काव्य-संसार को हमारे लिए अप्रासंगिक नहीं बना देता। अगर और नहीं तो इसलिए कि निजी प्रोटेस्ट और बेसहायता की मुद्राओं के आमने-सामने वह सामाजिक विरोध और संघर्ष की मुद्रा प्रस्तुत करता है और इस तरह एक दूसरे विकल्प की संभावना उजागर कर हमारे रुचि-बोध को एकायामी होने से बचाता है, अगर हम उसकी प्रासंगिकता पहचान पाते हैं तो।

हरिनारायण व्यास की मुख्य कमज़ोरी भाषा की है : भाववाचक संज्ञाएँ बार-बार उनकी कविता में प्रगट होकर उसे ठोस और मूर्त होने से रोकती हैं, और कई बार कविता निरा वक्तव्य होकर रह जाती है। नई कविता की एक प्रमुख उपलब्धि सीधी यह खोज है कि कविता अनुभव या सचाई के बारे में वक्तव्य नहीं देती, अपनी भाषा-व्यवस्था में उसे चरितार्थ और मूर्त करती है। अहंकार, गुणात्मक अभिव्यक्तियाँ, वर्तमान-कालिक क्रियाएँ, मनुष्यता, यांत्रिकता, व्यक्तित्व, आतमपीड़न, अस्तित्व, अनुभूति, परंपरा, इतिहास आदि सैकड़ों शब्दों का इस्तेमाल जहाँ एक ओर कविताओं में विषमता और सामान्यीकरण ला देता है वहाँ दूसरी ओर कल्पना-शक्ति की उस क्षीणता की ओर इशारा करता है जिसके रहते वह अनुभूति या महसूस की गई सचाई को ठोस ब्यौरों में भाषा की मूर्त संभावनाओं का उपयोग कर साक्षात करने के बजाय (फिर वह बिंब-धर्मिता से हो या सपाटबयानी से या दोनों से) भाववाचक संज्ञाओं आदि की आसान हिकमत का सहारा लेती है। भाववाची अभिव्यक्तियों और सामान्य-करणों के बीच कहीं-कहीं व्यास ताज़े और प्रमुख बिंब भी रख देते हैं। जैसे :

> **दिन-भर की सहेजी हुई भूख को कोई**
> **अपनी नई चप्पलों के साथ**
> **सिरहाने रखकर सो रहा है**
>
> **(रातपाली)**

या,

> **सुबह**
> **सड़क का सुनसान**
> **अकेले साइकिल सवार ने तोड़ा था**

कोई अकेला
रात को फिर जोड़ देगा।

(शहरवालों से)

लेकिन बहुत कम अवसरों पर बिंब सामान्यीकरणों को निरे वक्तव्य के स्तर से तात्कालिक बना पाते हैं। मेरे लिए भाषा का अर्थ भंजित हो चुका है/मैं कोई भाषा नहीं जानता' कहने के बावजूद ऐसा नहीं लगता कि कवि कहीं भी भाषा को, अपनी भाषा-रूढ़ि को नष्ट कर रहा हो। भाषाई विषमता संवेदना के स्तर पर किसी असंतुलन का ही प्रकट रूप है। ऐसा लगता है कि शायद यह असंतुलन कवि का अपनी संघर्षशीलता और ईमानदारी को कविता के लिए काफ़ी मान लेने के आग्रह का नतीजा है। ईमानदारी कविता के लिए एक अनिवार्य मूल्य है, लेकिन उस अकेले के सहारे वयस्क कविता नहीं लिखी जा सकती बल्कि उस पर एकांत आग्रह दबे-छुपे भावुकता और रूमानियत को ही बढ़ावा देता है। दूसरे, ईमानदार होना काफ़ी नहीं है—उसे रचनात्मक अनुभव या अंतर्दृष्टि बनाने के लिए उसका काव्य-भाषा में मूर्त और चरितार्थ होना ज़रूरी है। हरिनारायण व्यास की ईमानदारी में एक पल को भी शक करने की गुंजाइश नहीं है। लेकिन एक तरह के विवेक या समझदारी को—जिसमें स्थिति का ग़ैर-रूमानी जायज़ा लेना, अपने संघर्ष को अतिरंजित न करना और कविता के स्तर पर अमूर्त भावों से नहीं ठोस ब्यौरों से जूझना-उलझना शामिल है—विकसित होकर एक सहज पर प्रच्छन्न समय की तरह उनकी रचना-प्रक्रिया का अंग होने में शायद अभी कुछ देर है।

अकेलेपन का वैभव

कुछ बरसों पहले अज्ञेय ने हिन्दी में समकालीन साहित्यिक प्रयास को व्यक्तित्व की खोज कहा था। समूचे नए साहित्य के बारे में भले ही वह एक अधूरा सामान्यीकरण जान पड़े, जहाँ तक अज्ञेय की कविता का सम्बन्ध है, व्यक्तित्व की खोज की धारणा उसके बुनियादी सरोकार का सही नाम है। अज्ञेय की खोज व्यक्तित्व की खोज ही नहीं, आत्मसाक्षात्कार की भी कोशिश रही है। दूसरे, अज्ञेय की कविता, अपनी श्रेष्ठ उपलब्धियों में, व्यक्ति की उसके पूरे अकेलेपन में गहन खोज है। शायद गहन अकेलेपन की वह लगातार स्थिति, लगभग स्थायी भाव, अज्ञेय की कविता को उसका खास चरित्र और मुहावरा देता है—यही स्थायी भाव उन्हें अपने दूसरे समकालीनों से अलग भी करता है जिनसे यों उनके कई सरोकार मिलते-जुलते हैं। यह अकेलापन उस अकेलेपन या कटाव तक सीमित नहीं है जो आधुनिक समाजों में प्राय: सभी जगह व्यक्ति महसूस करता है, और हमारे नए साहित्य की एक प्रमुख थीम है। वह उससे विशिष्ट इस अर्थ में है कि वह चीजों और मनुष्य दोनों की दुनियाओं में अकेलापन है। वह सब कुछ को नामहीन करती, लीलती सामाजिकता और व्यक्तित्व के तनाव से उत्पन्न अकेलापन मात्र नहीं है—वह एक तरह का आध्यात्मिक अकेलापन है। इस सिलसिले में यह महत्त्वपूर्ण है कि अज्ञेय की कविता में एक बुनियादी तनाव व्यक्ति की आत्यंतिकता, गरिमा और अद्वितीयता को प्रतिष्ठित और सुरक्षित करने की कोशिश और व्यक्ति को बृहत्तर से, जो कभी समाज और, खासकर बाद की कविता में, समूचे मनुष्य का और मनुष्येतर संसार है, जोड़ने,

समंजस करने की इच्छा, उम्मीद और ज़रूरत के बीच है। यह तनाव कभी-कभी लगभग अस्तिमूलक परिताप में प्रतिफलित होता है, हालाँकि अज्ञेय की कविता के ठंडे मिज़ाज के अनुरूप उसे कभी कोई उद्दाम या उत्तेजित अभिव्यक्ति नहीं मिलती।

जब अज्ञेय और उनके तारसप्तकीय सहयोगियों ने जीवन और कला में व्यक्ति की नई प्रतिमा गढ़ने और प्रतिष्ठित करने की कोशिश कर हिन्दी की आधुनिकता में, इतिहास में, एक नया मोड़ प्रस्तुत किया, तब एक ओर तो कविता छायावादियों के आधिभौतिक और घिसे-पिटे मिथकों में उलझी थी, और दूसरी ओर प्रगतिवादियों की बड़बोली सार्वजनिकता और सामाजिकता से आक्रांत थी। दोनों ही ढंग अपने समय की सचाई को जटिलता और उलझाव को पकड़ सकने और चरितार्थ करने के लिए अपर्याप्त थे। अपने दूसरे समकालीनों के साथ अज्ञेय ने जीवंत और जटिल व्यक्तित्व के बदले किसी तरह के सामाजिक सरलीकरणों को जगह देने से इनकार किया। अपनी आलोचना में, जिसे वे हमेशा आपद्धर्म मानते रहे, अज्ञेय ने अद्वितीयता और वैयक्तिकता की धारणाएँ और, उनका तार्किक प्रतिफलन, अनुभव की प्रामाणिकता और ईमानदारी-जैसी धारणाएँ विकसित कीं। कविता में अज्ञेय एक ऐसे व्यक्ति के रूप में ज़ाहिर हुए जो संघर्ष के जीवंत क्षणों में अपनी अद्वितीयता और गरिमा प्रगट करता है। जहाँ उनकी कविता इस संघर्ष को काव्यानुभव के रूप में चरितार्थ करने की कोशिश है, वहाँ उनकी आलोचना कविता को सैद्धान्तिक आधार और दिशा देने की चेष्टा है। दरअसल, अज्ञेय की कविता और काव्यशास्त्र में सरोकारों की एकता है और यह बात अज्ञेय के लेखकीय दिमाग़ की संपूर्णता का साक्ष्य है। अज्ञेय की कविता का वैभव, गरिमापूर्ण परिष्कार और एक तरह की छांदिकता उनके व्यक्ति और उसकी गरिमा के सरोकार के बिलकुल अनुकूल ही जान पड़ती है। अज्ञेय अकेलेपन के ही नहीं वैभव के भी कवि हैं : बल्कि उनका अकेलापन, जैसा कि वह कविता में उजागर होता है, वैभवपूर्ण है। इस सिलसिले में **यह दीप अकेला** कविता की कुछ पंक्तियों पर नज़र डालना काफ़ी होगा :

यह दीप अकेला स्नेहभरा
है गर्वभरा मदमाता, पर
इसको भी पंक्ति को दे दो।

यह अद्वितीय : यह मेरा यह मैं स्वयं विसर्जित,
यह मधु है : स्वयं काल की मौना का युग-संचय,
यह गोरस : जीवन-कामधेनु का अमृत-पूत पय,

यह प्रकृत, स्वयंभू, ब्रह्म, अयुत ।

यह सदा-द्रवित, चिर-जागरूक, अनुरक्त-नेत्र
उल्लंब-बाहु, यह चिर-अखंड अपनापा ।

आत्म की तलाश ने अज्ञेय को अनथक नैतिक व्याख्याकार और सामान्यीकरणों का सहारा लेने वाला भी बनाया है। किसी अनुभव या भाव को सिर्फ़ व्यक्त करने में वे सन्तुष्ट नहीं होते। वे अनुभव को समझने और उसका नैतिक मूल्यांकन करने का भी आग्रह करते हैं। कविताओं में इसका सीधा नतीजा होता है सूक्तियों के रूप में। बल्कि यह देखकर थोड़ा अचरज होता है कि अज्ञेय के पहले महत्त्वपूर्ण कविता-संग्रह **हरी घास पर क्षण भर** से उनके अभी तक अन्तिम संग्रह **कितनी नावों में कितनी बार** तक सूक्ति और सुभाषितों की एक अटूट परंपरा है जो उन्हें नई कविता का शायद एकमात्र सूक्तिकार कवि बनाती है :

दुख सबको माँजता है
और—
चाहे स्वयं सबको मुक्ति देना वह न जाने, किंतु
जिनको माँजता है
उन्हें यह सीख देता है कि सबको मुक्त रखें।

(हरी घास पर क्षण भर)

शब्द, यह सही है, सब व्यर्थ है
पर इसीलिए कि शब्दातीत कुछ अर्थ है ।

(बावरा अहेरी से)

क्योंकि तपस्या
चमक नहीं है,
वह है गलना :
'गलकर मिट जाना —मिल जाना—
पाना ।

(इन्द्रधनु रौंदे हुए ये)

अच्छी कुंठा-रहित इकाई
साँचे-ढले समाज से,
अच्छा
अपना ठाठ फकीरी
मँगनी के सुख-साज से ।

शतियों से मैंने बस एक सीख पाई है

जो मरण-धर्मा हैं वे ही जीवनदाई हैं।

(अरी ओ करुणा प्रभामय)

मौन का ही सूत्र
किसी अर्थ को मिटाए बिना
सारे शब्द क्रमागत
सुमिरनी में पिरोता है।

कहीं बड़े गहरे में
सभी स्वर हैं नियम,
सभी सर्जन केवल
आँचल पसार कर लेना।

(आँगन के पार द्वार)

वह मिट्टी ही है मूल्य
प्यार की मिट्टी
जिससे सरजन होता है
मूल्यों का
पीढ़ी-दर-पीढ़ी।

ज़िदगी के रेस्तराँ में यही आपसदारी है
रिश्ता-नाता है—
कि कौन किसको खाता है।

(कितनी नावों में कितनी बार)

यह और बात है कि कभी-कभी **नदी के द्वीप, जो कहा नहीं गया, लौटे यात्री का वक्तव्य** जैसी कविताओं में 'आवेग और सचाई, गीतात्मकता और दार्शनिक स्थापनाएँ, और अनुभव और महत्त्व' एक-दूसरे से बिलकुल मिल-घुलकर एक साथ अभिव्यक्ति पाते हैं। लेकिन जब यह संयोजन नहीं हो पाता—और ऐसे अनेक अवसर आते हैं जब नहीं हो पाता—तो अभिव्यक्ति खासी उपदेश-जैसी हो जाती है और अक्सर यह महसूस होता है कि कवि सचेत ढंग से श्रम-पूर्वक अनुभव में महत्त्व का आयात और उसे पाठक को दिखाने की कोशिश कर रहा है। अज्ञेय की बहुत-सी कविताओं का संयोजन तर्क-जैसा है और उनमें किसी तरह के आर्गेनिक फ़ार्म का अभाव है। लेकिन तर्क के ढाँचे का इस्तेमाल अज्ञेय कई बार अच्छी चिंतनशील कविता लिखने के लिए कर पाते हैं। **यह दीप अकेला, पश्चिम के समूह-जन, नदी के द्वीप** कविताओं का ढाँचा मूलतः तार्किक है, लेकिन उनमें ऐसी कविता भी है जो चरितार्थ है और नीतिवादी सपाटता से बच सकी है।

अगर अज्ञेय की बिंब-व्यवस्था की पड़ताल की जाए, तो पता चलेगा कि उन्होंने वास्तविक दुनिया का लाक्षणिक इबारत की तरह इस्तेमाल किया है, यानी कि वे वास्तविक दुनिया के ब्यौरों का उनके अपने लिए नहीं, बल्कि किन्हीं दूसरे अभिप्रायों और अर्थों को उजागर करने के लिए इस्तेमाल करते हैं। हालाँकि यह भी सच है कि प्राकृतिक दुनिया के बहुत तीक्ष्ण और स्पष्ट चित्र उनकी कविता में मिलते हैं। अज्ञेय के यहाँ लैंडस्केप एक प्रतीक के रूप में या प्रतीकात्मक पृष्ठपट्ट के रूप में प्रगट होता है और वे उसके माध्यम से ऐसे भावों और अमूर्त थीमों को स्पष्ट करने की कोशिश करते हैं जिन्हें सीधे-सीधे काव्यात्मक ढंग से या दूसरी किसी हिकमत से स्पष्ट करना सम्भव नहीं है। जैसे **दूर्वांचल** और **तुम फिर आ गये क्वाँर** ? कविताओं में स्पष्ट और सूक्ष्म प्रकृति-चित्र हैं। लेकिन उनकी बिंब-व्यवस्थाओं से कवि अपनी सूक्ष्म दृष्टि में आए प्रकृति के अवलोकनों को गूँथने-सजाने की कोशिश नहीं, बल्कि क्रमशः छायावादी अस्थिरता और उदास प्रतीक्षारत अकेलेपन की थीमें चरितार्थ करता है।

लौटे यात्री का वक्तव्य जैसी कविताओं में अज्ञेय की सूक्ष्म दृष्टि सीधे अनुभव की एक सघनता दे देती है जिससे कोई सामान्यीकरण स्वाभाविक रूप से विकसित हो पाता है। लेकिन कई बार जब ऐसी सूक्ष्म दृष्टि और उससे प्राप्त सघनता संभव नहीं होती, तो कविताओं के विभिन्न घटकों में असंगति पैदा हो जाती है, और फिर उनकी असंगति का सिवाय कवि की गहरी अंतर्मुखता के और कोई बचाव या कारण नहीं रह पाता। बल्कि यह कहना निराधार नहीं होगा कि अज्ञेय में दूसरे के, उनके अपने मुहावरे में कहें तो 'ममेतर' के, बोध का अभाव जान पड़ता है। अज्ञेय को संसार की अन्यता जैसे उपलब्ध ही नहीं है। एक बिंब पर दूसरे का ढेर लगाने की चतुराई, जब कि अक्सर उन्हें काव्यात्मक महत्त्व के स्तर पर थामने के लिए कोई आर्गेनिक संबंध न हो, या अकेले लंबे बिंबों को फैलाने की हिकमत, दोनों ही इस बात का प्रमाण हैं कि अज्ञेय को बुनियादी रूप से अपने नितांत अकेले होने का अहसास है और वे उससे कविता के माध्यम से परे जाने की कोशिश करते हैं।

अज्ञेय की चारित्रिक मुद्राएँ ज्यादातर यात्री या यायावर और दाता की हैं। ये मुद्राएँ अज्ञेय के अलगाव और मानवीय उलझाव की अपेक्षाकृत कमी की नाटकीय गवाही-सी देती हैं। यह आकस्मिक नहीं है कि उनका काव्य-संसार ज्यादातर प्राकृतिक उपादानों और अमूर्तनों से गढ़ा गया है। उसमें मानवीय उपस्थिति अपेक्षाकृत बिरली ही है, हालाँकि वहाँ यह जोड़ना जरूरी है कि, बावजूद इसके अज्ञेय का काव्य-संसार एक स्वायत्त संसार है, उसकी स्वायत्तता कविता की उस स्वायत्तता का ही एक संस्करण है जिसकी वकालत अज्ञेय जोर-शोर से बराबर करते रहे हैं। वे 'आदमियों से बातचीत करता एक आदमी'

उतना नहीं हैं, जितना कि एक ऐसे कवि जिसका संबोधन उन सबके प्रति है जो उसे सुनना पसंद करें। अज्ञेय को अपने कलाकार होने का हमेशा अहसास है और इसलिए वे हमेशा एक खास आवाज़ और शैली में अपनी कविताओं में बोलते हैं और एक तरह की शालीनता का पालन करते हैं। शायद उनके पहले या बाद के किसी कवि ने उनकी तरह स्वयं कविता को ही इतने नियमित ढंग से अपनी कविता की थीम नहीं बनाया हो। शायद उनके अकेलेपन के वैभवपूर्ण होने की एक वजह उनका रचनात्मक कर्म में अटल विश्वास है। शुरुआत के काव्य में अज्ञेय के यहाँ रचनात्मक कर्म के प्रति गर्व का भाव है और उसके बारे में आक्रामक लगते दावे हैं। पर धीरे-धीरे इन दावों और गर्व की जैसे अग्नि-परीक्षा होती है और अज्ञेय की बाद की कविता में आरंभिक गर्व बिलकुल ही गायब-सा हो जाता है और उसका स्थान उल्लेखनीय विनयशीलता ले लेती है : जैसा कि उन्होंने बाद की एक कविता में कहा भी है, 'सभी सर्जन केवल आँचल पसार कर लेना'।

अज्ञेय को भाषा और सचाई के बीच की खाई या अलगाव का बराबर अहसास रहा है। अपनी कविता और आलोचना में, जो सही मायने में वर्कशाप की आलोचना ही है, अज्ञेय बार-बार भाषा की प्रामाणिकता और अनुभूति और अंतर्दृष्टि को चरितार्थ करने के लिए उसकी अपर्याप्तता की परख करते हैं :

यह नहीं कि मैंने सत्य नहीं पाया था
यह नहीं कि मुझको शब्द अचानक कभी-कभी मिलता है :
दोनों जब-तब सम्मुख आते ही रहते हैं।
प्रश्न यही रहता है :
दोनों जो अपने बीच एक दीवार बनाए रहते हैं
मैं कब, कैसे, उनके अनदेखे
उसमें सेंध लगा दूँ
या भरकर विस्फोटक
उसे उड़ा दूँ।

और,

मैं सच लिखता हूँ :
लिख-लिखकर सब
झूठा करता जाता हूँ।

अज्ञेय की प्रेम-कविता में उनके बुनियादी सरोकार का एक और पहलू सामने आता है। एक ओर तो उनका अद्वितीयता का सामान्य आग्रह और आत्मा के एकांत की रक्षा का प्रयत्न बना रहता है, पर दूसरी ओर आत्मदान और इससे मुक्ति पाने की इच्छा भी प्रगट होती है। आरंभिक प्रेम-कविताओं में, जो **इत्यलम** और **हरी घास पर क्षण भर** में संगृहीत हैं, ऐसे प्रसंग हैं जो बिलकुल

स्पष्ट, निजी इसलिए ठोस और उद्दाम हैं। फिर धीरे-धीरे उम्मीद और कामना की सादगी और स्पष्टता को प्रेम की एक रहस्यात्मकता नियमित, या कम से कम प्रभावित, करने लगती है और अनुभव जटिल होता जाता है। होता यह है कि अनुभवों में जटिलता तो आती है, लेकिन उनकी मानवीय तात्कालिकता कम या क्षीण हो जाती है। बल्कि बाद में याने **अरी ओ करुणा प्रभामय** के समय से अज्ञेय ने सामान्य अर्थ में प्रेम-कविताएँ लगभग लिखी ही नहीं हैं। मानवीय उपस्थिति बाद में एकदम अमूर्त हो गई है और प्रेम निर्वैयक्तिक होकर सार्वभौम प्रेम और पारमिता करुणा हो गया है। एक दिलचस्प बात अज्ञेय की प्रेम-कविताओं में यह भी है कि स्त्री के प्रति अज्ञेय की दृष्टि संरक्षक और दाता की है। स्त्री, भले ही वह प्रेमिका ही क्यों न हो, पुरुष से हमेशा कुछ नीचे है, कभी समान स्तर पर नहीं। (शमशेर बहादुर सिंह के यहाँ, यह याद रखने की बात है, स्त्री हमेशा पुरुष से ऊपर है)। **पराजय है याद** से लेकर **भीतर जागा दाता** की ये पंक्तियाँ इस सिलसिले में देखी जा सकती हैं।

मैं डूबा नहीं, उमड़ा-उतराया,
फिर भीतर
दाता खिल आया।
हँसा, हँसकर तुम्हें बुलाया।
लो यह स्मृति, यह श्रद्धा, यह हँसी,
यह आहत, स्पर्श-पूत भाव
यह मैं, यह तुम, यह खिलना,
यह ज्वार, यह प्लवन,
यह प्यार, यह अडूब उमड़ना—
सब तुम्हें दिया।

प्रेमी के रूप में भी अज्ञेय की मुख्य मुद्रा दाता की है, और अक्सर लगता है प्रेम कृपा है जो वे 'दूसरे' पर कर रहे हैं—उन्हीं के शब्दों में कहें तो, उनके यहाँ प्रेम एक 'उदार उद्यम' है। शायद इसीलिए अपने सबसे नए कविता-संग्रह में जब वे प्रेम को परिभाषित करते हैं तो बिंबों की किसी स्फूर्त व्यवस्था के माध्यम से नहीं, बल्कि रूखे भाववाचक शब्दों द्वारा :

हाँ,
क्योंकि ये ही सब चीजें तो प्यार हैं—
यह अकेलापन, यह अकुलाहट,
यह असमंजस, अचकचाहट,
आर्त अननुभव,
यह खोज, यह द्वैत, यह असहाय

विरह-व्यथा,
यह अंधकार में आकर सहसा पहचानना कि
जो मेरा है वही ममेतर है।

अज्ञेय ने अपनी कविता में हरी घास, इन्द्रधनु, सेतु, सागर, मछली, चक्रांत शिला आदि बीसियों प्रतीक विकसित किए हैं जो बार-बार दुहराए जाकर स्पष्टता और महत्त्व प्राप्त करते हैं। लेकिन वे प्रतीकों का सहारा लिये बिना भी अपनी बात कह सकने में समर्थ हैं। पश्चिम की समूह-सभ्यता पर एक तीक्ष्ण निर्णय **पश्चिम के समूहजन** कविता में बिना किसी बिंब के सीधी कहन द्वारा दिया गया है और कविता के रूप में निरा वक्तव्य न रहकर विश्वसनीय लगता है। **चक्रांत शिला** की कुछ कविताओं में अज्ञेय की संवेदना की वह एमिली डिकिंसन-जैसी विशिष्टता जाहिर होती है जिसके रहते वे अमूर्त को इतना पास ले आते हैं कि वह मूर्त हो उठता है :

मैंने उठकर खोल दिया वातायन—
और दुबारा चौंका :
वह सन्नाटा नहीं
झरोखे के बाहर
ईश्वर गाता था।

और दूसरी कविताएँ हैं जिनमें वे मूर्त को इस तरह पीछे ले जाते हैं कि वह अमूर्त जान पड़े :

दीप पत्थर का
लजीली किरण की
पद-चाप नीरव :
अरी ओ करुणा प्रभामय !
कब ? कब ?

नई कविता में मुख्य प्रयत्न समकालीन सचाई का सीधा साक्षात्कार करने और इस साक्षात्कार को जीवंत और व्यवस्थित भाषा में चरितार्थ करने का रहा है। अज्ञेय का मुहावरा ज़्यादातर आत्म-साक्षात्कार का रहा है, लेकिन शहरी सभ्यता, बड़े शहर और पश्चिमी संस्कृति आदि पर लिखी गई **बावरा अहेरी, हरी घास पर क्षण भर, हवाई यात्रा : ऊँची उड़ान, पश्चिम के समूह-जन, हिरोशिमा, महानगर : रात** इत्यादि कविताएँ सभ्यता से उलझने का साक्ष्य हैं। प्राकृतिक दुनिया और शहरी दुनिया को विकल्पों के रूप में देखना शायद आसान भोलापन जान पड़े, लेकिन इन कविताओं में अज्ञेय सशक्त ढंग से समकालीन संस्कृति के सतही छिछलेपन, यांत्रिकता, अकरुणा और दूसरे अंतर्विरोधों की काव्यात्मक खोज कर सके हैं। इन सभी कविताओं में अज्ञेय की मुद्रा

तटस्थ दर्शक, यात्री या अधिक से अधिक गवाह की है—मुक्तिबोध जैसी हिस्सेदारी और सघनता, या पूरे षड्यन्त्र के केन्द्र में कहीं खुद को पाने की भयानकता, इनमें नहीं है और इसलिए एक तरह की आत्मतुष्टि और कुछ सरलीकरण भी उनमें हैं।

अज्ञेय के यहाँ परम्परा साक्षात्कृत सचाई का ही एक हिस्सा है। परंपरा-बोध, जो उनमें काफ़ी प्रबल है, सीधे संदर्भों या उद्धरणों द्वारा उजागर न होकर कविता में भाषाई मुहावरों में अतीत की प्रतिध्वनियों द्वारा होता है। बल्कि अज्ञेय की कविता में परंपरा-बोध बिना शोर-गुल मचाये चुपके से उनकी भाषा को एक तरह का फैलाव देता है, और इस प्रक्रिया में उनके आधुनिक मुहावरों में वक्तव्य का पारंपरिक ठोसपन आ जाता है। इस तरह वर्तमान अनुभव अपनी काव्यात्मक चरितार्थता के माध्यम से परंपरा का हिस्सा बन जाता है।

अज्ञेय की कविता में मनुष्य की हालत को प्रभावित करने वाली प्राकृतिक, सामाजिक, नैतिक और आध्यात्मिक शक्तियों का अहसास है। इन शक्तियों से जूझते या संयुक्त होते आत्मा अपना अंतर्चित्र, हापकिंस के एक शब्द में कहें तो 'इनस्केप' प्रकट करती है। ये शक्तियाँ कविता में अपने को जिन रूपों में व्यक्त करती हैं, उनसे एक दिलचस्प खोज यह होती है कि कहीं-कहीं अज्ञेय को कविता में कृतज्ञता-बोध भी है :—

अपने को मिट्टी कर उसका अंकुर पनपाता हूँ
पुष्प-सा, सलिल-सा, प्रसाद-सा
कंचन-सा, शल्य-सा, पुण्य-सा
अनिर्वच आह्लाद-सा लुटाता हूँ
क्योंकि तुम हो।

या

मैं भी आँचल
तब पसार दूंगा जब गूँजेगी उसकी पद-पायल,
मैं भी लूंगा बीन-छीन
कण-दो कण जो भी हाथ लगेंगे
उस रसवंती की पुष्कल करुणा के।

यह कृतज्ञता और विनयशीलता अज्ञेय के अकेलेपन को 'डिह्यूमैनाइज्ड' होने से बचाती है और उनकी कविता में मानवीय गरमाई का एक प्रमुख उपकरण है।

अज्ञेय की बाद की कविता खासी विवादास्पद कविता है। यहाँ संक्षेप में ही उसके बारे में कुछ कहा जा सकता है। सबसे पहले तो यह कि उसका संसार पारंपरिक बिंबों और पारंपरिक भाषा में शास्त्रीय मुद्राओं से बना मिथिकल

संसार है जिसकी समकालीन संसार से संगति स्पष्ट या परिभाषित नहीं हो पाती है, भले ही वह एक स्वायत्त संसार है। दृश्यालेख भी मूलतः सामान्यीकृत है, और धीरे-धीरे अमूर्त होता गया है। कविता का मुख्य स्वर स्वीकार और विनयशीलता का है। वे एक तरह की रहस्यात्मक मिथ के रहते उभरते हैं। इस रहस्यात्मकता में बृहत्तर सचाई से संपूर्ण तादात्म्य और आत्म-समर्पण के अनुष्ठानों के माध्यम से आत्मा एक लोकोत्तर निरंतरता हमेशा पा सकती है। यह महत्त्वपूर्ण है कि कविता में मानवीय उपस्थिति और भी पीछे फिसल गई है और हम एक ऐसे संसार में हैं जो एक तरह का 'कहीं नहीं' का संसार है—बल्कि एक तरह का असंसार जिसका कोई विशेष देश या काल नहीं है। वस्तुएँ जैसे एक तरह की कालहीनता की पृष्ठभूमि में दीख पड़ती हैं। कविता मौन और गतिहीनता की तरफ बढ़ती जान पड़ती है। **चक्रांत शिला** क्रम की कविताओं में किसी तर्कसंगत विचार-व्यवस्था के सक्रिय होने का अहसास उतना नहीं होता जितना कि एक स्वर के उभरने और स्पष्ट होने का, जो कभी संगीत और कभी मौन के माध्यम से अपने को प्रकाशित करता है। अज्ञेय रिल्के की इस शिक्षा का पालन करते दीखते हैं कि कवि को चुप बैठना चाहिए और जो कुछ है उसे अभिमंत्रित कर सकने के योग्य हो सकना चाहिए।

कविता के आरंभिक तनावों का कोई तर्कसंगत समाधान नहीं किया गया है। बल्कि उन्हें एक मिथिकल संसार में स्थानांतरित किया गया है और एक सौंदर्यपरक अनुष्ठान द्वारा उनसे परे हो लिया गया है। ऐसा बहुत-कुछ को छोड़कर ऐकांतिकता द्वारा उपलब्ध किया गया है और इसलिए कविता में एक तरह की चरमता का आभास होते हुए भी वह समावेशी नहीं है। वह एक स्वायत्त संसार है जिसमें दूसरे संसार की संभावना या अस्तित्व का कोई अहसास शामिल नहीं है और जो इसलिए एक विपन्न संसार है। कविता का कथ्य संदेह या प्रश्नात्मकता के भावों से अछूता और अप्रमाणित होने के कारण आश्वस्त नहीं करता। वह उत्सवधर्मी कविता है और अज्ञेय चिंतन की पद्धति से प्रार्थना की पद्धति की ओर जाते दीखते हैं। अंग्रेजी कवि ऑडेन ने कहा है कि हालाँकि सारी महत्त्वपूर्ण कला में तत्त्व-चिंतन छुपा हुआ होता है, लेखक का उस पर खुल्लमखुल्ला आग्रह करना समझदारी का काम नहीं कहा जा सकता। **आँगन के पार द्वार** में अज्ञेय ऐसा ग़ैर-समझदारी का काम एकदम न भी कर रहे हों, लेकिन वे ख़तरनाक ढंग से स्पष्ट वक्तव्य करने के नज़दीक जान पड़ते हैं। उनकी आरंभिक कविता में जो श्रेष्ठ है वह ऐसा कुछ महत्त्वपूर्ण खोजता और उजागर करता है जो हमारे समय में व्यक्ति की ट्रैजिक हालत में अंतर्निहित है। दुर्भाग्य से अज्ञेय की बाद की कविता उस हालत से एक क्षीण संबंध-भर रख पाई है।

बूढ़ा गिद्ध क्यों पंख फैलाए ?

टी० एस० ईलियट की एक कविता-पंक्ति है : 'बूढ़ा गिद्ध क्यों पंख फैलाए ? इस चित्र से उसने आज के आदमी की अपने आध्यात्मिक पुनर्जन्म के लिए अनिच्छा व्यक्त करने की कोशिश की है। कुछ ऐसी ही घोर अनिच्छा का उदाहरण हिन्दुस्तान के ज़्यादातर बुज़ुर्ग लेखक हैं। उनमें से विरला ही अपने पुनर्संस्कार की कोई गहरी कोशिश करता है। कम से कम हिन्दी में तो कवि के बुजुर्ग होने का सीधा मतलब अक्सर अप्रासंगिक हो जाना है : उसकी कविता की दुनिया सुरक्षित और समकालीन दबावों से मुक्त शाश्वत दुनिया हो जाती है। अक्सर उसका मुहावरा तनावहीन हो जाता है और उसकी कविताओं में बसी दुनिया में हमारी दुनिया की तसवीरें और तेवर नज़र नहीं आते और वह एक इच्छित, शिथिल और कुछ-कुछ पैस्टोरल-सी दुनिया लगने लगती है। हमारा बुज़ुर्ग कवि, बावजूद वैसी मुद्रा के, गहन नहीं सपाट होता है। उसमें इतना साहस नहीं होता कि खुद अपने रूढ़ मुहावरे और संवेदना के खिलाफ़ तिलमिलाकर येट्स की तरह क्षुब्ध और सार्थक कविताएँ लिखे—ऐसी कविताएँ जो उसकी पिछली कविताओं से अलग और ताज़ी हों और एकदम समकालीन। उसमें इतना सामर्थ्य भी नहीं होता कि अपनी कविताओं-रची दुनिया को ईलियट की तरह नाटकीय गहराई देकर अपनी रूढ़ियों को प्रखर और जीवंत बना सके। वह गरिमा और आत्मतुष्टि के छद्म से घिरकर, बल्कि उनकी गिरफ्त में आकर, लिखता है और न कविता को समृद्ध कर पाता है और न ही उसके माध्यम से आदमी की हालत के बारे में हमारी सहानुभूति और समझ को ही किसी कदर आगे ले जाता है।

सुमित्रानन्दन पंत और अज्ञेय ऐसे ही बुज़ुर्ग कवि हैं। पंत एक बीती-खत्म धारा के स्तंभ रहे हैं, इसलिए उनका महत्त्वहीन कविता लिखते जाना अप्रत्याशित नहीं है। लेकिन यह अज्ञेय के बारे में नहीं कहा जा सकता। वे जिस धारा के एक प्रमुख कवि रहे हैं वह आज भी जीवंत और सशक्त है अपने युवा कवियों में। इसलिए उनकी आज की कविताओं को उनकी प्रतिभा की सीमा मानना होगा, नई कविता की असफलता या कमज़ोरी नहीं। अज्ञेय के नए कविता-संग्रह **कितनी नावों में कितनी बार** का मुहावरा उत्सवधर्मी है। भाषा पारंपरिक बिंबों और क्लासिकल मुद्राओं के सहारे गूँथी गई है। काव्य-संसार मिथिकल-सा है लेकिन उसमें न तो मिथकों की तात्कालिक उद्दामता है और न ही उनकी सघन मानवीयता। बल्कि वह एक ऐसा संसार है जिसमें मानवीय उपस्थिति क्षीण है। 'मैं तो कब का दिया जा चुका हूँ' इन कविताओं का जैसे स्थायी भाव ही है। आत्मदान शुरू से अज्ञेय की एक प्रमुख थीम रहा है। ये कविताएँ आत्मदान के उत्तर-राग की रचनाएँ हैं। पर यह अजीब स्थिति है कि यह आत्मदान मनुष्यों के बीच नहीं होता। वह एक रहस्य संसार में घटित होता है। उसमें मनुष्य और मनुष्येतर संसार के संबंध कौंधते हैं पर मनुष्य और मनुष्य के बीच के जटिल, अनगिन और उत्तेजक संबंध नहीं। शायद कुछ इसीलिए इन कविताओं का संसार एक सरलीकृत व्यवस्था है : रघुवीर सहाय की हाल की एक कविता से शब्द उधार लें तो, कहा जा सकता है कि वह एक सपाट विराट है।

दरअसल अज्ञेय की दुनिया नाटकहीन और हवाई-सी हो गई है। इसका सीधा उदाहरण उनके बिंब हैं : वे ज़्यादातर पारंपरिक और अविशिष्ट सामान्य हैं। उनमें न तो निजता है और न ही ठोसपन। बल्कि इस दृष्टि से सारे संग्रह में किसी तरह की ताज़गी का और, इसलिए, सारी क्लासिकल मुद्राओं के बावजूद, भाषा में किसी रचनात्मक उत्तेजना का नितांत अभाव है। कुल दो-चार जगहों पर बिंब कुछ ताज़े हैं :

भीड़ों में भटकी हुई अनाथ आँखों में
तीर्थों की पगडंडियों में
बरसों पहले गुज़रे हुए यात्रियों की
दाल-बाटी की बची-चुकी राखों में !

(नाता-रिश्ता)

अनदेखे लाद ले गया है अपनी झोली में
काल की गली छानता हुआ कबाड़ी

(हेमंत का गीत)

बार-बार कविताओं में आत्मदान की थीम उभरती है पर यह आत्मदान

कविताओं की भाषा, उसकी प्रतीक-व्यवस्था में घटित नहीं होता : भाषा उसका वक्तव्य-भर है। इसलिए यह थीम वास्तविक कविताओं में चरितार्थ नहीं होती और कविताएँ और उनका रहस्य-संसार गढ़े हुए और हवाई, या कम से कम अप्रासंगिक, ज़रूर लगने लगते हैं। भाषा में और उसमें आयोजित अनुभवों में कहीं कोई छटपटाहट नहीं है। कहीं ऐसा नहीं लगता कि आज के आदमी के लिए, जो हर पग पर संशयग्रस्त होता है, इन कविताओं की आश्वस्ति-भरी दुनिया प्रामाणिक या पहचानी जा सकनेवाली दुनिया है। इस दुनिया में बहुत-कुछ अंतर्भूत होकर समाया हुआ नहीं है। बल्कि बहुत-कुछ छोड़ दिया गया है और कवि-संवेदना में उस बहुत-कुछ को समाने या उसके प्रति सचेत रहने की सामर्थ्य नहीं रह गई है। इसी संग्रह की ही एक कविता के शब्दों में यह दुनिया 'मर्यादातीत अधर का अंतरीप' है।

इन कविताओं का परिवेश मिथिकल-सा लगता है, पर असल में कोई स्पष्ट मिथक या मिथकों के कोई संयोजन या पुनर्स्संकार इनमें नहीं हैं। अज्ञेय ने अपने पिछले दो संग्रहों की दो कविताओं **साम्राज्ञी का नैवेद्यदान** और **असाध्य वीणा** में मिथकों का नया, रोचक और सफल उपयोग किया था। दोनों कविताओं के पीछे की कथाएँ उन्हें तात्कालिकता और पहचान देती हैं। लेकिन ऐसा कुछ भी इस संग्रह की कविताओं में नहीं हुआ है : वे इस अर्थ में अमर्यादित हो गई हैं और अज्ञेय के अनुभव या इरादे कविता में चरितार्थ नहीं होते और उनकी दुनिया अपरिभाषित और नामहीन रह जाती है। फीकी और अपनी ही आवृत्ति करती बिंबमालाएँ न उसे उजागर कर पाती हैं और न ही सार्थक।

अज्ञेय ने समकालीन रचना-प्रयत्न को कभी व्यक्तित्व की खोज कहा था। कम के कम उनका अपना साहित्य ऐसी खोज का साहित्य था। अगर ये कविताएँ साक्ष्य मानी जाएँ, तो लगता है कि यह खोज समाप्त हो चुकी है और अब उनका मुहावरा खोज का नहीं सिद्धि का है। पर जो व्यक्तित्व उपलब्ध हुआ है वह समृद्ध, उदार और लचीला नहीं, अपनी गरिमा पर मुग्ध व्यक्तित्व है : वह अपने आत्मदान को चरितार्थ उतना नहीं करता जितना उसका उत्सव मनाता है। दरअसल उत्सवधर्मिता इन कविताओं की उल्लेखनीय प्रवृत्ति है। इस उत्सवधर्मिता के कुछ पक्ष भाषा के विशेषण-बहुल, बल्कि विशेषणों से आक्रांत, और अभिव्यक्ति के ज़्यादातर निवेदन, संबोधन या लगभग प्रार्थना होने में देखे जा सकते हैं। कविताओं के कुछ टुकड़े इस सिलसिले में :

निर्व्यास तेजस् के निर्गंभीर शून्य आकार से
मैं, समाहित, अंतः पूत,
मंत्राहूत कर तुम्हें

ओ निस्संग ममेतर
ओ अभिन्न प्यार
ओ धनी,
आज फिर एक बार
तुमको बुलाता हूँ ।

(ओ निस्संग ममेतर)

वह दीख रहा है पार मुझे
पर बोलो,
उस तक जाने का क्या उपाय
है क्या उपाय ?
रूप :
रूप,
रूपायमान,
रूपायिता ।
स्पृष्ट । अनृत ।
प्रव्रजित !

(संपराय)

यों मैं
अपने रहस्य के साथ
रह गया
सन्नाटे से घिरा
अकेला
अप्रस्तुत
अपनी ही जिज्ञासा के सम्मुख निरस्त्र
निष्कवच,
वध्य ।

(निरस्त्र)

ओ मेरे क्रूर देवता, पुरुष,
ओ नर, अकेले, समूहगत,
ओ न-कुछ, विराट में रूपायमान ।
मुझे दे वही पहचान
उसी अंतहीन खड्गधार का सही संधान मुझे,
जिससे परिणय ही
हो सकती है परिणति उस पात्र की ।

मेरे हर सुख में,
हर दर्द में, हर यत्न, हर हार में,
हर साहस, हर आघात के हर प्रतिकार में
धड़क, नारायण ! तेरी वेदना
जो गति है मनुष्य मात्र की !

(गति मनुष्य की)

पग-पग पर तीर्थ हैं,
मंदिर भी बहुतेरे हैं;
तू जितनी करे परिकम्मा, जितने लगा फेरे
मंदिर से, तीर्थ से, यात्रा से,
हर पग से, हर साँस से
कुछ मिलेगा, अवश्य मिलेगा,
पर उतना ही जितने का तू है अपने भीतर से दानी !

(यात्री)

हैं घाट ? स्वयं मैं क्या हूँ ? है बाट ? देखता हूँ मैं ही ।
पतवार ? वही जो एकरूप है सबसे—
इयत्ता का विराट् ।
यों घर—जो पीछे छूटा था—
वह दूर पार फिर बनता है
यों भ्रम—यों सपना—यों चित्-सत्य
लीक-लीक पथ के डोरों से
नया जाल फिर तनता है……

(विदा के चौराहे पर : अनुचिंतन)

ऊपर जो टुकड़े हैं वे संदर्भ काटकर प्रस्तुत किए गए हैं, लेकिन उनकी भाषा-मुद्रा से इस संग्रह के मिजाज का पता ज़रूर चल जाता है। यह भी साफ हो जाता है कि यह भाषा आज के कवि की और आज के आदमी की हालत की खोज और बखान करने की भाषा नहीं है और न ही होना चाहती है। उत्सवधर्मिता आज की कविता में प्रसंगवश कभी-कभार आ सकती है, पर वह उसका स्थायी भाव नहीं हो सकती। अज्ञेय का काव्य-संसार अगर युवा मन को छद्म वैभव लगे तो अचरज न होना चाहिए। अपनी उत्सवधर्मिता के प्रति कवि में कभी व्यंग-भाव नहीं जागता जो नए कवि की लगभग चारित्रिक विशेषता बन गया है और जो समकालीन जीवन को उसके तनावों के साथ संतुलन में देखने का मूल्यवान उपकरण है। अज्ञेय की इन कविताओं का वस्तुजगत स्थूल रूप से तो समकालीन यथार्थ से लिया हुआ नहीं है, पर लगता है कि आंतरिक

रूप से भी उसका उससे संबंध नाममात्र का है। वह एक ऐसा संसार है जिसका न कोई इतिहास है और न ही कोई भूगोल : जो इतना शाश्वत और शास्त्रीय है कि समकालीन नहीं महसूस होता।

समकालीन जीवन से सीधे संबद्ध कुछ कविताएँ इस संग्रह में ज़रूर हैं। सन् १९६५ के भारत-पाक संघर्ष की पृष्ठभूमि में लिखी गई कविता **अंधकार में जागने वाले** इस तरह की दूसरों की कविताओं से अलग है : उसमें अतीत गौरव का यांत्रिक बखान और हल्का उद्बोधन नहीं है। समकालीन भारतीय जीवन के सच्चे और ताज़े चित्र हैं जो प्रेरक लगते हैं :

> **और एक चौथा मोटर में बैठता हुआ चपरासी से फ़ाइलें उठवाएगा—**
> **एक कोई बीमार बच्चे को सहलाता हुआ आश्वासन देगा—'देखो, सका तो जरूर ले आऊँगा'—**
> **और एक कोई आश्वासन की असारता जानता हुआ भी मुस्कराकर कहेगा—**
> **'हाँ, जरूर, भूलना मत।'**
> **इससे क्या कि एक की कमर झुकी होगी**
> **और एक उमंग से गा रहा होगा—'मोसे गंगा के पार···'**
> **और एक के चश्मे का काँच टूटा होगा**
> **और एक के बस्ते में स्कूल की किताबें आधी से अधिक फटी हुई होंगी ?**
> **एक के कुरते की कुहनियाँ छिदी होंगी,**
> **एक के निकर में बटनों का स्थान एक आलपीन ने लिया होगा···**

कविता का टेकनीक अज्ञेय का पुराना है। **मैं वहाँ हूँ** और **असाध्य वीणा** कविताओं में इस तरह चित्र पर चित्र थोपने की हिम्मत का इस्तेमाल वे कर चुके हैं। फिर भी इस कविता में जिस मामूलियत के गौरव की बात है वह इन चित्रों से प्रमाणित और चरितार्थ हो जाती है। अज्ञेय के शिल्प-संयम की काफ़ी चर्चा होती रही है। इस संग्रह की कविताओं में भी वह है पर रचनात्मक आवश्यकता की पूर्ति में उतना नहीं जितना कि आदत के रूप में, और इसलिए उसमें कोई स्फूर्ति नहीं यांत्रिकता-भर है। स्वर और शिल्प के संयम के यांत्रिक होने और इस तरह लड़खड़ाने के दो उदाहरण काफ़ी होंगे। पहला **युद्धविराम** से है जो भारत-पाक संघर्ष को लेकर लिखी गई दूसरी कविता है। उसमें भाषण जैसा उथलापन और सपाटपन है :

> **पर**
> **अभी कुछ नहीं बदला है**
> **क्योंकि उधर का निजाम**

अभी उधर के किसान को
नहीं देता
आज़ादी
आत्मनिर्णय
आराम
ईमानदारी का अधिकार

दूसरा उदाहरण एक पूरी छोटी कविता है **धड़कन धड़कन** जिसमें शिल्प-संयम तुकें भिड़ाने का पर्याय बनकर रह गया है :

धड़कन धड़कन धड़कन—
दाईं, बाईं, कौन आँख की फड़कन—
मीठी कड़वी तीखी सीठी
कसक-किरकिरी किन यादों की रड़कन ?
ऊँह ! कुछ नहीं, नशे के झोंके-से में
स्मृति के शीशे की तड़कन ।

अज्ञेय की एक समय की संस्कारी भाषा प्रसंगहीन परिपाटी बनकर बची है। कुल मिलाकर संग्रह थके और क्षीणशक्ति कवि की रचनाओं का ढेर-भर है। उसमें अज्ञेय के पिछले कविता-संग्रह **आँगन के पार द्वार** जैसा व्यक्तित्व भी नहीं है। यह संग्रह पिछले की परम्परा को किसी महत्त्वपूर्ण ढंग से आगे नहीं बढ़ाता बल्कि उसी की लीक पीटता है। **कितनी नावों में कितनी बार** पढ़कर चिढ़ भी होती है और ऊब भी : आज की कविता के संदर्भ में वह हाशिये पर की कविता का संग्रह है। कवि ने स्वयं स्वीकार किया है :

चुक रहा हूँ मैं।
स्वयं जब चुक चलूँ
तब भी बच रहे जो बात
(बात ही तो रहेगी !)
उसी को कहूँ :
यह संभावना—
यह नियति—कवि की
सहूँ ।

इस आत्मस्वीकार के बाद सिर्फ़ इतना जोड़ा जा सकता है : जी नहीं, बात भी नहीं रही।

सुमित्रानन्दन पंत का नया खंडकाव्य **पुरुषोत्तम राम** पढ़कर कुल एक सवाल उठता है और वह यह कि क्या पद्यबद्ध करने भर से गद्य कविता हो जाता है। शायद अच्छे गद्य के साथ ऐसा हो सकता हो। बल्कि वैसा गद्य तो बिना पद्यबद्ध हुए भी कविता की श्रेणी में रखा जा सकता है। पंत की नई कृति रूखे, लयहीन और अप्रासंगिक गद्य में लिखी गई एक रचना है जो और कुछ भी हो कविता नहीं है। उस रचना की दुनिया में, हालाँकि वह सीधे-सीधे भाषणात्मक, उपदेशपरक या उद्बोधनमयता से आज की कुछ समस्याओं पर पंत के विचार प्रस्तुत करती है, समकालीन यथार्थ और उसके तनावों-दबावों की कोई गहरी और सार्थक प्रतीति नहीं है। एक ज़माने के भावप्रवण मधुर कवि पंत रूखी, भावहीन और बोझिल दार्शनिकता-भरी कविता लिख रहे हैं जिसमें मानव-स्थितियों का ऐसा ठोस और मार्मिक बखान नहीं है जो इस दार्शनिकता को काव्य-रूप में चरितार्थ कर सके। कुल दो उदाहरणों से साफ़ हो जाएगा कि यह कविता समकालीन समस्याओं से सिर्फ़ विचार के स्तर पर दो-चार होने की कोशिश में कितनी थोथी और उथली हो जाती है :

> **हम गोहत्या रो रहे क्यों ? यह चुनाव का**
> **विज्ञापन क्या ? या हम जीती ही गायों को**
> **खाने के अभ्यासी अब ? क्या नहीं दीखते**
> **भारतीय गायों के पंजर ? मांस कहाँ है**
> **उनके तन पर ? कौन खा गया ? क्या न उपेक्षा**
> **गोपूजक की ? हाड़-चाम की ठठरी ही क्या**
> **भारत की जर्जर गौमाता ? लज्जा से सिर**
> **झुक जाता ! खाने को आज नहीं चारा भी,**
> **बेचारा गोधन !! मनुजों तक को अब दुर्लभ**
> **घात-पात की रोटी, कंद-मूल कानन के !**

और,

> **शिक्षा ने पथभ्रष्ट कर दिया नवयुवकों को,**
> **कुण्ठा का दिग्-अंधकार ही उनके सम्मुख !**
> **क्या भविष्य है उनका ? थोथी शिक्षा के वे**
> **बलि-पशु बनकर, मनुष्यत्व भी आज खो रहे !**
> **जो शिक्षा धरती की जीवन-वास्तवता से**
> **संबंधित ही न हो, न जन-भू की संस्कृति से,**
> **जिसे प्राप्त कर युवक न अपना घर सँजो सकें**
> **औ न देश-सेवा कर पाएँ—किसे लाभ**
> **उस रिक्त ज्ञान से ? जो बाह्यारोपित अनुकृति-भर !**

इन उदाहरणों की भाषा से यह भी ज़ाहिर हो जाता है कि पंत का मुहावरा इतना दक़ियानूस है कि हिन्दी काव्य-भाषा के पिछले तीस बरसों के बदलाव और जीवंतता से वह एकदम अप्रभावित रहा है। उनकी निजी संवेदना समकालीन संवेदना से तनाव और अलग होने का रिश्ता ही जोड़कर चलती तो शायद उनकी रचना में कुछ ताप, कुछ नाटक होता। पर पंत की संवेदना आज की संवेदना को नज़रंदाज़ करती है और इसलिए वह न तो प्रासंगिक है और न ही जीवंत। यह खंडकाव्य आज न लिखा जाकर अगर तीस बरस पहले लिखा जाता तो भी उसकी भाषा में कोई फ़र्क नहीं पड़ता। अलबत्ता तब शायद उसमें कुछ प्रासंगिकता हो सकती क्योंकि तब पंत की संवेदना समकालीन यथार्थ से प्रतिकृत होने में कुछ-न-कुछ समर्थ ज़रूर थी। आज की कविता के संदर्भ में यह रचना हाशिये पर की भी नहीं है। अगर आपकी दिलचस्पी तफ़सील में यह जानने की हो कि कैसे आज की ज़िन्दगी के बारे में मैथिलीशरण गुप्त की शैली-मुहावरे में कविता लिखी जा सकती है, या कैसे छायावादी छायावाद की मृत्यु के तीस बरस बाद सारे वादों की परिक्रमा कर छायावाद-पूर्व युग में पहुँच सकता है, तो यह रचना आप पढ़ सकते हैं। अन्यथा नहीं।

जीने के कर्म की परिभाषा

आप कविता के पास—यदि अब भी आपके पास उसके लिए रुचि और समय है—क्यों जाते हैं ? और खासकर उस कविता के पास जो किसी व्यक्ति के सुख-दुःख और संघर्ष, उसके अनुभव के नाटक, की कविता है। उसके पास उसकी लिखी व्यथाएँ (और उनकी व्यापकता) है, उसके हर्ष के अवसर हैं, उसका प्रेम है, उसके जीवन की अपनी विशिष्ट दीप्ति और ऊष्मा है, उसकी वसंत की धूप और आदर्श मौसम है—पर यह सब तो आपके पास भी है, आपके अपने ढंग से। आप फिर जब उस व्यक्ति की कविता पढ़ते हैं (और हो सके तो पसंद भी करते हैं) तो क्या सिर्फ़ इसलिए कि वह आपके अनुभव के ड्रामे की भी कविता हो जाती है, संप्रेषण के समय और आप अपने जीवन को उस कविता के माध्यम से—उसकी भाषागत गति के माध्यम से पहचानते और समझते हैं ? आंशिक रूप से यह उत्तर सही है। पर क्या पूरा उत्तर यह नहीं होगा कि आप (जो जीवन-व्यापार में कवि की ही तरह संलग्न व्यक्ति हैं) ऐसी कविता से अपने जीवन का मूल्य-सौंदर्य देख पाते हैं, उसका सामाजिक उपयोग ही नहीं देखते, उसकी आंतरिक शक्ति और संभावना भी अनुभव करते हैं ? क्या ऐसी कविता आपके जीवन को एक ऐसी गति के रूप में प्रस्तुत नहीं करती जिससे या तो आप अनभिज्ञ थे या जिसे किसी अस्पष्ट रूप में महसूस-भर कर पाते थे ? और इससे भी आगे ऐसी कविता क्या आपके क्षुद्र और अव्यवस्थित और यांत्रिक लगते जीवन और तत्संबंधी संघर्ष को उसकी वास्तविक गरिमा, व्यवस्था और मानवीयता से आलोकित नहीं कर देती ?

रघुवीर सहाय की कविता के पास जाते कुछ वैसा प्रश्न उठता है जैसा कि ऊपर उठाया गया है और कविताओं के कतिपय अनुभव-वृत्तों में गुज़र जाने के बाद बहुत-कुछ उस उत्तर के समीप होता है जो ऊपर सुझाया गया है।

पहले कविता के संबंध में हम जो सोचते थे, उसमें इस बात का कुछ-न-कुछ महत्त्व होता था कि कविता और जीवन का क्या अन्तर्संबंध है, कविता जीवन के जिस क्षेत्र या भाग से संबद्ध है या होने का दावा करती है उसकी अभिव्यक्ति कवि कितनी ईमानदारी और कितनी दक्षता से कर सका है। पर इस बात का कम महत्त्व होता था कि धारणाओं और विचारों के अतिरिक्त इस महान् कार्य में, जिसे हम जीना कहते हैं, कवि कितनी गहराई, शक्ति और साहस और ईमानदारी के साथ लगा हुआ है। जीने के कर्म और कविता में कोई सीधा पर नाटकीय संबंध देखना अप्रासंगिक नहीं तो आवश्यक नहीं माना जाता था। अब हमारा आग्रह शायद धीरे-धीरे इस पर अधिक होता जाता है कि कविता को कवि के गहन ढंग से जीने का साक्ष्य होना चाहिए। यह एक बड़ी माँग है पर ऐसी दुनिया में जहाँ जीवन अधिकाधिक उथला, अर्थहीन और मूल्यच्युत होता जाता है, और ऐसे समाज में जहाँ फ़िल्मी गीतों से उसके ज्यादातर लोग वे दोनों मनोरंजन सुविधापूर्वक पा लेते हैं जो पहले कभी उन्हें कविता और संगीत से मिलते थे, कविता यदि जीने के कर्म को उसकी मानवीयता और गरिमा में शक्तिपूर्वक प्रस्तुत और परिभाषित नहीं करती, तो उसका और कौन-सा कर्तव्य हो सकता है ? यदि संसार के विनाश के विरुद्ध रचनात्मक कर्म ही एकमात्र बचाव है, (जैसा कि अमरीकी कवि-समीक्षक केनेथ रेक्सराथ ने कहा है), तो कवि के लिए सबसे अधिक रचनात्मक क्या यह नहीं हो सकता कि वह मानव अस्तित्व के अंतःसलिल हो रहे उत्सों को फिर से प्रकाश में लाए ? हम ऊबे और थके और उखड़े हुओं को अपने जीने की क्रिया की गहराई और विशदता पर कविता के माध्यम से बल देकर हममें उस कर्म के लिए नई दिलचस्पी, नया महत्त्वबोध उत्पन्न करें ताकि हम जीवन में अर्थ, उद्देश्य और मूल्य की खोज और प्रतिष्ठा कर सकें ?

ऐसे बहुत-से कवि नहीं हैं जो रघुवीर सहाय की तरह अपनी कविताओं में प्रायः हर कहीं किसी-न-किसी रूप में ऐसा साक्ष्य प्रस्तुत करते हैं। **सीढ़ियों पर धूप में** के कविता-खंड की रचनाओं से प्रचुर उदाहरण दिए जा सकते हैं, जिनमें अनाहत जिजीविषा लिये अकुंठित मन से संघर्ष के लिए तैयारी हो :

शक्ति दो, बल दो, हे पिता
जब दुःख के भार से मन थकने आए
पैरों में कुली की-सी लपकती चाल छटपटाए
इतना सौजन्य दो कि दूसरों के बक्स-बिस्तर घर तक पहुँचा आएँ

कोट की पीठ मैली न हो, ऐसी दो व्यथा—
शक्ति दो ।

(शक्ति दो)

या अपने 'एक और जीवन' और उसके अकेलेपन के गहरे बोध के बाद भी तादात्म्य की सह-भावना :

सारे संसार में फैल जाएगा एक दिन मेरा संसार
सभी मुझे करेंगे—दो-चार को छोड़—कभी न कभी प्यार
मेरे सृजन, कर्म-कर्त्तव्य, मेरे आश्वासन, मेरी स्थापनाएँ
और मेरे उपार्जन, दान-व्यय, मेरे उधार
एक दिन मेरे जीवन को छा लेंगे—ये मेरे महत्व
डूब जाएगा तंत्रीनाद कविता-रस में, राग में मेरा यह ममत्व ।
जिससे मैं जीवित हूँ ।
मुझ परितृप्त को तब आकर वरेगी मृत्यु—मैं प्रतिकृत हूँ ।

(मेरा एक जीवन है)

या तृष्णा के ज्वार का यह निर्भर आह्वान :

तट पर रखकर शंख-सीपियाँ
चला गया हो ज्वार हमारा
तन पर मुद्रित छोड़ गया हो सुख के चिह्न विकार हमारा
जब सब कर, हम चुके हुए हों, सह सब, चुके हुए हों
जब हम कह सब, चुके हुए हों
तब तुम, तब तुम ज्वार हमारी तृष्णा के फिर आना
इस जहाज को बंदर में पहुँचा जाना फिर आकर

(ज्वार)

या प्रेम के ऐसे अद्वितीय आलोक-कण हों :

वह छवि मुझ में पुनरुज्जीवित कभी नहीं होती है
वह मुझ में है । है । वह यह है
मैं भी यह हूँ
मेरे मुख पर अक्सर जो आभा होती है ।

(इतने शब्द कहाँ हैं)

और :

तुममें कहीं कुछ है
कि तुम्हें उगता सूरज, मेमने, गिलहरियाँ, कभी-कभी का मौसम
जंगली फूल-पत्तियाँ टहनियाँ—भली लगती हैं
आओ उस कुछ को हम दोनों प्यार करें

एक दूसरे के उसी विगलित मन को स्वीकार करें

(स्वीकार)

या मन में पानी के अनेक संस्मरण :

कौंध। दूर घोर वन में मूसलाधार वृष्टि
दुपहर : घना ताल : ऊपर झुकी आम की डाल
बयार : खिड़की पर खड़े, आ गई फुहार
रात : उजली रेती के पार : सहसा दिखी
शांत नदी गहरी

(पानी के संस्मरण)

या वैभव और सुख के साधन चले जाने के बाद भी रचनात्मक संभावना का यह प्रत्यय :

दिन यदि चले गये वैभव के
तृष्णा के तो नहीं गए
साधन सुख के गए हमारे
रचना के तो नहीं गए

(यही बच रही)

या त्रुटिहीन तालबद्ध सधी हुई लय में बँधी हुई दुनिया में लोगों के बाहुल्य का यह उल्लेखनीय चित्र :

लोग कुछ नहीं करते जो करना चाहिए तो लोग करते क्या हैं
यही तो सवाल है कि लोग करते क्या हैं अगर कुछ करते हैं
लोग सिर्फ़ लोग हैं, तमाम लोग, मार तमाम लोग
लोग ही लोग हैं चारों तरफ़ लोग, लोग, लोग

(दुनिया)

या तीव्र संवेदनशीलता का ऐसा सहज पर असाधारण क्षण :

किसी ने दोस्त से अपने कहा, कुछ चेंज कम पड़ गई है ? क्या है ?
दुखी मैं भी खड़ा था, कहा 'है, पर आप क्यों मुझ से भला लेंगे ?
न मेरा आप दुख जानें
न मैं दुख आपका जानूँ।

(चेंज)

या जीवन के एक नए आरंभ का स्वच्छ और सीधा अनुभव :

आज एक छोटी-सी बच्ची आई किलक मेरे कंधे चढ़ी
आज मैंने आदि से अंत तक एक पूरा गान किया
आज फिर जीवन शुरू हुआ।

(आज फिर शुरू हुआ)

या रचना की एक अपूर्व धड़कन का यह अंकन :

जो पंक्ति आधी याद थी
उस पर घुमड़कर खिल गई एक नई तितली,
धूप और फूल सहित सम्पूर्ण ।
और एक शब्द भूले हुए शब्द की जगह रच गया जो
कवि देखता तो कह नहीं पाता कि वह उसका नहीं है ।

(भूले हुए शब्द की जगह)

या वासना का यह उद्दाम पर सहज लीरिकल आवेग :

यह आतुर तन उस तन में धँसता जाए
थक जाएँ
थक जाएँ तेरे कुच मेरे सीने पर धक्-धक् करके
फड़कें
फिर रह जाएँ गुंफित जंघाएँ
हो जाए वह क्षण जीवन-मरण विशाल सखी

(गले हमारे डाल सखी)

या नई कविता की वे सुविख्यात उपलब्धियाँ **धूप और दे दिया जाता है** शीर्षक कविताएँ, जिनमें सर्वत्र जीने में और जीवन में गहरे डूबे व्यक्ति की संसक्ति बार-बार संयत काव्य-रूपों में प्रतिफलित हुई है ।

रघुवीर सहाय के पास, वात्स्यायन जी के शब्दों में, 'सहज प्रवहमान भाषा' है । ऊपर उद्धृत सभी कविताएँ या कवितांश किसी-न-किसी रूप से भाषा की संपूर्ण और सफल क्रियाएँ हैं । किसी भी कविता से सच्चा संपर्क तब तक स्थापित नहीं हो सकता जब तक कि पाठक उस तक 'भाषा की लयात्मक क्रिया के आनंद के माध्यम के द्वार न पहुँचे । रघुवीर सहाय की भाषा जन-भाषा-सी तो है, पर वह उसका एक सांस्कृतिक परिष्कार भी है । यही परिष्कार करते हुए कवि जीने के कर्म को, उसकी कष्ट-व्यथा, क्षुद्रता और महिमा को, और उसकी मौलिक आभा को, प्रशंसनीय कौशल के साथ परिभाषित करता चलता है । इसी क्रम में वह अपनी नाटकीय प्रतीक-व्यवस्था उपलब्ध करता है और उसकी भाषा में एक विशिष्ट तात्कालिकता, एक निजी लय-विधान और गति आ जाती है । समकालीन कविता में जो कुछ थोड़े-से तुरन्त पहचान लिये जाने वाले मुहावरे और लय-विधान हैं, उनमें निस्संदेह रघुवीर सहाय का भी लय-विधान और मुहावरा है । वस्तुतः वे उन थोड़े-से कवियों में से हैं जिनका निजी और पूर्णतः प्रेषणीय मुहावरा विकसित हो चुका है । उपयुक्त भाषा, सहज किंतु सुनियंत्रित तान और लय तथा तीव्र भावना, शक्ति से भरे और धड़कते हुए जीवन की एक रचनात्मक अन्तःक्रिया से उत्पन्न उनकी कविताएँ सचमुच जीने

के कर्म की एक समृद्ध परिभाषा हैं। वे दैनंदिन जीवन-व्यापार का, कवि के ही शब्दों में कहें, तो एक 'शांत कायाकल्प' हैं: शांत, क्योंकि वे चौंकाती या भड़काती नहीं हैं, और कायाकल्प क्योंकि, क्षुद्र लगते गुणों और भावनाओं को वे एक सच्ची गरिमा में रख देती हैं।

व्यक्तियों में "एक मानवीय संबंध है यानी एक संबंध है जिसको लेकर (वे) वहाँ एकत्र होते हैं, फिर उस संबंध में बाधा आती है, वह विकल होता है, बदलता है, अचानक दूसरा हो जाता है। यह संबंध का बनना ही घटना है, यह घटना ही कहानी है।" इन शब्दों में रघुवीर सहाय ने 'एक जीता-जागता व्यक्ति' शीर्षक कहानी-खंड की अंतिम कहानी **कहानी की कला** में कहानी की व्याख्या की है। यद्यपि यह दूसरों की कहानियों के लिए भी सही और उपयोगी हो सकती है, सबसे अधिक सही वह उनकी अपनी कहानियों के लिए है। संगृहीत दसों कहानियों में उनके पात्रों के बीच एक मानवीय संबंध है जो कहानी के दौरान किसी तरह से बाधा में पड़ता है, विकल होता है, और अचानक दूसरा हो जाता है—कहानी समाप्त और पूर्ण हो जाती है। उदाहरण के लिए, **एक जीता-जागता व्यक्ति** शीर्षक कहानी में एक व्यक्ति (जो कहानी कह रहा है) सड़क पर कोलतार के कीचड़ में फँसी एक चिड़िया को, जो छुटकारा पाने के लिए संघर्ष कर रही है, मुक्ति देने उस तक जाता है पर उसके सहायक होने के पहले ही चिड़िया अपनी कोशिश से कीचड़ से छूट जाती है। साधारण अर्थ में लें तो कुल इतनी-सी 'घटना' होती है, पर गहरे देखें तो इससे बहुत अधिक कुछ घटना है। और ऐसे नहीं जैसे ऊपर के सारांश-वाक्य में कहा गया है, बल्कि भाषा की उसी उपयुक्तता और लय-ताल की तैयारी के साथ, उसी तीव्र संवेदनशीलता और सहज, जीवंत किंतु नाटकीय भंगिमाओं के साथ जैसाकि उनकी कविताओं में होता है। दरअसल ये सभी कहानियाँ निर्विवाद रूप से कविता हैं। ईलियट ने बताया है कि सभी अच्छी कविताएँ अच्छा गद्य भी होती हैं। इसका प्रतिलोम भी उतना ही सच है। रघुवीर सहाय की कहानियाँ अच्छा गद्य हैं: रचना सौष्ठव के कोण से, भाषा के उपयुक्त प्रयोग के कोण से, तीव्र मर्मदृष्टि के कोण से, अनुभव की परिपक्वता के कोण से। वह इनके काव्य का ही विस्तार है, और इसीलिए ही नहीं कि उनमें कविताओं की-सी सहज आनंददायी उष्णता है, और लय-ताल का वैसा ही त्रुटिहीन रचाव, जैसा कि

एक कहानी के इस बिलकुल अंतिम अंश से स्पष्ट होगा :

"नहीं, मैंने कहा, कोशिश मत करो, ऐसी ही रहो जैसी तुम हो, सुंदर और उज्ज्वल और बिना वह जानते हुए जो मेरे अंदर हुआ है। तुम नहीं जानती हो कि मैं किस तरह टूटने से बच गया हूँ, पर तुम सुंदर हो और यह क्या काफ़ी नहीं है, उतना ही जितना कि मेरा कृतज्ञ होना है। पूछो मत, न मैं बताऊँगा और न तुम्हें जानने की ज़रूरत है क्योंकि इस समय तुम ऐसी ही सुंदर हो, अकेली और बिना जाने हुए और बिना जानने की कोशिश किए हुए कि मेरे अन्दर क्या हुआ है।"

बल्कि इसलिए भी कि उसके पीछे वही काव्य-अंतर्दृष्टि है जो जीने के कर्म को पहचानती व परिभाषित करती चलती है। वे कोई 'सामूहिक या कामचलाऊ स्तर' स्वीकार नहीं करते और उनकी कहानियों में अनुभव के अंतर्तम स्तरों तक पहुँचने की स्मरणीय चेष्टाएँ हैं। उनके सभी पात्र मानवीय हैं, 'निरपेक्ष मानवीय' हैं—और उसी स्तर पर वे सक्रिय होते हैं। प्रायः उनका सामाजिक, आर्थिक या नैतिक परिवेश हमें नहीं बताया जाता, और यदि बताया भी जाए तो उससे कहानी के आनंद या समझने में कोई सहायता नहीं मिलती क्योंकि ऐसी सूचना वहाँ अप्रासंगिक है। कोई स्वाभाविक घटना घटने पर लेखक उसमें रत मानवों के पारंपरिक संबंध को तुरंत देख सकने का यत्न करता है और निस्संदेह अपनी भाषा और उपयुक्त शिल्प तथा मानसिक तैयारी से सफल भी होता है। वह 'जीवन की सहज मानवीयता' को पहचानता है और कहानियाँ उसकी यह मार्मिक पहचान हम तक पहुँचाती हैं। वे एक तरह से मानवीयता, निरपेक्ष मानवीयता के—जहाँ उसे सामाजिकता, नैतिकता आदि के वर्ग-विभाजन में नहीं देखा जा रहा है—तात्कालिक अनुभवों का एक संक्षिप्त पुराण हैं—आधुनिकता की धारणा में मानव को समग्रता और संपूर्णता का जो आग्रह है उसे अपनी कहानियों में अपने ढंग से रस देने वाले रघुवीर सहाय पहले कहानीकार हैं। उनके यहाँ कहानी सचमुच 'नई कहानी' है।

समकालीन नरक का एक भूगोल

पिछले पाँच-छः बरसों से ज़्यादातर बहस और आलोचना का केन्द्र कविता न होकर कहानी रही है, हालाँकि अकविता जैसे आन्दोलन को लेकर कुछ बेमानी शोरगुल ज़रूर हुआ। इसकी एक वजह तो ज़रूर थी कि कहानी में कुछ उत्तेजक और बात करने लायक़ काम हुआ। दूसरे, कवियों ने, ख़ासकर ऐसे युवा कवियों ने जिनकी कविता ने पहले उत्सुकता और उम्मीद जगाई थी, संग्रह प्रकाशित नहीं किए। यह हालत फिर बदली, और सन् '६७-'६८ में एकाएक इतने सारे कविता-संग्रह प्रकाशित हुए कि इन्हें कविता की वापसी के वर्ष कहना अप्रासंगिक न होगा। पर यह वापसी कविता की समकालीन दृश्य के केंद्र में वापसी ही है, वरना ये संग्रह और कुछ नहीं तो इतना तो ज़ाहिर ही करते हैं कि, भले ही उसके बारे में सोच-विचार और बातचीत न हुई हो, ऐसी सच्ची और जानदार कविता इस बीच बराबर लिखी जाती रही है, जो आदमी की आज की हालत के बारे में हमारी समझ और संवेदना को गहरा और सार्थक करती है।

आम तौर पर यह एक दुःखद सचाई है कि हिन्दुस्तानी लेखक से विकास करने की उम्मीद बहुत कम अवसरों पर की जा सकती है। हमारे यहाँ तो आत्मतृप्त और मुग्ध, उत्सवकामी और सम-कालीन अप्रासंगिकता के स्मारक बुर्ज़ुग या बुढ़ाते कवि हैं, या फिर आत्मप्रदर्शन में लिप्त, श्रीकांत वर्मा के मुहावरे में कहें, 'नक़ली कवियों की एक पूरी वसुंधरा' है। ऐसे युवक कवि बहुत कम हैं जो अपने बुनियादी लगावों और सरोकारों को सार्थक ढंग से विकसित-व्यापक करें, कविता की अपनी दुनिया के बाहर की दुनिया से

रिश्तों और तनावों को तलाशें और अपना पहचाना जा सकने वाला, लेकिन अद्वितीय मुहावरा और काव्य-संसार उपलब्ध करें। दूसरे शब्दों में, जो अपनी छटपटाहट, तलाश और प्रखरता से अपने युवा होने को चरितार्थ करें। इस सिलसिले में जिन तीन युवा कवियों को याद किया जा सकता है, वे हैं रघुवीर सहाय, केदारनाथ सिंह और श्रीकांत वर्मा। हाल ही में श्रीकांत वर्मा ने दो कविता-संग्रह **माया दर्पण** और **दिनारंभ** प्रकाशित किए हैं।

इन संग्रहों के ठीक दस बरस पहले, सन् '५७ में श्रीकांत वर्मा का पहला संग्रह **भटका मेघ** निकला था। उसकी कविताओं में मध्यवर्गीय बेचैनी और क्षोभ था, लेकिन साथ-ही-साथ उसे जैसे संतुलित करती कोमलता और सहज मानवीय गरमाई भी थी। हाल के दोनों संग्रहों में ये पिछले लगाव बरक़रार हैं, पर इन लगावों को चरितार्थ करनेवाला मुहावरा और काव्य-संसार दोनों अधिक व्यापक, जटिल और शहरी हो गए हैं। तब की कविता में कहीं-न-कहीं क़स्बाई अवसाद और टटकापन था। अब की कविता में शहर की निर्मम प्रखरता और विविध जटिलता है और दोनों ही तरह की कविता को कवि की अंतर्भूत करुणा मार्मिकता में उजागर करती है।

माया दर्पण की दुनिया दहशत की, भयावह और अक्सर अप्रत्याशित संबंधों की दुनिया है। लेकिन उसमें से गुज़रते हुए आप पाएँगे कि श्रीकांत वर्मा के क्षुब्ध और तीखे स्वर के बावजूद, उनकी करुणा लक्ष्य करने से आप बच नहीं सकते। दोनों में, यानी कि क्षोभ और करुणा में, जहाँ तक कविता का सवाल है, वह अंतर्विरोध नहीं है। लेकिन, पिछले दिनों क्षोभ बहुत सारी युवा कविता का स्थायी भाव-सा बन गया है और उसकी कुछ-एक ऐसी दक़ियानूसी विकसित हुई है कि ऐसा लगने लगा है कि करुणा कोई पुरानी और बुज़ुर्गों के मन की चीज़ है, जिससे क्षुब्ध युवक को कुछ लेना-देना नहीं है। जबकि सच यह है कि बहुत सारा श्रेष्ठ आधुनिक लेखन, पश्चिम में, इसे दोहराने की ज़रूरत है, करुणा का साहित्य है। श्रीकांत वर्मा की कविता में यह बात फिर प्रमाणित होती है कि उनकी जैसी तेज़-तर्रार पोर-पोर आधुनिक और प्रखर क्षुब्ध युवा कविता में करुणा अनुभूति का एक बुनियादी तत्त्व हो सकती है। यही नहीं, बल्कि यह करुणा की भावना, मेरी समझ में, उनकी कविता में चरितार्थ छटपटाहट, क्रोध, ऊब और चिढ़ को मानवीय रूप से तात्कालिक बनाती है।

सबसे पहले और अंत में कविता भाषा का एक ख़ास संयोजन है। जो कुछ कविता में होता है, कवि के चाहने-न-चाहने पर, और जो नहीं हो पाता, उसकी गवाही उसकी भाषा देती है। इसलिए ऊपर जिस करुणा का ज़िक्र है, उसकी गवाही श्रीकांत वर्मा के बिंब देते हैं, भले ही अक्सर उनका एक-दूसरे से संबंध ऊल-जलूल या अप्रत्याशित है। नीचे तीन टुकड़े हैं, जो अंतर्भूत करुणा के अन-

गिनत उदाहरणों में आसानी से पाये जा सकते हैं :

मैं अपना अंधकार, अपना सारा अंधकार
गंदे कपड़ों की
एक गठरी की तरह
फेंक सकता हूँ
मैं अपनी मार खाई हुई
पीठ
सेंक सकता हूँ
धूप में
बेटियाँ, और बहुएँ
सूप में
अपनी-अपनी
आयु के
दाने
बिन
रही
हैं।

(माया दर्पण)

अंतिम गाने की
स्वरलिपि
करता है तैयार
संसार
हर रोज
सबेरे-सबेरे
बिलबिलाता है
जन्म लेने के बोझ से
दबा हुआ
चूहा

(जन्मपत्री)

एक आदमी दूसरे का और दूसरा तीसरे का
दहेज है।

जिसकी वाणी में आज तेज है
दस साल बाद
वह इस तरह लौट आता है
जैसे किसी वेश्या के कोठे से
अपने को बुझाकर ।

(समाधि-लेख)

बिंबों का ज़िक्र हमें श्रीकांत वर्मा की कविता के दूसरे महत्त्वपूर्ण पक्ष की ओर ले जाता है । नई कविता बिंब-केंद्रित कविता रही है, और अक्सर कवियों में बिंबों का ऐसा घटाटोप तैयार हुआ है कि सातवें दशक तक आते-आते कई जागरूक कवियों को यह महसूस हुआ कि कविता को बिंब से मुक्त कराकर ही उसे जीवंत और प्रासंगिक रखा जा सकता है। उनके सामने बिंब-प्रधान कविता कुछ शक की चीज़ बन गई और सपाटबयानी की तरफ़ कई कवि झुके और उसे अधिक विश्वसनीय माना जाने लगा। ऊपर जिन तीन कवियों का ज़िक्र है, उनमें से हरेक ने सपाटबयानी के मूल्य को पहचाना, लेकिन उसे अपनी बुनियादी बिंबधर्मिता के प्रतिकूल न रखकर उसके साथ संयोजित किया और अपने मुहावरों को और उनसे उजागर होने वाले काव्य-संसार को समृद्ध किया। चित्रमयता को खोये बिना उसे रोज़मर्रा की जीवंतता दी ।

इस प्रसंग में श्रीकांत वर्मा की कवि-मुद्रा बातचीत करते, चीख़ते या बखान करते व्यक्ति की मुद्रा है। इसलिए उनका लहजा अपनी ज़िंदगी के नाटक के व्यंग्यपूर्ण बयान कहने का है—उसमें संवाद की सहजता है, पर साथ-ही-साथ चित्रमयता का रचाव भी, जो भाषा को एक प्रीतिकर निखार दे देता है :

मेरे जीवन में एक ऐसा वक्त आ गया है
जब खोने को
कुछ भी नहीं है मेरे पास
दिन, दोस्ती, रवैया
राजनीति
गपशप, घास
और स्त्री हालाँकि वह बैठी हुई है
मेरे पास···

(बुखार में कविता)

इसलिए कुछेक कमज़ोर जगहों को छोड़ दें, तो श्रीकांत वर्मा की कविताएँ वक्तव्य नहीं रह जातीं और न ही उनमें अपने अनुभवों का निरा एकायामी बखान होता है। वे कवि के अनुभव और दृष्टि को विस्मयकारी चित्रमयता

और सहज बातचीत के लहजे के संयोजन से चरितार्थ करती हैं : भाषा एक इच्छित संसार की सूचना या बखान नहीं, अपने विशिष्ट प्रबंध द्वारा उसकी रचना हो जाती है। बिंब और चित्र आलंकारिक नहीं रहते, साक्षात्कार से बचने का उपाय भी नहीं, वे साक्षात्कार की एक प्रामाणिक विधा बन जाते हैं।

इसके रहते श्रीकांत वर्मा ने अपना एक ख़ास मुहावरा और टैकनीक विकसित किया है। शिल्प के संबंध में आज जैसी व्यापक अराजकता और नासमझी है, वैसी शायद ही कभी रही हो। लेकिन श्रीकांत वर्मा के यहाँ उनके ज़्यादातर युवक समकालीनों की तरह मात्र तात्कालिक युक्तियाँ नहीं, एक सुनिश्चित और सचेत टैकनीक है। तुक का ऐसा ताज़ा, अप्रत्याशित और व्यंग्यपूर्ण इस्तेमाल शायद ही किसी ने किया हो। इस्तेमाल की संभावना या ईजाद भले कहीं और हुई हो, श्रीकांत वर्मा ने उसमें काफ़ी सूक्ष्मता भरी है, और इसी वजह से वह आज एक लोकप्रिय युक्ति बन गई है। एक गंभीर कवि के रूप में श्रीकांत वर्मा अच्छी तरह जानते हैं कि कविता में कहीं-न-कहीं भाषा के साथ खिलवाड़ ज़रूरी है। ऐसा खिलवाड़ उनकी कविता में ख़ूब है और बावजूद उसमें निहित व्यंग्य और चरितार्थ भयावह संसार के, वह उनकी कविता को एक आह्लादकारी गति दे देता है—एक शब्द से दूसरा, दूसरे बिंब से तीसरा, इसी तरह के खिलवाड़ से उपजे लगते हैं। खेद है कि श्रीकांत वर्मा इस खिलवाड़ को कई बार संयमित नहीं कर पाते। नतीजा यह होता है कि उनकी कविता की 'आर्गेनिक' एकता को इससे क्षति पहुँचती है और कई बार ऐसा लगता है कि कविता के आरंभ या अंत की कोई अनिवार्यता नहीं है—वह अनियमित और भूगोलहीन हो जाती है, और उसके कलात्मक मूल्य पर शक होने लगता है।

सरसरी तौर पर देखने पर श्रीकांत वर्मा का काव्य-संसार भाषा में एक ऐसे संसार की पुनर्रचना है जो अराजक, व्यवस्थाहीन और अर्थहीन है, जिसमें संस्थाएँ, संबंध और जीवन-दृष्टियाँ गड्ड-मड्ड और व्यर्थ हो गई हैं। कविता की मुख्य थीम, बहुत स्थूल ढंग से कहें तो, संसार और व्यक्ति के बीच का असंतुलन है, जो वैसे भी बहुत सारे आधुनिक साहित्य की थीम रही है। इस असंतुलन की जो परिभाषा श्रीकांत वर्मा अपनी नाटकीय भाषा के माध्यम से करते हैं, वह निश्चय ही रोचक और विशिष्ट होते हुए भी ऐसी है जो हमें अपनी जानी-पहचानी दुनिया को कुछ चौंककर और सीधे देखने की ओर ले जाती है। आम आदमी व्यवस्थाप्रिय होता है और बावजूद समकालीन घोर अव्यवस्था के, व्यवस्था की मिथ से चिपटा, उसके सहारे एक अप्रामाणिक-सी ज़िंदगी जीना चाहता है : उसके इस मोह को पोसने वाले और इस तरह उसे अपनी सच्ची हालत का सामना करने से दूर रखने वाले व्यवस्था-केंद्रित कवि हैं। श्रीकांत

वर्मा की कविता 'कवियों के ऐयाशी झूठ' के विरुद्ध खड़ी हुई है। कवि आपकी धारणाओं को, जिन्हें समय और बदलाव ने अवास्तविक कह दिया है, सहलाता नहीं है, बल्कि 'त्रिशूल-सा गड़कर रह जाता है कवि'। जब वह खीझकर कहता है :

तुम जाओ अपने बहिश्त में
मैं जाता हूँ
अपने जहन्नुम में।

तो वह हमें अपनी समकालीन दुनिया की ओर धकेल रहा होता है, जो दरअसल हम सबका जहन्नुम है। इन कविताओं में इस समकालीन जहन्नुम के खाके हैं, जहाँ से हममें हरेक यह स्वीकार करने को बाध्य हैं कि—

मैं यह अच्छी तरह जानता हूँ किसी के न होने से कुछ भी नहीं होता, मेरे न होने से कुछ भी नहीं हिलेगा। मेरे पास कुर्सी भी नहीं जो खाली हो। मनुष्य वकील हो, नेता हो, संत हो, मवाली हो—किसी के न होने से कुछ नहीं होता।

(माया दर्पण)

किसी ने कहा है कि भाषा जब अपना अर्थ खो देती है तभी वह साहित्य का दर्जा प्राप्त करती है। यह विवादास्पद धारणा हो सकती है, लेकिन एक निरर्थक दुनिया को स्वायत्त रहने के लिए भाषा के अर्थ को जान-बूझकर विचलित और कभी-कभी समाप्त करना ज़रूरी है। खिलवाड़ से, तुकों और चित्रों-बिंबों के अप्रत्याशित नाटक से, श्रीकांत वर्मा अपनी काव्य-भाषा में अपने चतुर कौशल से ऐसी ही दुनिया बसाते और उजागर करते हैं।

दुर्भाग्य से राजनीति के प्रति ज़्यादातर नये कवियों की दृष्टि उदासीनता की ही रही है, कुछेक मुक्तिबोध-जैसे अपवादों को छोड़कर। श्रीकांत वर्मा की दृष्टि उदासीन नहीं है, लेकिन वह राजनीतिक सचाई से वैसा साक्षात्कार नहीं करती जैसा कि रघुवीर सहाय के संग्रह **आत्महत्या के विरुद्ध** में है। रघुवीर सहाय की कविताएँ हमारे ख़ास जनतंत्र के तनावों-उलझावों में जागरूक हिस्सा लेती रचनाएँ हैं, जबकि श्रीकांत वर्मा की कविताओं के भूगोल में जनतंत्र या कि राजनीतिक हालत की रेखाएँ नहीं हैं और उस हद तक वे विपन्न हैं। उनके यहाँ तो राजनीति के प्रति तीव्र घृणा है और मनुष्य के लिए आज की राजनीतिक संस्थाओं की अप्रासंगिकता की अभिव्यक्ति :

कुछ लोग मूर्तियाँ बनाकर
बेचेंगे शांति की (अथवा षड्यंत्र की)
कुछ और लोग
सारा समय

कसमें खायेंगे
लोकतंत्र की।

(समाधि-लेख)

मुक्तिबोध और रघुवीर सहाय के बाद राजनीति के प्रति बिना उसके ब्यौरों से जूझे श्रीकांत वर्मा की दृष्टि कुछ सरलीकृत लगती है और उनके द्वारा चित्रित समकालीन नरक से कुछ अत्यन्त महत्त्वपूर्ण और नियामक तत्त्व गायब कर देती है।

अगर यह धारणा बन गई हो कि श्रीकांत वर्मा सिर्फ़ नरक और दहशत और व्यंग्य के कवि-भर हैं, तो उसे सुधारना अब ज़रूरी है। दोनों ही संग्रहों में बहुत सारी छोटी कविताएँ हैं। उनमें जीवन और संसार के एक रागमय संतुलन की खोज और चरितार्थता काफ़ी मार्मिक और ताज़े ढंग से प्रकट हुई है। दहशत, निराशा और अकेलेपन की पिछले दिनों एक त्रासदायी और अत्यन्त एकांगी दक़ियानूसी हमारी कविता में विकसित हुई है। श्रीकांत वर्मा ने सौभाग्य से अपने को इस दक़ियानूसी की गिरफ्त से बचाया है और प्रेम, प्रसन्नता, उछाह, सुख, तृप्ति आदि की अनेक मनोरम छोटी कविताएँ लिखी हैं, जो इन संग्रहों में सम्मिलित हैं। कुछ उदाहरण देखें :

घाट पर नहाती हुई
पानी पर अपनी
तसवीर छपाती हुई
कंधे अपने सुख के
केश सुखाती हुई

(घाट पर नहाती हुई)

नदी के किनारे कोई आसमान धो रहा है।
दुपहर है,
महुए का पेड़ सो रहा है।

(दुपहर)

शिथिल हुए प्रेम के उरोज में छिपा हुआ
कृतज्ञ एक माथ
उसके नितंब पर पड़ा हुआ
न—अनुभव—होता—मुझको हाथ !

(उत्तर-प्रेम-१)

इन कविताओं में संसार अपने सुन्दर अर्थों में प्रकाशित होता है। दूसरी उल्लेख-

नीय बात यह है कि श्रीकांत वर्मा ने प्राकृतिक चित्रों से अलग शहरी और आधुनिक दृश्य की भी बहुत कविताएँ लिखी हैं, और छोटी कविता की क्षमता का विस्तार किया है। बड़ी कविताओं की दहशत और भयानकता को इन छोटी कविताओं की ऐंद्रिकता और सुन्दरता जैसे संतुलित करती है। दोनों संग्रहों में ऐसी प्रतिकूल-धर्मी कविताओं का अलग-अलग संकलित किया जाना उनमें एक नाटकीय और समृद्धिकर तनाव को जन्म देता है : उनका नरक और उनका स्वर्ग जैसे एक-दूसरे को प्रमाणित करते हैं और कवि-दृष्टि उचित और पूर्ण मानवीय संदर्भ पा जाती है।

भयानक ख़बर की कविता

गजानन माधव मुक्तिबोध की कविता उपलक्षित रूप में कविता के लिए विचार-प्रणाली की प्रासंगिकता का सवाल एक बार फिर सार्थक ढंग से उठाती है। उनकी कविता का कोई भी पाठक यह आसानी से समझ लेता है कि उनकी मार्क्सवाद में गहरी और रचनात्मक आस्था थी। उनका विश्वास था कि अपने रचनात्मक प्रयत्न को आकार और महत्त्व देने के लिए ज़रूरी है कि कवि के पास कोई विचार-प्रणाली या वैचारिक व्यवस्था हो। उनके स्वयं के लिए यह व्यवस्था मार्क्सवाद थी। ऐसे बहुत-से कवि हैं जो मार्क्सवाद में आस्था रखते हैं लेकिन यह अजीब बात है कि उनकी आस्था उनकी कविता में सक्रिय नहीं होती, यानी उनकी आस्था और कविता के बीच एक स्पष्ट और संभवतः सुविधापूर्ण अलगाव बना रहता है। मुक्तिबोध एक ऐसे कवि हैं जिनका मूल्यबोध, अर्थात् मार्क्सवाद में जिनकी आस्था, निर्विवाद और उत्कट रूप से उनकी कविता में सक्रिय है और कविता में रचनात्मक आवेश को निरंतर संयमित करती है।

हिन्दी में सन् १९३० के बाद से लगभग सन् १९५० तक लेखकों की ऐसी बड़ी संख्या रही है जिनकी मार्क्सवाद में बड़ी उद्दाम आस्था थी। उन्होंने लेखक के उत्तरदायित्व और उसकी सामाजिक अवगति पर जो ज़ोर दिया वह हमारे साहित्य को उनका उल्लेखनीय अवदान है। निश्चय ही इस लेखन ने भारतीय साहित्य में मानवीय सहानुभूति के क्षेत्र का विस्तार किया और खासकर कविता में, मानवीय प्रतिभा को छायावादियों के आधिभौतिक मिथकों में उलझकर पूरी तरह अमूर्त हो जाने से बचाया। लेकिन वे

अपने समय की प्रामाणिक प्रतिमा गढ़ सकने में इसलिए कामयाब नहीं हो सके कि उनकी दृष्टि अनन्य रूप से भविष्य पर, आने वाले स्वर्णयुग पर केन्द्रित रही। दरअसल, उनमें से ज़्यादातर ने बहुत कम ऐसा लिखा जो अनुभव की किसी निजी बाध्यता से उकसाया हुआ हो। बल्कि सचाई और उसकी जटिलता की जगह उन्होंने कट्टर राजनीतिक सिद्धांतों को दे दी। अंततः उन्होंने सार्वजनिक विषयों और भावनाओं के बारे में सार्वजनिक शब्दों में आलंकारिक रूप से इस तरह लिखा कि व्यक्तिगत अनुभव और व्यक्तिगत मूल्यबोध की स्थिति रचनात्मक कृतित्व में अवमूल्यित हो गई। नतीजा यह हुआ कि उनके और उनके जैसे राजनीतिक आशयवाले लेखन के विरुद्ध प्रतिक्रिया हुई। इस प्रतिक्रिया का सबसे दुर्भाग्यपूर्ण पक्ष यह है कि लंबे समय तक, दरअसल आज तक, राजनीति और राजनैतिक तथ्य, हमारे ज़माने की राजनीतिक जलवायु की समझ, कविता के लिए लगभग एकदम अप्रासंगिक बना दिए गए।

यह दुर्भाग्यपूर्ण इसलिए है कि उसकी वजह से नया कवि समकालीन दुनिया को समझने के एक मूल्यवान औज़ार से वंचित रह गया। हमारी दुनिया, जैसा कि टॉमस मान ने कहा, एक ऐसी दुनिया है जिसमें मनुष्य की नियति अपने को राजनीतिक शब्दावली में व्यक्त करती है। ज़्यादातर नये कवि या तो अपने को कूटधर्मी प्रतीकों के निजी घरों में सहेजकर रखते हैं और इस तरह सार्वजनिक दुनिया के शोर-शराबे से अलग रहते हैं, या उनके राजनीतिक मूल्यबोध और उनकी कविता में कोई रचनात्मक संबंध नहीं रह जाता। यह बोध उनकी कविता में दुनिया के उनके चरितार्थ अनुभव को शायद ही प्रभावित करता हो। हो सकता है कि राजनीतिक कर्म से अलग रहना ज़रूरी हो, पर मानव-नियति को जो शक्तियाँ नियंत्रित कर रही हैं, उनकी गहरी समझ पाने के लिए यह उतना ही ज़रूरी है कि कवि राजनीतिक विचारों और उथल-पुथल की जानकारी और समझ रखे और कवि-कर्म में इस जानकारी और समझ को इस्तेमाल करे। अगर कवि ने अपने को विचारों से, ख़ासकर राजनीतिक विचारों से, जो आज की दुनिया में इतने प्रभावशील हैं, अपने को काट लिया या अलग रखा तो फिर नये कवि का यह दावा, कि वह समकालीन सचाई का साक्षात्कार करने की कोशिश कर रहा है, व्यर्थ हो जाएगा। राजनीति को दरकिनार रखकर समकालीन सचाई का कोई साक्षात्कार सार्थक और प्रासंगिक नहीं हो सकता।

इस संदर्भ में मुक्तिबोध की कविता एक आश्चर्यकारी संयोग है। उन्होंने हमारी कविता में सार्वजनिक दुनिया और राजनीतिक विचारों का पुनर्वास किया है। उनके शब्दों की शक्ति इन विचारों को कविता में जीवंत बनाती है। वे इन विचारों के बारे में कभी-कभार सीधे भले लिखें, लेकिन उनकी शैली ज़्यादातर अप्रत्यक्ष ही है। हालाँकि वे ज़रूरत होने पर रिटौरिक का इस्तेमाल करते हैं,

उनकी भाषा सूक्ष्म, समृद्ध और निजी भाषा है। उनकी कविता का सामाजिक दृश्य सिर्फ़ एक पीड़ा-भरा 'बाह्य' नहीं है, बल्कि वैसी ही पीड़ा वाला एक अंतस् भी है, और इसलिए अत्यन्त सामाजिक होते हुए भी अत्यन्त निजी है। मुक्तिबोध एक ऐसे कवि हैं जो अपने समय में अपने पूरे दिल और दिमाग़ के साथ, अपनी पूरी मनुष्यता के साथ रहते हैं। वे अपनी एक ऐसी निजी प्रतीक-व्यवस्था विकसित करते हैं जिसके माध्यम से सार्वजनिक घटनाओं की दुनिया और कवि की निजी दुनिया एक सार्थक और अटूट संयोग में प्रकट हो सके। राजनीतिक दृश्य से गहरा लगाव और मार्क्सवादी विचारधारा से प्रतिबद्ध होने के बावजूद, मुक्तिबोध कभी भी प्रचारवादी नहीं बनते। एक तो वे राजनीतिक दुनिया से अपने लगाव को मानवीय आस्था और अन्तर्जगत में उतने ही गहरे लगाव के साथ जोड़ते चलते हैं, और दूसरे, एक सच्चे कवि की तरह वे सरलीकरणों से इनकार करते हैं। वे विचार या अनुभव से आतंकित नहीं होते। वे यथार्थ को जैसा पाते हैं वैसा उसे समझने और उसका विश्लेषण करने की कोशिश करते हैं और उनकी कविता का एक बड़ा हिस्सा अनुभव की अनथक व्याख्या और पड़ताल का उत्तेजक साक्ष्य है।

मुक्तिबोध में रचयिता और टीकाकार में कोई अलगाव नहीं है। विश्लेषण की इस प्रक्रिया में मार्क्सवाद ने उनकी सहायता की। उन्होंने संघर्ष को बहुत महत्त्व दिया। मनुष्य की उनकी चारित्रिक प्रतिमा संघर्षरत मनुष्य की है और वे एक नई समाज-व्यवस्था की कल्पना करते हैं। यह भी महत्त्वपूर्ण है, क्योंकि युवा पीढ़ी की बहुत-सी कविता इस भावना से आक्रांत है कि या तो कोई भविष्य है ही नहीं, या जो है भी, वह बहुत निराशाजनक है। मुक्तिबोध निराशा की इस नई दक़ियानूसी में शामिल नहीं हुए। समकालीन दुःस्वप्न को उन्होंने पूरे साहस के साथ देखा और उसकी भयानकता को न तो कभी कम किया और न ही सरलीकृत। लेकिन उन्होंने उम्मीद और विवेक त्यागकर सनकीपन या शून्यता की ओर जाने से बराबर इनकार किया। जहाँ मुक्तिबोध की दृष्टि आधुनिक जीवन की भयावहता का अहसास प्रामाणिक और विशिष्ट बनाती है, वहाँ उनकी उम्मीद उनके भय को अधिक मानवीय और विश्वसनीय कर देती है। **अँधेरे में** के अन्त में संसार में मनचाहे परिवर्तन का स्वप्न देखते हुए मुक्तिबोध जीवन की ठोस और कठोर सचाई में वापस आ जाते हैं, इस पहचान के साथ कि वह स्वप्न था :

एकाएक फिर स्वप्नभंग
बिखर गए चित्र कि मैं फिर अकेला।
मस्तिष्क-हृदय में छेद पड़ गए हैं।
पर, उन दुखते हुए रंध्रों में गहरा

प्रदीप्त ज्योति का रस बस गया है।
मैं उन सपनों का खोजता हूँ आशय,
अर्थों की वेदना घिरती है मन में।
अजीब झमेला।

पर उनका विश्वास कि स्वप्न सचाई बन सकता है, फिर प्रबल हो उठता है, और कविता एक अद्वितीय मानवीय दस्तावेज़ हो जाती है जिसकी मानवीयता सहज जितनी है उतनी ही जटिल और अ-सरलीकृत।

जेम्स ज्वायस के शब्द उधार लिये जाएँ, तो कहा जा सकता है कि मुक्तिबोध अपनी आत्मा के लुहारखाने में अपने समाज का अनबना अन्तःकरण गढ़ने गए। उन्होंने हमारे समय को एक ऐसे युग में ज़ाहिर किया है जिसमें मानवीय अन्तःकरणों को लकवा मार गया है। ऐसा कहना शायद आम-सी बात लगे क्योंकि किसी भी आधुनिक लेखक को, दुनिया में फिर वह कहीं हो, इस क्षति, इस असफलता, मानवीय अन्तःकरण के इस पक्षाघात का सामना करना पड़ता है। मुक्तिबोध का इससे सरोकार इसलिए मूल्यवान है कि वे बार-बार इसकी ओर लौटते हैं और इसे इसकी पूरी जटिल गहराई में व्यक्त करने की कोशिश करते हैं। मुक्तिबोध अपने को उन शक्तियों से अलग-अलग दिखाने की कोई कोशिश नहीं करते जिनकी वजह से यह भयानक दुर्घटना संभव हुई है। बल्कि वे ख़ुद कहीं-न-कहीं अपने को उनमें शामिल बताते हैं, जैसा कि असल में शायद हम सभी हैं। यह हमें मुक्तिबोध की कविता की शक्ति के एक दूसरे सूत्र की ओर ले जाता है। अज्ञेय की तरह मुक्तिबोध तटस्थ या यायावर नहीं हैं। दरअसल, **एक अंतर्कथा** में माँ, जो मुक्तिबोध द्वारा प्रस्तुत ज्वलंत प्रतीकात्मक चरित्रों में से एक है, काव्य-नायक की जिप्सी-दृष्टि अपनाने पर भर्त्सना करती है :

डाँटती हुई कहती है वह
तब देव बना अब जिप्सी भी,
केवल जीवन-कर्त्तव्यों का
पालन न हो सके इसीलिए
निज को बहकाया करता है।

मुक्तिबोध असीमित मानवीय प्रतिबद्धता के कृतिकार हैं। तभी उनका दुःस्वप्न जैसा काव्य-संसार बावजूद अपनी ऐंद्रजालिकता के सच्चा, मानवीय और ठोस जान पड़ता है। उनकी मानवीय प्रतिमा कितनी भी विकृत क्यों न हो, उसमें हमेशा मार्मिक तात्कालिकता होती है। वह मनुष्यों की मूल चारित्रिक गति को व्यक्त करती है :

भयानक सिपाही जाने किस थकी हुई झोंक में
अँधेरे में सुलगाता सिगरेट अचानक

तांबे-से चेहरे की ऐंठ झलकती।
पथरीली सलवट
दियासलाई की पल-भर लौ में
साँप-सी लगती।

(अँधेरे में)

और,

गिरस्तिन मौन माँ-बहनें
सड़क पर देखती हैं
भाव-मंथर, काल-पीड़ित ठठरियों की श्याम गो-यात्रा
उदासी से रँगे गंभीर मुरझाए हुए प्यारे
गऊ चेहरे......

(मेरे लोग)

स्पष्ट है कि मुक्तिबोध की मानवीय प्रतिमा कभी वैसी अमूर्त नहीं होती जैसी अज्ञेय की बाद की कविता के मिथिकल संसार में होती है। वह मार्मिक और प्रासंगिक लगती है क्योंकि वह एक ऐसी दुनिया के संदर्भ में उजागर होती है जिसमें, अगर मुक्तिबोध द्वारा इस्तेमाल किए हुए शब्दों को ही दुहराएँ तो, कर्फ्यू, गोलीबारी, षड्यंत्र, क़त्ल, जुर्म, जासूसी, सज़ा, हिंसा, यंत्रणा इत्यादि हैं।

मुक्तिबोध ने अपनी कई कविताओं में जासूसी कहानी के ढाँचे का इस्तेमाल किया है। यह ढाँचा **इस चौड़े ऊँचे टीले पर** कविता में सबसे स्पष्ट है। उसमें 'एका झाँक रही कत्थई रुखाई जो कि वह बँगला है, लाल भवन है' जिसमें दाखिल होने पर कविता का नायक पाता है कि वहाँ एक व्यक्ति उसका इंतज़ार कर रहा है। वह कहता है :

बिल्लियों के नाख़ून
और भी ज्यादा धारदार हो गए...
अजीब तरह से हुआ खून
मूच्छित कर वश में किया गया।
तुम भागो तिरुवांकुर या डिब्रूगढ़ या देहरादून
कहीं भी जाओ
बेरोक-टोक उसकी शिकार......

फिर दोनों एक खाली कमरे में पहुँचते हैं जहाँ एक स्त्री मरी हुई लेटी है, आदि-आदि। **अँधेरे में** कविता में भी इसी ढाँचे का सहारा लिया गया है : उसमें रात को चलता एक 'विचित्र प्रोसेशन' है जिसके बैंड-दल में कई प्रतिष्ठित पत्रकार हैं और जिसमें कर्नल, ब्रिगेडियर, जनरल, मार्शल, प्रकांड आलोचक, विचारक, कविगण, मंत्री, उद्योगपति, विद्वान् और 'यहाँ तक कि

शहर का हत्यारा कुख्यात/डोमाजी उस्ताद' शामिल हैं; सिरफिरा कतई पागल आत्मोद्बोधमय पद या गान गा रहा है; 'तिलक की पाषाण-मूर्ति है निःसंग' जिसकी 'भव्य ललाट की नासिका में से बह रहा खून न जाने कब से'; 'सर्दी में बोरे को ओढ़कर' आधी रात को एक बच्चा छुपाए एक बूढ़ा है जो महात्मा गांधी हैं; एक कलाकार की हत्या होती है; एक तरह का स्काटलैंड यार्ड है जहाँ कविता के नायक को यंत्रण दी जा रही है—'स्क्रीनिंग करो मिस्टर गुप्ता,/ क्रॉस एक्ज़ामिन हिम थौरोली !!'; गलियों के अँधेरे में कोई चुपचाप गुप्त परचे बाँट रहा है, आदि-आदि। पूरी कविता में आकस्मिक और अप्रत्याशित को गूँथकर एक विलक्षण तर्क-संगति बनाई गई है। मुक्तिबोध के काव्य-संसार के भूगोल को रेखांकित करना बेहद मुश्किल काम है। वह एक 'अंडरग्राउंड' संसार है, एक अधोलोक जिसमें वे अँधेरी शक्तियाँ उजागर होती हैं जो हमारे समय में मनुष्य को घेरे हैं और जिनसे उसे गहरा ख़तरा है।

फैंटेसी के ढाँचे में मुक्तिबोध ने प्रमुख समकालीन राजनीतिक घटनाएँ चरितार्थ की हैं, जैसे मार्शल क़ानून, तानाशाही, विराट् और अमानवीय नौकरशाही, फ़ासिस्ट आतंक और भय, भोले-भाले और ईमानदार लोगों की हत्या, विशाल भ्रष्टाचार, आदि। उनकी कविता के हर पल पर संकट और हिंसा की छाया है और बार-बार नष्ट और व्यर्थ होती और अधूरी ज़िंदगियों का गहरा तीखा अहसास है। हम जिस नरक में रह रहे हैं और जो दिन-ब-दिन हमारे पास आता जा रहा है, उसका बखान मुक्तिबोध उल्लेखनीय तात्कालिकता से करते हैं। वह उन शक्तियों को पहचानने की कोशिश करते हैं जिन्होंने मानवीय अन्तःकरण या हृदय को क्षतिग्रस्त किया है। वह एक ऐसा संसार कविता में मूर्त करते हैं जिसमें उन्हीं के शब्दों में, 'आदमी सिर्फ़ अफ़वाह है। वह अगर इतना ही होता तो उसकी कविता इतनी मानवीय, प्रासंगिक और मार्मिक न होती। संपूर्ण भय की कगार पर खड़ी उनकी कविता तब अमानवीयकृत कविता होती, क्योंकि उसने दूसरे पक्ष, दूसरी संभावना को नज़रंदाज़ किया होता। पर सौभाग्य से ऐसा नहीं हुआ। सौभाग्य से मुक्तिबोध मनुष्य की संपूर्ण हालत के कवि थे। उन्होंने मानवीय अंतःकरण को पक्षाघात-ग्रस्त देखा, पर यह नहीं माना कि वह मर चुका है। बल्कि पूरी गहराई के साथ उन्होंने उम्मीद की और विश्वास किया कि वह होश में लाया जा सकता है और उसका पुनर्वास किया जा सकता है। अपनी कविता में उन्होंने, जहाँ तक बन पड़ा, इस पुनरुज्जीवन और पुनर्वास की चेष्टा की है। मुक्तिबोध ने समकालीन मनुष्य के अंतःकरण की धारणा की, किसी भावुकता के अर्थ में नहीं बल्कि नैतिक विवेक और करुणा के अर्थ में पुनर्रचना करने और उसे काव्यात्मक ढंग से परिभाषित करने का प्रयत्न किया, और यहीं वे मार्क्सवाद या नितांत समसामयिकता की सीमाओं से मुक्त होकर

आगे बढ़ गए। ऊपर से भले ऐसा कहने में अंतर्विरोध जान पड़े, लेकिन यह सच है कि जहाँ मुक्तिबोध की कविता में घोर भय और हिंसा है, वहाँ साथ-ही-साथ उसमें उम्मीद, सहानुभूति और करुणा भी मानवीय बिरादरीपन के दृढ़ कथन के साथ व्याप्त है। इनके बीच तनाव, जो किसी सहज अनुष्ठान द्वारा लाँघा नहीं जाता, बल्कि असंभाव्यता और संभाव्यता के उलझे हुए गणित से बार-बार जुड़ता है, मुक्तिबोध की कविता का संभवतः केंद्रीय तनाव है।

मुक्तिबोध मनुष्य के विरुद्ध हो रहे विराट षड्यंत्र के शिकार के रूप में ही नहीं लिखते, बल्कि वे उस षड्यंत्र में अपनी हिस्सेदारी की भी खोज करते और उसे बेझिझक ज़ाहिर करते हैं। इसीलिए उनकी कविता निरा तटस्थ बखान नहीं, बल्कि निजी प्रामाणिकता और 'इन्वॉल्वमेंट' की कविता है। उनकी आवाज़ एक दोस्ताना आवाज़ है और उनके शब्द मित्रता में भीगे और करुणाभरे शब्द हैं। कविता के केंद्र में एक दृढ़ व्यक्तित्व है, लेकिन वह अपने को मानवीय संपर्क से बचाता, अपनी अद्वितीयता और परमता को सुरक्षित करने में आत्म-तुष्ट, व्यक्तित्व नहीं है। वह एक ऐसा व्यक्तित्व है जो ललककर उत्साह से दूसरों से तादात्म्य होता है, बल्कि वह अपनी परिभाषा के लिए मनुष्य के नितांत अकेलेपन को नहीं, उसके साहचर्य और बिरादरीपन को आधार बनाता है। मुक्तिबोध के यहाँ व्यक्ति अपनी सिद्धि दूसरों के साथ और उनकी सहायता से ही प्राप्त कर सकता है। संसार में कोई निजी सुलह संभव नहीं है, और अगर हो भी तो मुक्तिबोध के अनुसार वह मानवीयतारहित और मूल्यच्युत होगी :

> **याद रखो,**
> **कभी अकेले में मुक्ति नहीं मिलती,**
> **यदि वह है तो सबके ही साथ है।**

(चंबल की घाटी में)

मुक्तिबोध कभी अपने को माफ़ नहीं करते। जब वे दोषारोपण करने पर आते हैं तब वे अपने को भी दोषी पाते हैं—पर अपने पर दोषारोपण करने में कोई भावुकता या आत्मदया का भाव उनमें नहीं होता। सीधे-सीधे आंतरिक एकालाप के रूप में ही या किसी अप्रत्यक्ष ढंग से, मुक्तिबोध हमेशा उस अपराध में शामिल हैं जिसे उनकी कविता ऐसे सशक्त ढंग से खोजती और ज़ोर से पकड़ती है :

> **अँधेरे कोने में एकांत**
> **न जाने किस मास्टर की डाँट पड़ रही है—**
> **"जितना भी किया गया**
> **उससे ज़्यादा कर सकते थे,**
> **ज़्यादा मर सकते थे !"**

(इस चौड़े-ऊँचे टीले पर)

अपने अंदर के जानवर को भी छिपाते नहीं बल्कि उसका साक्षात्कार करते हैं।

स्वयं की ग्रीवा पर
फेरता हूँ हाथ कि
करता हूँ महसूस
एकाएक गरदन पर उगी हुई
सघन अयाल और
शब्दों पर उगे हुए बाल तथा
वाक्यों में ओरांग···उटांग के
बढ़े हुए नाखून !!

(दिमाग़ी गुहांधकार का ओरांग-उटांग)

अगर ऊपर के विश्लेषण से यह धारणा बन गई हो कि मुक्तिबोध की कविता में भय, आतंक, हिंसा-भर है तो उसे ठीक करना ज़रूरी है। उसमें हर्ष और सुख के गीतात्मक क्षण भी हैं, भले ही अपेक्षाकृत कम हैं। **मेरे सहचर मेरे पिता** में गीतकल्पी ऐसा ही एक पल है :

उस नीले-नीले आसमान की सरहद पर
परिचिता एक कोमल चिड़िया,
जो नित्य तुम्हारे घर-आँगन
घर की आत्मा···
रोशनदानों में उड़ती थी

मुक्तिबोध में कभी-कभी मज़ाक का भाव भी उठता है। दरअसल, अपने पर हँस सकने की विरली आदत उनमें है। अपने पर, और अपने चारों ओर जो हो रहा है उस पर, उन्हें हँसी आती है, और उनकी हँसी अक्सर ट्रेजिक-सी हो जाती है :

बेवकूफ बनने के खातिर ही
सब तरफ अपने को लिये-लिये फिरता हूँ;
और यह देख-देख बड़ा मज़ा आता है
कि मैं ठगा जाता हूँ···
हृदय में मेरे ही,
प्रसन्न-चित्त एक मूर्ख बैठा है,
हँस-हँसकर अश्रुपूर्ण, मत्त हुआ जाता है,
कि जगत···स्वायत्त हुआ जाता है

(मुझे कदम-कदम पर)

मुक्तिबोध मनुष्य की समूची हालत के बारे में लिखना चाहते थे। इसके लिए जो फ़ार्म उन्हें सबसे अनुकूल जान पड़ा वह था फैंटेसी। उनके जटिल अनुभव को कोई अकेली मिथ चरितार्थ करने में शायद समर्थ नहीं हो सकती थी, इसलिए उन्होंने कई मिथों के टुकड़ों को फैंटेसी में संयोजित किया। यह पहले ही कहा जा चुका है कि अनुभव और यथार्थ का अनथक विश्लेषण मुक्तिबोध की कविता का एक बुनियादी सरोकार है। विश्लेषण, विचार और उनके सीधे बयान को भावों और मानवीय उपस्थिति से फैंटेसी में संग्रथित किया जा सकता है।

अपने प्रतीक मुक्तिबोध ने या तो अपने मिथिकल अतीत से या हाल के इतिहास से लिये। विशाल वटवृक्ष, ब्रह्मराक्षस, औरांँग-उटाँग, पागल मनुष्य, शक्ति-पुरुष, आदि और महात्मा गांधी, तिलक, तालस्ताय आदि इसका प्रमाण हैं। माँ और शिशु दूसरे उल्लेखनीय प्रतीक हैं। इन सब प्रतीकों में एक तरह की प्रखर आदिमता है। यह ग़ौर करने की बात है कि प्रायः हर कविता में नायक के अलावा एक प्रतीकात्मक और आप्तवाची चरित्र है। इस चरित्र के माध्यम से ही कवि अंतःकरण को अपील करता है। लेकिन यह अपील सिर्फ़ भावात्मक नहीं, बल्कि इसे उस विश्लेषण द्वारा समर्थन मिलता है जो यह चरित्र अक्सर प्रस्तुत करता है। महात्मा गांधी, तालस्ताय, तिलक आदि के अलावा ऊपर जिन मिथिकल चरित्रों का ज़िक्र आया है वे मुक्तिबोधीय फैंटेसी में आप्तवक्ता का काम करते हैं। **अँधेरे में** में 'जागरित बुद्धि', 'प्रज्वलत् धी'। 'सिरफिरा पागल' गाता है—

ओ मेरे आदर्शवादी मन,
ओ मेरे सिद्धांतवादी मन,
अब तक क्या किया ?
जीवन क्या जिया !!

उदरम्भरि बन अनात्म बन गए,
भूतों की शादी में क़नात-से तन गए,
किसी व्यभिचारी के बन गए बिस्तर,

दुःखों के दाग़ों को तमगों-सा पहना,
अपने ही ख्यालों में दिन-रात रहना,
असंग बुद्धि व अकेले में रहना,
जिंदगी निष्क्रिय बन गई तलघर,
....

अब तक क्या किया,
जीवन क्या जिया,
ज़्यादा लिया और दिया बहुत-बहुत कम
मर गया देश, अरे, जीवित रह गए तुम······

इस चौड़े ऊँचे टीले पर में नायक की प्रतीक्षा करता व्यक्ति कहता है:

मत बनो दार्शनिक बनावटी
तुम क्या हो, कैसे हो, क्यों हो
इसका उत्तर
टीन के कनस्तर ही देंगे
जिनकी उपमा, उधार लेकर,
तुम अक्सर देते रहते हो
उन लोगों को
जो सदा तुम्हारी तरह बेजा ही करते हैं
································

वे अटके हुए,
शिश्नोदर-लक्ष्य-पूर्ति में गहरे भटके हुए
क्षुब्ध आवेग-रूप चूहे!!
उनकी गड़बड़
गूँजती-काँपती है पवित्र से पवित्र
सुंदर पल क्षण में।

ये चरित्र काव्य-नायक के लिए रहस्यपूर्ण सचाई की गहरी तहें प्रकाशित करते हैं और उसे दिशा-बोध देते हैं। दूसरे शब्दों में, वे नायक के मन और अन्तः-करण को उसी के लिए सुस्पष्ट करते हैं। कविता के दृश्यालेख में इन चरित्रों का आना हमेशा अचानक होता है बल्कि लगभग चमत्कारी ढंग से लेकिन हमेशा निर्णायक क्षणों में।

चमत्कार, ज़्यादातर वक्त भयानक चमत्कार, मुक्तिबोध के काव्य-संसार की एक और आम घटना है। कविताओं की संरचना के अन्दर वह मुक्तिबोध की मानवीय संभावना और रहस्य के बोध को नाटकीय ढंग से व्यक्त करती है। सारी बौद्धिक व्याख्या और नैतिक अन्वेषण के बावजूद, मनुष्य और संसार के रहस्य के सामने मुक्तिबोध के मन में विस्मय, भयमिश्रित और कुछ पवित्र-सा विस्मय, बना रहा। उनकी कविता की आदिम दृढ़ता और लगभग जादुई शक्ति का एक सूत्र शायद इस विस्मय में है।

मुक्तिबोध ने एक ऐसी दुनिया को अपनी कविता में उजागर किया जिसमें 'कहीं आग लग गई, कहीं गोली चल गई'। वह हमारी समकालीन दुनिया होते

हुए भी ऐसी है जिसके बारे में

सब चुप, साहित्यिक चुप और कविजन निर्वाक्
चिंतक, शिल्पकार, नर्तक चुप हैं
उनके खयाल से यह सब गप है
मात्र किंवदंती।

(अँधेरे में)

एक छद्म आभिजात्य, मध्यवर्गीय सुरक्षा-भाव और साहस के अभाव के मिले-जुले दबावों के रहते नई कविता में किसी और कवि ने समकालीनता को उसकी भयानक गहराई और पूरे विस्तार में देखने की ऐसी मार्मिक और सच्ची कोशिश नहीं की जैसी मुक्तिबोध ने। उनकी दुनिया चरित्रों, प्रतीकों, बिंबों के एक बड़े परिवार-जैसी है, और यह उसके समावेशी होने का ही प्रमाण है कि जहाँ उसमें—

मकानों के छत से
गाडर कूद पड़े धम से।
घूम रहे खम्भे
भयानक वेग से चल पड़े हवा में।

वहाँ इन पंक्तियों के तुरन्त बाद एक ही सिलसिले में—

दादा का सोंटा भी करता है दाँव-पेच
नाचता है हवा में।
गगन में नाच रही कक्का की लाठी।
यहाँ तक कि बच्चे की पेपें भी उड़तीं,
तेजी से लहराती घूमती है हवा में
सलेट-पट्टी।

(अँधेरे में)

या एक अन्तर्कथा में—

मैं एकाकार हो गया-सा देवाकृति।
नभ मेरे हाथों पर आता
मैं उल्का-फूल फेंकता मधुर चन्द्रमुख पर
मेरी छाया गिरती है दूर नेब्यूला में।

इसके तुरन्त बाद यह—

बस, तभी तलब लगती है बीड़ी पीने की
मैं पूर्वाकृति में आ जाता,
बस, चाय एक कप मुझे गरम कोई दे दे
ऐसी-तैसी उस गौरव की
जो छीन चले मेरी सुविधा !

मित्रों से गप करने का मज़ा और ही है।

मुक्तिबोध का मुहावरा ज़्यादातर ऊबड़-खाबड़ लगता है, और इसलिए यह नतीजा निकालना कइयों के लिए बड़ा आसान हुआ है कि उनमें कलात्मक सौष्ठव की कमी है और उनका शिल्प सशक्त नहीं है। यह सारी धारणा नई कविता के दौरान लिखी गई ज़्यादातर छोटी कविताओं से उपलब्ध परिपाटी का नतीजा है। नई कविता अंततः छोटी जटिल रचना की कविता ही रही है, लेकिन मुक्तिबोध लम्बी कविता के कवि हैं—वे एक ऐसे कवि भी हैं जिन्होंने हमारे समय को उसकी भयावह व्यापकता और गहराई में परिभाषित करने की कोशिश की है। उनके मुहावरे में बिंबधर्मिता, सपाटबयानी, उत्सवधर्मिता, विश्लेषण, बातचीत, रिटौरिक, विनोदप्रियता आदि अनेक तत्त्वों का एक अद्‌भुत और जटिल संयोजन संभव हुआ है। इसलिए मुक्तिबोध का मुहावरा बहुत-कुछ को छोड़कर विकसित किया हुआ मुहावरा नहीं है, बल्कि समावेशी है। वह ऊपर से ऊबड़-खाबड़ लगता है तो इसीलिए कि वह किसी स्वायत्त संसार को नहीं, एक-दूसरे से टकराते, उलझते-लिपटते समकालीन मनुष्य के कई संसारों को चरितार्थ करने में संलग्न मुहावरा है। यह आकस्मिक नहीं है कि आज के महत्त्वपूर्ण युवा कवि, रघुवीर सहाय और श्रीकांत वर्मा दोनों ने अपने-अपने ढंग से तुकों, व्यक्तिवाची नामों, चमत्कारी संयोगों आदि का जो इस्तेमाल किया है, उनका उद्‌गम कहीं-न-कहीं मुक्तिबोध में है। आज की महत्त्वपूर्ण युवा कविता मुक्तिबोध की कविता की तरह खुरदरी, विचलित करनेवाली कविता है, चमकीली और प्रीतिकर कविता नहीं, और मुक्तिबोध की कविता युवा कविता के लिए लगभग उद्‌गम-काव्य हो गई है।

मुक्तिबोध की कविता निर्विकल्प ढंग से विचलित करती है, और उसका केंद्रीय मूल्य साहस का है। जहाँ अज्ञेय, मसलन, एक पुरानी धारणा को ही भावुक ढंग से पीसते नज़र आते हैं, वहाँ मुक्तिबोध उस धारणा के प्रति प्रखर आलोचनात्मक रुख़ अपनाते हैं: धारणा है 'आत्मा' की और ये हैं प्रासंगिक कवितांश :

अरी ओ आत्मा री,
कन्या भोली क्वाँरी
महाशून्य के साथ भाँवरें तेरी रची गईं।

(चक्रांत शिला : अज्ञेय)

पर तुम भी खूब हो,
देखो तो—
प्रतिपल तुम्हारा ही नाम जपती हुई
लार टपकाती हुई आत्मा की कुतिया……

राह का हर कोई कुत्ता जिसे छेड़ता है, छेंकता
(एक अरूप शून्य के प्रति : मुक्तिबोध)

अंतर सिर्फ़ अलग दृष्टियों का नहीं है। अज्ञेय की दृष्टि जाने हुए को एक परिचित बिंब की सहायता से 'सेलीब्रेट' भर करती है, जबकि मुक्तिबोध एक परिचित बिंब के सहारे आत्मा की तथाकथित गरिमा को ध्वस्त कर उसके बारे में कुछ विचलित करने वाला ज़ाहिर करते हैं। अज्ञेय के बिंब में कोई तनाव नहीं है, बल्कि एक तरह की शालीनता है, जबकि मुक्तिबोध के बिंब में आत्मा की शाश्वत धारणा और उसके समकालीन संस्करण के बीच एक तनाव है जो उनकी कविता को अधिक सम्पन्न, अधिक काव्यात्मक और अधिक प्रखर बनाता है।

मुक्तिबोध एकीकृत संवेदना के कवि हैं। वे बाज़ार जाते हैं और अपने हृदय की फटी-चिथड़ी दूकान में उतारते हैं, और दोनों को एक अनिवार्य संबंध में जोड़ देते हैं। ब्रेख्त की तरह उन्हें मालूम है कि 'जो हँसता है उसे भयानक ख़बर बताई नहीं गई है।' वे भयानक ख़बर के कवि हैं—हिन्दी में शायद अकेले। उन्होंने हमारे समय में आदमी की हालत की पूरी परिभाषा अलभ्य साहस और शक्ति से करने की अद्वितीय कोशिश की है।

अब अभिव्यक्ति के सारे ख़तरे
उठाने ही होंगे।
तोड़ने होंगे ही वह और गढ़ सब।

मुक्तिबोध ने अभिव्यक्ति के सारे ख़तरे उठाए और उनकी कविता समकालीन भारतीय मनुष्य की पीड़ा की 'खंडित रामायण' है।

कविता और राजनीति

टॉमस मान के तीस-चालीस बरस पुराने इस कथन से आज भी शायद कोई इनकार नहीं करेगा कि हमारे समय में मानव-नियति अपने को राजनीति की शब्दावली में प्रकट करती है। इसलिए कविता, जिसे, ज़ाहिर है, समकालीन मनुष्य की हालत से सीधा और गहरा सरोकार है, और राजनीति के रिश्ते का सवाल एक प्रासंगिक सवाल है। बल्कि रचनात्मक स्तर पर राजनीति के साथ लेखक के रिश्ते का सवाल एक विकसित होते प्रजातन्त्र में ऐसा सवाल है जिससे कतराना असंभव नहीं तो बहुत ही मुश्किल ज़रूर लगता है। लेकिन अजीब बात है कि नया कवि इस सवाल से दो-चार होने से बचता रहा है। यह बचाव राजनीति से कोई सरोकार न रखकर नहीं किया गया। बौद्धिक रूप से इस पर ख़ासा सोच-विचार, बहस-मुबाहसा और वक्तव्यबाज़ी हुई, लेखक की आस्था-जैसे सवाल के रूप में उसे सामान्यीकृत किया जाता रहा है। लेकिन रचना के स्तर पर यह सरोकार प्रायः बिलकुल नहीं रहा, या अधिक-से-अधिक काफ़ी कमज़ोर ढंग से प्रतिफलित हुआ। इसके कई कारण रहे हैं, पर प्रमुख वह ग्रंथि है जो प्रगतिवाद में हुए राजनीतिक अतिचार से युवा प्रतिभा को प्राप्त हुई थी। हिन्दी-कविता के आधुनिक काल में प्रगतिवाद के दौरान पहली बार कविता और राजनीति में सीधी घनिष्ठता हुई थी। इस घनिष्ठता ने जहाँ एक ओर कविता में उजागर मानवीय सहानुभूति और सामाजिक वास्तविकता का क्षेत्र आगे बढ़ाया, वहाँ दूसरी ओर कवि के निजी मुहावरे, उसके व्यक्तित्व और अद्वितीयता को एक सामान्य आडम्बर और बड़बोली सार्वजनिकता से आक्रांत कर

दिया। प्रगतिवादियों के राजनीतिक उत्साह और सामाजिक स्वप्नदर्शिता का सबसे दुर्भाग्यपूर्ण नतीजा हुआ सरलीकरण के रूप में—कविता का सरलीकरण, राजनीति का सरलीकरण, और अंततः मनुष्य का सरलीकरण। स्टीफ़ेन स्पेंडर के शब्दों में कहा जा सकता है कि कविता के आंतरिक मूल्यों का राजनीति के सार्वजनिक रिटौरिक से साक्षात्कार कराए बिना प्रगतिवादी राजनीतिक कार्य और इच्छा के रिटौरिक को लेकर उसका कविता के रिटौरिक में अनुवाद करने के प्रलोभन में पड़ गये। मनुष्य की प्रतिभा छायावादी मुहावरों में अमूर्त हो ही गई थी, उसे ठोस और सामाजिक रूप से परिभाषित और प्रतिष्ठित करने में प्रगतिवाद में जो अतिचार और सरलीकरण किए गए उनसे वह फिर अमूर्त हो चली। इसलिए यह स्वाभाविक था कि कविता के आंतरिक मूल्यों की, जो हमेशा सूक्ष्मता, तनाव और जटिलता के मूल्य हैं, रक्षा और खोज की परवाह करने वाले कवियों में इसके विरुद्ध प्रतिक्रिया हुई। इस स्वाभाविक प्रतिक्रिया का सबसे दुर्भाग्यपूर्ण पक्ष यह रहा कि समूची राजनीति लेखक के लिए अछूत-सी हो गई। अपनी दृष्टि के राजनीतिक आयाम को रचना के स्तर पर विन्यस्त, और कभी-कभार स्पष्ट, करने का मार्ग, जो आधुनिक नागरिक लेखक के लिए स्वाभाविक होना चाहिए था, कुछ हास्यास्पद और शक की चीज़ बन गया। आधुनिकता के बढ़ते दबावों और नागरिकता के विकास के रहते धार्मिक संवेदना पहले ही क्षीण और लुप्तप्राय हो चुकी थी—इस ख़ास ढंग के राजनीति-विरोधी प्रतिक्रियावाद की वजह से राजनीतिक चेतना कवि-कर्म के लिए अनावश्यक ही नहीं अप्रासंगिक हो गई। धर्म, राजनीति और राष्ट्रीय सांस्कृतिक परम्परा के रूप में जो तीन पारंपरिक सहारे अभी तक कविता को उपलब्ध थे, वे अगर एकदम खत्म न भी हुए हों तो कम-से-कम उल्लेखनीय नहीं रह गए। बल्कि यह कहा जा सकता है कि इससे एक तरह का वैचारिक शून्य उत्पन्न हुआ : कवि-कर्म वैचारिक शून्य में होनेवाला कर्म हो गया और कविताओं का आस-पास भी इस शून्य से घिर गया।

राजनीतिक विचारधारा के प्रति घृणा या अरुचि, क्योंकि उससे प्रेरित कविता अधिकांशतः तनावहीन और नामहीन ही रही, अज्ञान की हद तक बढ़ गई। पर प्रगतिवादी अतिचार और सरलीकरण के अलावा, आमतौर पर दुनिया में जो हुआ वह भी इस अरुचि के लिए कारण बना। वामपंथी और प्रतिक्रिया-वादी दोनों ही तरह के राजनीतिक आदर्शवादों का हश्र आख़िर तानाशाही में हुआ, और राजनीतिक बिचारधाराओं से विकर्षण इतना चरम हो गया कि सारी राजनीति ओछी, टुच्ची और मानवद्रोही जान पड़ने लगी। अर्द्ध-सत्यों, विराट सरलीकरणों और तुच्छताओं से भरी राजनीति से पाक-साफ़ रहना, कवि-धर्म ईमानदारी से निबाह सकने के लिए एकबारगी बहुत उचित लगने लगा।

यहाँ तक तो ठीक था। लेकिन राजनीति दो महायुद्धों का भयानक मानव-संहार आयोजित कराने के बाद शक्ति-क्षीण नहीं हुई, बल्कि शीतयुद्ध, एशियाई-अफ्रीकी क्षेत्रों की स्वतंत्रता, दो महान् शिविरों में विश्व-राजनीति का विभाजन, फिर उनके बीच सौहार्द, निःशस्त्रीकरण इत्यादि के बीच से वह मनुष्य की दुनिया के और बड़े हिस्से को घेरती गई। इस क़दर कि आज वह मनुष्य को नियमित करने वाली सबसे बड़ी शक्ति है। इसलिए कविता की स्थिति में एक बुनियादी अंतर्विरोध घर करता गया। राजनीति से दूरी, बचाव और विकर्षण मनुष्य की समकालीन स्थिति की पूरी जटिलता, तनाव और ट्रैजेडी से विकर्षण हो गया। मनुष्य के सरलीकरण से इनकार करने के लिए राजनीति से दूरी दूसरी तरह का सरलीकरण बन गई। नई कविता का अधिकांश अगर मानवीय प्रासंगिकता की दृष्टि से क्षीण और शक्तिहीन लगता है तो उसका एक प्रमुख कारण अवश्य ही राजनीति के प्रति नये कवि की अरुचि और उदासीनता रही है। इस सिलसिले में अज्ञेय और मुक्तिबोध के उदाहरण दिलचस्प हैं। अपनी कलात्मक सक्षमता के बावजूद अज्ञेय की कविताओं की दुनिया का बुनियादी और प्राथमिक सरोकार समकालीन मनुष्य की नहीं, सार्थकता और स्वायत्तता की खोज है—उनकी कविता समकालीन ब्यौरों से भरी-पूरी दुनिया नहीं, बल्कि ज़्यादातर पारंपरिक और लगभग शाश्वत तत्त्वों का सुगठित संसार है। मुक्तिबोध की दुनिया सीधे-सीधे समकालीन है। उसमें अज्ञेय-जैसा क्लैसिकी ठंडापन नहीं, उद्वेग है। वह राजनीति से केंद्रित-शासित मनुष्य के अंतर्द्वन्द्व, संघर्ष और उम्मीद का भयावह जटिल संसार है, जहाँ विवेक, अज्ञेय की तरह, शाश्वत तत्त्वों से मंद तनाव की स्थिति में रहकर नहीं उभरता, बल्कि हमारे समय की सचाइयों, षड्यंत्रों, दबावों से उलझता, पददलित होता और मनुष्य की अपराजेय उम्मीद से विन्यस्त होता है। मुक्तिबोध की दुनिया आदमियों की दुनिया है मनुष्यता के अनगिनत ठोस जीवंत तात्कालिक संस्करणों से भरी, छटपटाती-चीखती दुनिया, जबकि अज्ञेय की संस्कारी दुनिया में आदमी नहीं है, सामान्यीकरण और अमूर्तन है। इस अंतर के लिए प्रतिभा, सरोकार और सामर्थ्य की भिन्नताएँ भी ज़रूर उत्तरदायी होंगी। पर क्या यह कहना निराधार होगा कि मनुष्य से सरोकार और सार्थकता और स्वायत्तता की खोज कई बार इतनी अलग हो सकती है कि कलात्मक परिपक्वता और मानवीय समृद्धि में सामंजस्य या अलगाव पैदा हो जाए?

लगता है कि कुछ इसी तरह का अहसास कुछ युवा कवियों को राजनीति से फिर रिश्ता जोड़ने की ओर ले गया है। नई कविता की मुख्य धारा की मानवीय विपन्नता ने उन्हें बाध्य किया है कि वे हमारे समय के मनुष्य की हालत परिभाषित करने के लिए उसकी आंतरिक और बाहरी सचाइयों की जड़ों की

खोज करें। यह खोज उन्हें वहाँ ले आई है जहाँ राजनीति से साक्षात्कार अनिवार्य हो उठा है। अपने-अपने सर्वथा निजी प्रतीक-घर बनाए बैठे रहना एकाएक कायरता लगने लगा है। इसलिए साहसपूर्वक अपनी संवेदना और अनुभव को बाहरी ठोस दबावों के प्रति खुला रखकर उनसे प्रतिकृत होने देना कविता की आंतरिक आवश्यकता हो गई है, अगर उसे हाशिये पर की रहने की बजाय मनुष्य की केंद्रीय स्थिति से तात्कालिक ढंग से अपने सरोकार को गहरा और प्रासंगिक बनाना है।

इसका मतलब इस खास शताब्दी में हमारे मनुष्य होने का जो अनुभव है, संपूर्ण और साक्षात्कृत, उसकी जटिलता को राजनीति के प्रति उदासीनता या अरुचि के सरलीकरण ने जिसे दरकिनार कर दिया था, कविता की मानवीय सार्थकता के हित में रचनात्मक स्तर पर राजनीति से नया रिश्ता क़ायम कर परिभाषित करना है। राजनीति से नया संबंध अंततः मनुष्य की सम्पूर्ण परिभाषा की खोज है—वह सुरक्षित साहित्य से जोखिम-भरे साहित्य की ओर जाना है। वह नई कविता की बिंबमालाओं, प्रतीकों, मुद्राओं और रूढ़ियों में फँसकर अमूर्त हो गई मानव-प्रतिमा को फिर जीवंत, ठोस और तात्कालिक बनाने की कोशिश है—वह उसे सभा-जुलूस, नारेबाज़ी, भाषण, कर्फ़्यू, मतदान, बहस, षड्यंत्र, क्रांति, लाठीचार्ज, युद्ध, गुप्त नियन्त्रण, मार्शल ला, चुनाव, संसद् आदि में, यानी उसकी रोज़मर्रा की सार्वजनिक दुनिया में रखने, पहचानने और प्रतिष्ठित करने की कोशिश है।

राजनीति का नया अहसास सिर्फ़ कलात्मक आंतरिक मूल्यों को मानवीय समृद्धि देने के लिए ही हो, ऐसा नहीं है। राजनीति का दबाव इतना आक्रामक और तीव्र होता गया है कि उससे बचना वयस्क कविता के लिए मुमकिन नहीं रह गया है। समकालीन सचाई राजनीतिक कर्म, इच्छा और तथ्यों से उलझी राचाई है, और बिना राजनीति से दो-चार हुए उसका साक्षात्कार अधूरा और अप्रामाणिक रहेगा। राजनीति से सुरक्षित संसार इच्छित संसार है, अतीत-जीवी या भविष्यत् संसार है, समकालीन संसार नहीं, जिसे चरितार्थ करने के लिए कविता, नई कविता, अगर उसकी मूल प्रतिज्ञाएँ अभी भी सही हैं, प्रतिश्रुत हैं। राजनीति से अछूता काव्य-संसार कलात्मक ढंग से सार्थक हो सकता है, स्वायत्त भी, पर मानवीय ढंग से समृद्ध और तात्कालिक नहीं। यह भी सच है कि सारे समाज में पिछले कुछ वर्षों में कुछ गहरी उथल-पुथल हुई है और स्थापित व्यवस्था के विरुद्ध आम नागरिक का स्वर स्पष्ट और तीखा हुआ है। सामाजिक स्तर पर, जिसमें राजनीति शामिल है, अब तक अंतर्निहित हिंसात्मकता और उग्रता भी उभरकर आगे आई है। मुख्तसर यह कि कविता की आंतरिक जरूरतों और हमारी तात्कालिक बाहरी दुनिया के दबावों और चुनौतियों ने एक साथ कविकर्म

ओर राजनीति के पारंपरिक साक्षात्कार को अनिवार्य बना दिया है। जैसाकि ऋतुराज ने अपनी एक ताज़ा कविता में कहा है :

एक काला दरवाज़ा और
उसके भीतर वनबिलावों का रुदन
ऐसा यथार्थ हमें सहना पड़ता है।

इस यथार्थ की पहचान एक नई साहसिकता की माँग करती है—ऐसी साहसिकता जिसमें 'अपने-आपका ज़हरीला विश्लेषण' करना पड़े। रघुवीर सहाय, केदारनाथ सिंह, श्रीकांत वर्मा, ऋतुराज, धूमिल, कमलेश आदि, युवा कवियों की कविता इसलिए जोखिम की कविता है, एक ऐसी कविता जिसके लिए रघुवीर सहाय के शब्द सार्थक हैं :

भाषा कोरे वादों से
वायदों से भ्रष्ट हो चुकी है सबकी
न सही यह कविता
यह मेरे हाथ की छटपटाहट सही···

खासकर रघुवीर सहाय, केदारनाथ सिंह और श्रीकांत वर्मा के उदाहरण इस सिलसिले में दिलचस्प हैं। वे पहले ही प्रतिष्ठित युवा कवि थे, लेकिन उनके मूलतः तथाकथित 'कलात्मक' और रूमानी मुहावरे और उससे चरितार्थ दुनिया में एक बड़ा भारी परिवर्तन आया है। रघुवीर सहाय में यह अंतर सबसे स्पष्ट है। सन् '६० में प्रकाशित उनके पहले संग्रह **सीढ़ियों पर धूप में** की समीक्षा करते हुए मैंने उनकी कविता को 'जीने के कर्म की परिभाषा' कहा था। तब उनकी कविता में प्रेम था, स्त्री थी, सहज भावना थी, विस्मय, उत्साह और उत्सुकता थी : प्रकृति-प्रेम और जिजीविषा के साथ छोटी चीज़ों के बीच मनुष्य होने का हर्ष, सुख और तनाव थे। वह कविता कुछ आदिम-से लगते संबंधों और उनके विकल होकर बदलने की सुंदरता और कोमलता की कविता थी। **आत्महत्या के विरुद्ध** शीर्षक ही बदला हुआ तेवर सूचित करता है। नये संग्रह की कविता अभी भी जीने के कर्म को परिभाषित करने की कोशिश करती है, लेकिन उसका दृश्य शांत और सहज नहीं, बल्कि आक्रामक, छटपटाहट और चीत्कार-भरा, अधिक सीधे समकालीन और सार्वजनिक है। वह अधिक सीधे आज के हिन्दुस्तानी आदमी के जीने के कर्म को परिभाषित करने की ओर प्रवृत्त है। जैसा कि रघुवीर सहाय ने अपने वक्तव्य में कहा है : 'लोकतंत्र—मोटे बहुत मोटे तौर पर लोकतंत्र—ने हमें इनसान की शानदार ज़िंदगी और कुत्ते की मौत के बीच चाँप लिया है।' इस चाँप को खोजने और उसका बखान करने की कोशिश ही रघुवीर सहाय का नया काव्य-संस्कार है।

इस काव्य-संस्कार के रहते कविता में मनुष्य होने का सुख या हर्ष के बजाय

'हर दिन मनुष्य से एक दर्जा नीचे रहने का दर्द' है ।

आत्महत्या के विरुद्ध शीर्षक कविता का एक अंश देखिए :

कुछ होगा अगर मैं बोलूँगा
न टूटे न टूटे तिलिस्म सत्ता का
मेरे अंदर एक कायर टूटेगा
टूट, मेरे मन टूट एक बार सही तरह
अच्छी तरह टूट मत झूठमूठ अब मत रूठ
मत डूब सिर्फ़ टूट जैसे कि परसों के बाद
वह आया बैठ गया आदतन एक बहस छेड़कर
गया एकाएक बाहर जोरों से एक नकली दरवाज़ा
भेड़कर
दर्द दर्द मैंने कहा क्या अब नहीं होगा
हर दिन मनुष्य से एक दर्जा नीचे रहने का दर्द···

रघुवीर सहाय जिस कायर के टूटने का ज़िक्र कर रहे हैं वह राजनीतिक सचाइयों, सार्वजनिक दुनिया से बचे रहने की कायरता, से जुड़ा है । अगर इन कविताओं को किसी एक मूल्य से प्रेरित देखना हो तो वह मूल्य साहस का होगा जो पिछली कायरता को तोड़ता और सीधे साक्षात्कार की ओर ले जाता है । इस साक्षात्कार का सौंदर्य कोमल या रूमानी नहीं होता है ।

ज़ाहिर है, इस सार्वजनिक और किसी हद तक भयावह दुनिया के लिए मुहावरा और प्रतीक-व्यवस्था भी नई होगी । काव्य-रचना के तथाकथित सौंदर्य-परक मूल्य इस दुनिया के लिए अपर्याप्त हो जाते हैं । रघुवीर सहाय इस दुनिया को चरितार्थ करने के लिए अपनी भाषा और मुहावरे का उचित विस्तार करते हैं । उनकी भाषा में पहले चौक-बाज़ार का सुथरापन और रवानगी थी । जीने के कर्म की अपनी इस परिभाषा के लिए वह बाज़ार, संसद, राजनेता, अख़बार, भीड़, भाषण, नारे आदि के कई मुहावरों को गूँथकर अपना निजी मुहावरा विकसित और विन्यस्त करते हैं ।

'कोरे वादों और वायदों से भ्रष्ट हो चुकी भाषा' के पुनरुद्धार के लिए यह प्रायः अनिवार्य-सा है कि भाषा को कवि जान-बूझकर विपर्यस्त करे—उसे चीरे-फोड़े-तोड़े । ऐसी हालत में भाषा स्पष्ट अभिव्यक्ति नहीं रह जाती, बल्कि कविता भी कविता नहीं लगती । नाप-जोख वाले नये-पुराने पैमाने उसके समझने के लिए नाकाफ़ी हो जाते हैं । तब एक तरह से कविता 'हाथ की छटपटाहट' हो जाती है जो अधिक प्रासंगिक, अधिक मानवीय और अधिक तात्कालिक होती है । रघुवीर सहाय की कविता कुछ ऐसी ही कविता है—वह ऐसे युवा कवि की रचना है जो अपने इस ख़ास प्रजातंत्र के ख़ास मोड़ पर खड़ा अपनी आँखें खोले पूरे साहस

से अपनी कविता में हमारी दुनिया को देख रहा है, छटपटा रहा है, चीख़ रहा है। अगर प्रार्थना काव्य हो सकती है, जैसे कि अक्सर पुराने काव्य में हुई है, तो चीख़ भी कविता हो सकती है, बल्कि उतनी ही उद्दाम और सार्थक, उतनी ही मार्मिक और प्रभावशाली।

ऊपर जिन कवियों का ज़िक्र है, उनसे बीसियों उदाहरण देकर यह बताया जा सकता है कि भले उनमें कुछेक अहसासों की बिरादरी-सी बन गई हो, उनके सरोकार, उन पर पड़ रहे दबाव और तनाव अलग-अलग हैं, विशिष्ट और पहचाने जा सकने वाले हैं। धूमिल जब कहते हैं—

मैं जानता हूँ कि 'इनकार से भरी हुई चीख़'
और एक 'समझदार चुप'
दोनों का मतलब एक है—
भविष्य गढ़ने में, 'चुप' और चीख़'
अपनी-अपनी जगह एक ही क़िस्म से
अपना-अपना फ़र्ज़ अदा करते हैं

तो उनकी मुद्रा केदारनाथसिंह से स्पष्ट अलग पहचानी जा सकती है :

भाषा जो मैं बोलना चाहता हूँ
मेरी जिह्वा पर नहीं
बल्कि दाँतों के बीच की जगह में
सटी हुई है
मैं बहस शुरू तो करूँ
पर चीजें एक ऐसे दौर से होकर
गुज़र रही हैं
कि सामने की मेज़ को
सीधे मेज़ कहना,
उसे वहाँ से उठाकर
अज्ञात अपराधियों के बीच में रख देना है।

संक्षेप में यह कि ये कवि प्रगतिवादियों की तरह किसी बड़बोली सार्वजनिकता और राजनीतिक दर्शन से आक्रांत नहीं हैं। रघुवीर सहाय को अपवाद के रूप में छोड़ दें, तो इन कवियों ने राजनीति की अपनी भाषा से काव्य-भाषा को भ्रष्ट और हवाई नहीं होने दिया है। रघुवीर सहाय ने राजनीति के अस्पष्ट रिटौरिक और क्लीशेज़ को अपने काव्य-मुहावरे में गूँथकर व्यंग्यात्मक इस्तेमाल किया है—एक तरह के एक्सपोज़र के लिए जो उतना ही अपना है जितना दूसरों का। हर दिन मनुष्य से एक दर्जा नीचे रहने का दर्द सामाजिक भर्त्सना ही नहीं, आत्म-भर्त्सना भी है, बल्कि इसीलिए वह वास्तविक लगती है। प्रगति-

वादियों की तरह इन कवियों ने अपनी-अपनी विशिष्ट संवेदनाओं से प्राप्त ठोस और सूक्ष्म ब्यौरों की संपदा को, एक हीरोइक सार्वजनिक रिटौरिक के हित में, तिलांजलि नहीं दे डाली है। बचे-खुचे शब्दों, क्लीशेज़ और अपरीक्षित परि-भाषाओं से जड़ीभूत होकर उनकी भाषा ज़िंदगी की भावात्मक और नैतिक जड़ों से कट नहीं गई है। बल्कि जैसा कि मुक्तिबोध की कविता में, जो निश्चय ही इस कविता का अग्रदूत है, सामाजिक दृश्य सिर्फ़ एक पीड़ा-भरा 'बाह्य' नहीं, वैसा ही पीड़ावाला 'अंतस्' भी है, और इसलिए अत्यन्त सामाजिक होते हुए भी अत्यन्त निजी है। व्यक्तित्व की अद्वितीयता और सामाजिक चेतना, कविता के निजी मूल्य और राजनीति की सार्वजनिक भाषा, ये द्वैत उनकी कविता में समाप्त हो जाते हैं। आम प्रगतिवादी की कविता में भी यह द्वैत मिट जाता था, लेकिन इसलिए कि अंतर्मुखता को संपूर्ण बहिर्मुखता के सामने कोई स्थान नहीं था। लेकिन मुक्तिबोध की कविता समावेशी है; उसमें राजनीति का गान या प्रचार नहीं, आंतरिकीकरण हुआ है। अगर **अँधेरे में** पिछले बीस वर्ष की कविता की संभवतः श्रेष्ठतम उपलब्धि है तो इसलिए भी कि उसमें मनुष्य की आत्मा और निजीपन तथा सार्वजनिक घटनाओं और राजनीति की ठोस तात्कालिकता को एक अनिवार्य और अटूट संयोग में चरितार्थ किया गया है।

इन कवियों की राजनीति को किसी स्पष्ट विचार-प्रणाली या दलीय पक्ष-धरता से जोड़ना मुमकिन हो भी तो ग़लत ज़रूर होगा। उनकी कविता की स्वतंत्रता और वयस्कता के लिए यह तथ्य काफ़ी हद तक ज़िम्मेदार है कि वे किसी विशिष्ट और सँकरी विचारधारा से, उसकी चौखटा-सचाइयों से, बँधी सीमित नहीं हैं। पिछले बीस वर्ष में हर राजनीतिक विचारधारा को अंततः तानाशाही में परिणत होते देखने के बाद, इन कवियों का अपने शब्दों को किसी विचारधारा की सेवा में समर्पित न करने का निश्चय, और कभी-कभी हठधर्मी, निश्चय ही सहज विवेक कहा जा सकता है। उन्होंने राजनीति के लिए कबिता का नहीं, कविता के लिए राजनीति का इस्तेमाल किया है। किसी विचारधारा से स्पष्ट प्रतिबद्धता के अभाव का मतलब यह नहीं है कि इन कवियों ने विचार-धाराओं से कोई सरोकार ही नहीं रखा है। विचारधाराओं का टकराव हमारे समय की एक मुख्य बात है। इसलिए बिना इस टकराव के, अहसास और समझ के, समकालीनता अधूरी ही रहती है। मसलन, मुक्तिबोध ने सामाजिक यथार्थ के अपने गहन काव्यान्वेषण के लिए मार्क्सवाद का इस्तेमाल किया है; उसके विश्लेषणों और उसके रूपकों का भी। लेकिन उन्हें मार्क्सवादी कवि कहना उनके काव्य के कलात्मक और मानवीय अर्थों और परिणतियों को अकारण सीमित, लगभग विकृत, करना होगा। मार्क्सवादी कवि उनके लिए एक बिलकुल अधूरी और अपर्याप्त संज्ञा होगी।

मुक्तिबोध फिर भी अपवाद हैं, क्योंकि मार्क्सवाद के प्रति उनका लगाव स्पष्ट रहा है। लेकिन बाक़ी युवतर कवियों की राजनीति, या शायद उसे प्रति-राजनीति कहना आज के मुहावरे में बेहतर हो, ज़्यादा-से-ज़्यादा सामान्य रूप से वामपक्षीय कही जा सकती है, पर वह क्रांतिकारी या आदर्श-प्रेरित वाम-पक्षीयता नहीं है। वह निजी प्रोटेस्ट, विद्रोह या विरोध की राजनीति है—अल्वारेज़ के शब्द उधार लेकर कहें तो, वह स्थायी रूप से विरोध-पक्ष में रहने की राजनीति है। नई राजनीतिक शब्दावली 'एस्टेब्लिशमेंट'-'एंटीएस्टेब्लिशमेंट' की है, क्रांति, मुक्ति, समानता इत्यादि की नहीं। क्रांतिकारिता और आदर्शों के रहते है जो सरलीकरण अपरिहार्य होते हैं उनसे इसलिए यह कविता अछूती है। कवियों में अपने-अपने ढंग के छोटे-मोटे सरलीकरण भले हों, लेकिन मनुष्य की हालत, समकालीन पीड़ा, उसके भविष्य के बारे में कोई विराट सरलीकरण, बँधे-बँधाए नुस्खे उनकी कविता या संवेदना में नहीं हैं। इस तरह के सरली-करणों से, बावजूद भावोच्छ्वासभरी मुद्राओं के, कवि-संवेदना में जो अलगाव-सा आ जाता है वह इन कविताओं में नहीं है—ये हिस्सा लेती कविताएँ हैं, सचाई को उसकी अराजक, जटिल तीव्रता में घेरती, खोजती, चरितार्थ करती। यह आकस्मिक नहीं है कि रघुवीर सहाय या श्रीकांत वर्मा की श्रेष्ठ कविताओं का स्वर मूलतः चरितार्थता का है, उत्सवधर्मिता का नहीं। प्रगतिवादी को सुलभ ऐतिहासिक आश्वस्ति के कारण उसकी कविता सरल-दिमाग़ी थी, पर इस कविता को यह भोला आत्म-विश्वास और बाहरी सहारा दुर्लभ है। इसलिए वह जटिल है। कविता के जो नये प्रतिमान जटिलता, तनाव और सूक्ष्मता के रूप में पिछले दो दशकों में विकसित हुए हैं, उन्हें यह कविता अवमूल्यित नहीं करती, बल्कि नई प्रतिष्ठा और सार्थकता देती है। थोड़े-से मानव-संबंधों, मध्य-वर्ग के भद्रलोक, स्त्री-पुरुष-संबंधों की क्रूर सचाइयों और निजी प्रतीक-घरों तक सीमित हो रही जटिलता इन कवियों में नया संस्कार पा रही है। वह मनुष्य को उसे नियमित करने वाली भयानक, अमूर्त पर सदा उपस्थित शक्तियों की छाया के नीचे चित्रित करती है। स्त्री-पुरुष-संबंधों की आत्यंतिकता का अनादर किए बिना वह उनके निरर्थक होते जाने की क्रूर अमानवीयता को एक वृहत्तर मानवीय संदर्भ में रखती है।

लेकिन राजनीति से इस पुनर्घनिष्ठता के रहते, यह बिलकुल संभव है कि राजनीतिक लगती थीमों को चरितार्थ करने की बजाय उन्हें 'सेलीब्रेट' किया जाने लगे। अपने 'प्रोटेस्ट' को कवि फिर अलंकार या आभूषण की तरह बड़-बोलेपन के साथ धारण करे। श्रीकांत वर्मा की कविता **चेकोस्लोवाकिया** ऐसी ही एक कविता है :

जलने दो पुस्तकालयों को, ढहने दो लेनिन की मूर्तियाँ
गिरने दो सीढ़ी पर गोली खा लिंकन को।

ऐसी पंक्तियाँ साफ़-साफ़ उत्सवधर्मी हैं और, बावजूद कविता में दिए गए नामों और ब्यौरों के, कविता हिस्सेदारी की कविता नहीं जान पड़ती। उसमें एक तरह का सपाट बड़बोलापन है। तुकों के साथ श्रीकांत वर्मा का सुपरिचित खिलवाड़ चेकोस्लोवाकिया में हुए की क्रूरता और मानवीय अपमान के साथ तनाव की स्थिति में नहीं रहता, बल्कि कई बार तो स्थिति में व्याप्त गहरी मानवीय यातना को तुकों और नामों का खेल ओछा-सा कर देता है।

ज़ाहिर है, कविता के इस तरह राजनीति के पास जाने से पुराना डर जागता है : कहीं कविता को फिर राजनीतिक हथियार तो नहीं बनाया जा रहा है ? कहीं फिर संकीर्ण मतवादिता रुचि की तानाशाही स्थापित कर कविता के रूप में उजागर होनेवाली अनंत मानवीय संभावनाओं को दबा तो नहीं देगी ? जैसा ऊपर बताने की कोशिश की गई है, इस तरह की आशंकाओं का समुचित उत्तर स्वयं कविताएँ देती हैं। प्रगतिवाद में और संसार में अन्यत्र तथाकथित राजनीतिक कविता का जो हश्र हुआ है उसे नज़र में रखते हुए वे वयस्क विवेक की कविताएँ हैं। काव्य-भाषा को नई तात्कालिकता, चमक और विस्तार उनमें मिल रहा है तो इसलिए भी कि वे किसी सामूहिक आंदोलन का परिणाम नहीं हैं—वे कवियों की निजी मुद्राएँ हैं, स्वयंस्फूर्त और मुक्त। मुक्तिबोध ने कहा था कि हमारे युग में अनुभूत वास्तव का जैसा अनादर है वैसा कभी नहीं था। खुद उनकी कविता और इन युवतर कवियों की रचनाएँ 'अनुभूत वास्तव' को पूरे साहस, बिना लाग-लपेट के चरितार्थ करने की मूल्यवान कोशिश हैं। यह उनके विवेक की वयस्कता का ही प्रमाण है कि वे जानते हैं कि कविता मनुष्य की हालत या उसकी समकालीन यंत्रणा को बदल नहीं सकती —एक ऐसे संसार में जिसमें भाषा और कविता अप्रासंगिक और अवमूल्यित होते जाते हैं, कविता मनुष्य के अपमान और अमानवीयकरण के विरुद्ध निजी 'प्रोटेस्ट' भर कर सकती है। हमारी युवा कविता ऐसे ही निजी 'ट्रैजिक प्रोटेस्ट' की कविता है।

विचारों से विदाई

शायद इस बात से कोई असहमत न हो कि बीसवीं सदी में सारी दुनिया में विचारों का भीषण टकराव हुआ है। कुछ इस तरह का कि इस सदी में यह वैचारिक टकराव किसी भी रचनात्मक या बौद्धिक कर्म का एक स्थायी संदर्भ बन गया है। इसके सिर्फ़ बौद्धिक या रचनात्मक ही नहीं बल्कि मानवीय नतीजे निकले हैं, क्योंकि इस टकराव ने संगठित राजनीति के माध्यम से रोज़मर्रा का और साधारण लोगों का जीवन भी प्रभावित और नियमित किया है, भले ही उन्हें अक्सर विचारों का सीधा या सार्थक अहसास न रहा हो। अलग-अलग अनुशासनों में विचारों की अलग-अलग भाषाएँ भी विकसित हुई हैं और ऐसी स्थिति आ गई है कि इन भाषाओं में कोई आपसी संवाद लगभग असंभव हो गया है। लेकिन भाषाओं की बहुलता और उनके बीच संवादहीनता का असर रचनात्मक भाषा पर पश्चिम में बहुत स्पष्ट और गहरा पड़ा है। इस हद तक कि रचनात्मक भाषा के लिए सतह पर आ जाना एक ट्रैजिक-सी बाध्यता हो गई है। शायद यह कहना अनुचित न होगा कि पश्चिम के समूह-समाजों में रचनात्मक भाषा में अभिव्यक्ति की कोशिश करना उस पर बढ़ते दबावों के रहते एक ख़तरनाक और ट्रैजिक निर्णय लेना है। शब्द का सतह पर अपनी जीवंतता के लिए जैसे चिपट जाना पश्चिम की भाषाओं के लिए जिस तरह की अनिवार्यता हो गई है, उस तरह की अनिवार्यता या परिस्थिति हिन्दी में, बल्कि भारत में, पैदा हो गई है ऐसा न मानने का कोई कारण नहीं है।

हमारा सोच-विचार, जो थोड़ा-बहुत होता है, हमारी भाषाओं में नहीं है, और इसलिए चिंतन की विशिष्ट शब्दावलियों का

रचनात्मक भाषा पर कोई उल्लेखनीय प्रभाव नहीं है। फिर इस सोच-विचार का हमारी रचनात्मक मानसिकता या संस्कारों पर भी कोई सीधा प्रभाव नहीं है। अगर पश्चिम में मनुष्य की हालत को ठीक-ठीक पहचानने और समझने की कोशिश करने का मतलब परिभाषाओं की बहुलता से जूझना है, तो हमारे देश में ऐसी कोशिश करना वैचारिक अस्पष्टताओं और अपरिभाषित प्रसंगों का सामना करना है। इस स्थिति का एक नतीजा साफ़ है और वह है भारतीय जीवन में प्रायः हर स्तर पर विचार और कर्म के बीच कटाव और असम्बद्धता। सबसे खुले ढंग से यह संगठित राजनीति के क्षेत्र में है जहाँ विचारों को कर्म में बदलने की रसायन-भाषा अभी तक विकसित नहीं हो पाई है। एक हवाई और धुँधले ढंग से विचार को पकड़ने का एक हश्र हर पार्टी का समाजवाद का पल्ला पकड़ना और उसकी चीख़-पुकार करना है। अगर लोक-जीवन में विचार और कर्म कटे हैं यानी या तो विचारहीन कर्म है या फिर कर्मच्युत विचार, तो साहित्य में विचार और कर्म के असंबद्ध होते जाने पर अचरज न होना चाहिए।

पर अचरज न सही, दुःख तो होता ही है। क्योंकि विचार और कविकर्म की असंबद्धता में रचनात्मक भाषा और भारतीय मनुष्य की हालत दोनों का एक भयावह सरलीकरण छुपा हुआ है। अगर यह मान लिया जाए कि साहित्य समकालीन मनुष्य की हालत की गहरी पहचान और समझ को चरितार्थ करता है, तो यह स्पष्ट है कि इस असंबद्धता के कारण यह पहचान कितनी धुँधली और यह समझ कितनी उथली हो सकती है।

यहाँ शायद यह स्पष्ट कर देना प्रासंगिक होगा कि यह बिलकुल ज़रूरी नहीं है कि महान् विचार से महान् कविता पैदा ही हो। शायद बिना विचारों और विचारशीलता के कोई कविता महान् नहीं हो सकती। यह कहना ज़रूरी न होना चाहिए कि विचार को किसी विचार-प्रणाली से जोड़ना अनिवार्य नहीं है और यह बिलकुल ज़रूरी नहीं है कि किन्हीं विचारों का अपने संदर्भ को समझने के लिए इस्तेमाल करने वाला कवि किसी विचार-प्रणाली से प्रतिबद्ध हो ही। टी० एस० ईलियट की दिलचस्पी पश्चिमी मनुष्य की आध्यात्मिक सचाई की खोज में थी और इसलिए उन्होंने रोमन कैथोलिक ईसाइयत, उसकी आस्थाओं और प्रतीक-रूपकों का इस्तेमाल किया। लेकिन इसलिए उसे रोमन कैथोलिक कवि कहकर उसकी कविता का कलात्मक और मानवीय संदर्भ सीमित करना उस कविता की महानता और परिणतियों को अधूरा देखना होगा। ठीक इसी तरह मुक्तिबोध ने समकालीन सचाई की भयानकता को पकड़ने के लिए ऐसे औज़ारों का, जो अस्तित्ववादी जान पड़ते हैं और सचाई को समझने के लिए मार्क्सवादी विश्लेषण और धारणाओं का, इस्तेमाल किया। लेकिन इसलिए उनके कृतित्व को मार्क्सवादी या अस्तित्ववादी या दोनों क़रार देना उचित नहीं

है। कविता में विचारों का आत्यंतिक महत्त्व नहीं है। सवाल यह है कि क्या वे विचार कुछ प्रासंगिक उजागर करते हैं। अगर नहीं, तो वे हस्तक्षेप होकर रह जा सकते हैं। लेकिन यह भी सच है कि बिना विचारों के, यानी बिना किन्हीं विचारो में जड़ जमाए, कविता निरी ऐंद्रिक फुरफुरी या तुच्छ खिलवाड़-भर रह सकती है। विचारहीन कविता कभी भी मनुष्य की हालत की कोई सार्थक पहचान या कोई समझ उत्तेजित नहीं कर सकती। यह इसलिए भी कि शुद्ध संवेदनात्मक स्तर पर, फिर संवेदना कितनी भी पैनी और धारदार क्यों न हो, आज के मनुष्य और उसकी ज़िंदगी की जटिलताओं, तनावों और अंतर्विरोधों को समझ पाना, बल्कि ठीक से पहचान भी पाना, असंभव है। अगर समकालीन दुनिया और सचाई का उनकी पूरी जटिलताओं के साथ साक्षात्कार साहित्य की मूल प्रतिज्ञा है, तो यह साक्षात्कार, बिना विचारों से उलझे और उन्हें जज़्ब किए, न तो पूरा हो सकता है और न ही गहरा और प्रासंगिक। संवेदना की यों भी सीमाएँ हैं हर समय में, लेकिन आज की जटिल और अबूझ होती जाती सभ्यता में तो वे एकदम स्पष्ट और प्रखर हैं। दूसरे, कवि-संवेदना के बौद्धिक ही नहीं मानवीय संदर्भ का एक महत्त्वपूर्ण भाग विचार और उनका टकराव है। उनसे कोई सरोकार न रखना या इस टकराव को नज़रंदाज़ करना इस संदर्भ से कटना है, लगभग संदर्भहीन हो जाना है।

यह है वह व्यापक ढाँचा जिसमें आज के साहित्य के बारे में कुछ कहना उचित होगा। अगर थोड़ी अतिरंजना का सहारा लेने को मुआफ़ किया जाए, तो कहा जा सकता है कि युवा लेखन का एक बहुत बड़ा अंश ऐसा है जिसे विचारहीन लेखन कहा जा सकता है। निश्चय ही एक ऐसा भाग भी है जो विचारहीनता की इस नई दक़ियानूसी से अलग है और ऐसे भी कई लेखक हैं जिनमें किसी हद तक दोनों प्रवृत्तियाँ देखी जा सकती हैं। लेकिन पूरे दृश्य पर अधिक आतंक विचारहीन लेखन का है और वह सबसे मुखर है। इस विचार-हीनता के पहलू कई हैं। कुछेक में यह इसलिए है कि अन्य लेखकों की भाँति, युवा-लेखक भी बौद्धिक काहिली के शिकार हैं। और उनमें न तो इतनी कवि-प्रतिभा है और न ही इतना धीरज कि वे अपनी स्थिति की बौद्धिक और नैतिक परिणतियों की पड़ताल कर सकें या उनका सामना करने का साहस कर सकें। तथाकथित अकवियों में से ज़्यादातर इसी कोटि के लेखक हैं। अन्यथा उनकी बेहद रूमानियत इतने किशोर-सुलभ बड़बोलेपन से व्यक्त न होती और न ही स्त्री को एक चीज़-भर मानने की मध्यकालीन हरकत आधुनिकता की एक परम विद्रोहमूलक मुद्रा के रूप में प्रस्तुत होती।

अकवियों ने असंगति को भी अपने साहित्यिक दर्शन का एक मुद्दा बनाया है। इस मुद्दे की निपट दरिद्रता और अप्रासंगिकता बताने के लिए इतना ही

कहना काफ़ी होगा कि इसके पीछे भारतीय मनुष्य की हालत का कोई बखान नहीं है और सारी बात एक समुन्नत समाज और समूह-संस्कृति के संदर्भ में ही समझ में आ सकती है। यह भले बड़ा खेदजनक हो लेकिन सही है कि हमारा तात्कालिक संदर्भ न तो समृद्धि का है और न ही समूह-संस्कृति का। अकविता इसीलिए एक स्तर पर हमारे मध्यवर्गीय उठाईगीरपन की एक अभिव्यक्ति है, जैसेकि पब्लिक स्कूलों में पढ़ रहे बच्चों का रहन-सहन, सोचने का ढंग, उनके खेल-तमाशे। एक दूसरे स्तर पर वह अकवियों के सामाजिक पिछड़ेपन की कुंठा को दुरुस्त करने का एक ज़रिया है, क्योंकि उससे एक ऐसे आभिजात्य में शामिल हुआ जा सकता है जिसमें समृद्धि के सभी नये और उठाईगीर प्रतीक जमा हैं, और जहाँ एक अतृप्त 'टीनएज', स्त्रियों के अभाव और ऐसी ही दूसरी ललकों को पूरा करने का कम-से-कम एक शाब्दिक छद्म बन सकता है। भारतीय जीवन की सबसे क्रूर विसंगतियाँ उस दुनिया की नहीं हैं जहाँ बड़े शहर और उनके रेस्तराँ, क्लब-डिस्कोथिक हैं, बल्कि उस दुनिया की है जहाँ हर स्तर पर जाति-प्रथा का कड़ा होता शिकंजा है, साधारण मनुष्य को अपनी भाषा की दुनिया से काटने की अमानवीयता है, आदि-आदि। इन सचाइयों को अगर अकविता नज़रंदाज़ करती है तो इसलिए कि इन्हें रचनात्मक स्तर पर खोजने के लिए जिस वैचारिक निष्ठा और बौद्धिक पड़ताल की जरूरत है उसके लिए, आसानी से उपलब्ध समृद्धिमूलक विसंगतियों के आकर्षण के रहते, न तो फ़ुरसत है और न ही उसके लेखे ज़रूरत ही। स्थापित व्यवस्था को इस बौद्धिक काहिली से मदद भी मिलती है और अन्यथा करने से उसे चोट पहुँच सकती है, जो करना अकवि नहीं चाहते। स्त्री-पुरुष की एक अमूर्त दुनिया को ही अपना केन्द्र बनाने में एक स्पष्ट रणनीति है—उससे मध्यवर्गीय कुत्सा और सनसनीख़ेज़ी तुष्ट होती है और स्थापित व्यवस्था भी कोई आघात या आपत्ति महसूस नहीं करती। वैचारिक दलिद्दर और गड्डमड्ड आधुनिकता स्थापित व्यवस्था के बहुत अनुकूल हैं और वैचारिक स्पष्टता के जो नैतिक और भौतिक निष्कर्ष निकलते हैं उनसे इस तरह साफ़ और सुरक्षित ढंग से बचा जा सकता है।

बौद्धिक काहिली के अलावा और अकवितावादियों से अलग भी, युवा कवियों की एक बड़ी जमात ऐसी है जिसने अबुद्धिवाद या 'इर्रैशनल' को अपनी रचना का मूल आधार बनाया है और एक नई आदिमता प्रतिष्ठित करने की कोशिश की है। अगर कुछ समुन्नत-समृद्ध समाजों में बुद्धिवाद के विरुद्ध ऊब या अरुचि हुई है तो इसलिए कि उस पर आधारित चिंतन-भाषाओं ने उसे उसकी अन्तिम परिणतियों तक, यानी एक अंधे अंत तक, पहुँचा दिया है। दूसरे, यूरोप में दूसरे महायुद्ध के रूप में बुद्धिवाद की एक भयानक परिणति, खासकर नाज़ियों द्वारा उसके कुछ प्रमुख औज़ारों, जैसे सूक्ष्मता और सक्षमता, के

इस्तेमाल के रूप में हुई और इसलिए बुद्धिवाद के विरुद्ध प्रतिक्रिया स्वाभाविक थी। लेकिन यह अबुद्धिवाद सभ्यता और समाज की जटिलताओं से कतराने का तरीक़ा नहीं, बल्कि उन जटिलताओं के लिए बुद्धिवादी औज़ार और धारणाएँ अपर्याप्त हो जाने के कारण, बुद्धिवाद की सीमाओं से आगे जाने की कोशिश है। वह बुद्धि का नकार उतना नहीं जितना कि उसका अतिक्रमण है। लेकिन युवा कवियों का अबुद्धिवाद अक्सर इस क़िस्म का नहीं है—वह बुद्धिवाद का, उसकी सीमाओं का, नाकाफ़ीपन के कारण नहीं, बुद्धि-विरोध है। बुद्धि से अबुद्धि की ओर जाना कोई नई या आधुनिक प्रक्रिया ही है, ऐसा नहीं है। बल्कि एक माने में तो सारी महान् कला अबुद्धि में अपनी जड़ें फेंकती हैं। लेकिन हाल ही के एक कवि मुक्तिबोध में इस प्रक्रिया को ज़्यादा सीधे देखा जा सकता है। मुक्तिबोध के काव्य-संसार में बौद्धिकता के साथ-साथ अबुद्धि, अर्थात् बुद्धि से परे, का दबाव बहुत गहरा है। मुक्तिबोध का चारित्रिक फ़ार्म फैंटेसी बुद्धि से अबुद्धि की ओर जाने का, दोनों के बीच अंतर्क्रिया का ही माध्यम है। लेकिन इस अत्यन्त समृद्ध मानवीय कविता में कहीं भी बुद्धि से अपसरण या बुद्धि-विरोध नहीं है। और यह भी एक कारण है कि इस कविता में सारे समकालीन तनाव जीवन्त और तात्कालिक होकर उसे जटिल बनाते हैं और बुद्धि-विरोधी कविता का आयासहीन सरल दिमाग़ीपन उसमें असंभव है। लेकिन युवा कवियों का बुद्धि-विरोध सीधा, सपाट और सरल-दिमाग़ी है। सौमित्र मोहन की लम्बी कविता **लुकमान अली** और मणि मधुकर की **खंड-खंड पाखंड पर्व** इसी बुद्धि-विरोध और उससे निकलने वाले सरल दिमाग़ीपन के दिलचस्प उदाहरण हैं। उनके पीछे किसी तरह की वयस्क समझ नहीं है, भले ही छिट-पुट सौंदर्यमूलक आस्वाद के लिए कुछ विचारों को किशोर उत्साह में इधर-उधर फेंक दिया गया हो। बल्कि लगता है, कल्पनाशीलता को अविवेक का पर्याय मान लेने का ये कविताएँ सीधा नतीजा हैं। विचारों के प्रति ऐसे कवियों की दृष्टि का बखान कैलाश वाजपेयी के इन शब्दों में किया जा सकता है :

> **पर जब सभी कुछ**
> **ऊल ही जलूल है**
> **सोचना फ़िज़ूल है**······

यह एक दिलचस्प संयोग है कि स्थापित व्यवस्था के प्रायः सभी पक्षों में सोचने का फ़िज़ूलपन एक तरह से मूल प्रतिज्ञा है। जातिप्रथा, नौकरशाही, गोहत्या-विरोध, सांप्रदायिक दंगे—इन सबकी पकड़ हिन्दुस्तानी नागरिक पर इसलिए है कि उसने सोचना फ़िज़ूल मान लिया है। विवेक की ओर हल्की-सी कोशिश भी इन पर, यानी स्थापित व्यवस्था पर, चोट करती है। उस समाज में जिसमें अधिकांश लोगों को सिर्फ़ अविवेक और अबुद्धि के कारण अमानवीय

ज़िंदगी बिताने, 'मनुष्य से एक दर्जा नीचे' रहने को बाध्य होना पड़ता है, सोचने को फ़िज़ूल मानना है (भले ही इस धारणा में कितना ही विद्रोह लटका हो) इस अमानवीयता का समर्थन करना है, स्थापित व्यवस्था को मुँहमाँगा सहयोग देना है, उस सबके प्रति सहानुभूति रखना है जो हमारे जीवन में मनुष्य-विरोधी है।

इसी सिलसिले में यह बात भी उल्लेखनीय है कि पश्चिम की तरह भारतीय भाषाएँ चिंतन और विचार का माध्यम नहीं बन पाई हैं। जो कुछ थोड़ा-बहुत सोच-विचार है वह अँग्रेज़ी में ही है। भारतीय भाषाओं में जो शुरुआत इधर हुई है उसके पकने और इस्तेमाल के योग्य बनने में अभी देर है। इसलिए एक भारतीय लेखक को ऐसे विचारों को पाने-खोजने के लिए स्वयं कोशिश करनी पड़ती है जो भारतीय मनुष्य की आज की हालत को समझने में सहायक हो सकें। भले ही इससे छद्म दार्शनिकता का ख़तरा काफ़ी वास्तविक बना रहा हो, भारतीय लेखक एक स्तर पर अपनी बौद्धिक समझ और पकड़ को प्रासंगिक और पैनी करने के लिए विचारक बनने को बाध्य है। युवा लेखक अगर सोचने को फ़िज़ूल मानते हैं तो रचनात्मक भाषा के इस आपद्कर्तव्य को तो बालाए-ताक़ रखते ही हैं, भारतीय मनुष्य की सच्ची स्थिति से अपना किसी भी तरह का सरोकार समझ के स्तर पर काट लेते हैं।

विचारों से कटाव, बुद्धि-विरोध और समझ के अभाव का ही एक नतीजा बहुत सारे युवा-लेखन का छिछोरापन और तुच्छता है। हिन्दी के रचनात्मक मुहावरे के साथ जुड़ी जो यादें, प्रतीक-ध्वनियाँ, चित्रमालाएँ, विन्यास हैं, उनका तो युवा संवेदना से कोई सम्बन्ध बाक़ी रहा नहीं है, और विचारों से विदाई ले लेने के बाद तो इस लेखन का उस पूरे जातीय संसार से, हिन्दी के मातृलोक से, कोई सरोकार ही नहीं रहा है। कहीं-न-कहीं सपाटबयानी इसकी ही एक अभिव्यक्ति है--विचारों और अपने मातृलोक से कटी भाषा में जान-बूझकर या किसी ट्रैजिक विडंबना के स्तर पर नहीं, अपनी असमर्थताओं के कारण सपाटता और सतहीपन है। यही नहीं कि वह एक विपन्न भाषा है, वह एक चरम अर्थ में अनुत्तरदायी भी है। अगर फिर अतिरंजना करने दिया जाय तो इस सिलसिले में यह कहना ग़लत न होगा कि यह मातृभाषा का या मातृभाषा में लेखन नहीं है।

भाषा को उसके मातृलोक से और उसकी जड़ों से काटने का मतलब अंततः उसे 'डिह्यूमेनाइज़' करना है। इसका सिर्फ़ एक पहलू उन कविताओं में उभरता है जो लीलाधर जगूड़ी, चन्द्रकांत देवताले, सौमित्र मोहन आदि से लेकर मंगलेश डबराल और त्रिनेत्र जोशी जैसे कवियों ने जनतन्त्र, संविधान, संसद, देश आदि शब्दों का इस्तेमाल करते हुए लिखी हैं। धूमिल, कमलेश, श्रीराम वर्मा और विनोद कुमार शुक्ल जैसे कवि भी, जिन्होंने उत्तरदायी कवि-

कर्म की संभावना को अपने दूसरे कृतित्व द्वारा जीवंत रखा है, इसके शिकार हुए हैं। इन कविताओं में समझ और नैतिक विवेक दोनों का दिवालियापन ज़ाहिर होता है। इन शब्दों का इस्तेमाल इन्हें चीज़ों के रूप में, उनमें व्यंजित विचार-पद्धति या जीवन-पद्धति या मूल्य को बिलकुल नज़रंदाज़ करके, 'रिड्यूस' करके किया जा रहा है।

इक्कीसवीं शताब्दी को—
इस बेरौनक़ गोचर लोकतंत्र में जब जीना है तो
वेश्या की सार्वजनिक योनि से सम्भव करना है
न्याय की सड़ी हुई गलियों में
वह संभोग और संविधान के बीच
चीज़ों के चेहरे मिटा देगा

(मंगलेश डबराल)

जिस पर कोई नहीं खाना चाहता
आज़ादी एक जूठी थाली है।

(लीलाधर जगूड़ी)

गोया मैंने ही हत्या कर दी है
राह चलते हुए उस एक निरपराध व्यक्ति की
वह राष्ट्रीयता भी हो सकती है
और गणतंत्र भी

(देवेन्द्र कुमार)

इन सब कविताओं में गणतंत्र या संविधान या आज़ादी जैसे शब्दों का उपयोग सिर्फ़ 'चित्र' के रूप में किया गया है और युवा छिछोरेपन का एक और नमूना है। विचार के प्रति घोर ऊब किस तरह नैतिक असंवेदना की ओर ले जाती है—यह भी इन कविताओं में साफ़ दीख पड़ता है। दूसरे, प्रजातंत्र या संविधान या देश पर कुछ भी कहने का, लफ़्फ़ाज़ी करने या अपनी चुस्तबयानी आज़माने का अधिकार बिना किसी तरह के वैचारिक टकराव के, सिर्फ़ भाषायी धौंस के दम पर पा लिया मान लेना, न सिर्फ़ अतर्कित है बल्कि कवि के निपट अनुत्तरदायी होने या बाक़ी सब को बेवकूफ़ मानने का ही नतीजा हो सकता है। यह कविता हिस्सेदारी की कविता नहीं है : मेरा गणतंत्र, मेरा देश, मेरी आज़ादी में 'मेरा'/'मेरी' शोभापरक विशेषण-भर हैं, अन्यथा ज़्यादातर कविताओं में गणतंत्र या देश कवि से बिलकुल अलग-थलग 'वहाँ रखी हुई चीज़ें हैं' जिन पर उसे किसी भी तरह का फ़ैसला देने की फ़ुरसत और हक़ किसी नैतिक विवेक के अनुपस्थित होने के कारण सहज प्राप्त है।

यह आकस्मिक नहीं है कि ऐसी अधिकांश रचनाओं का स्वर या तो

पैगम्बराना है या शहीदाना। दोनों ही स्थितियों में ऐसा लगता है कि कवि लोकतंत्र या देश से नैतिक दृष्टि से बेहतर हैं। सारे देश और प्रजातंत्र को, राजनीति, संविधान और संसद् को शूद्र और अधम क़रार देते हुए ये कवि लेखक नये ब्राह्मण हैं जिन्हें शास्त्र से शूद्रों का भाग्य-निर्णय करने का असीम अधिकार मिल गया है। अगर अकवियों की कविताएँ तथाकथित पिछड़ेपन के संदर्भ में अपने सामाजिक उन्नयन का इजहार हैं, तो कहीं-न-कहीं श्रीकांत वर्मा जैसे कवियों की कविताएँ अपनी नैतिक श्रेष्ठता का वक्तव्य बन जाती हैं।

कुछ लोग मूर्तियाँ बनाकर
फिर
बेचेंगे क्रांति की (अथवा षड्यंत्र की)
कुछ और लोग
सारा समय
क़समें खाएँगे
लोकतंत्र की
मुझसे नहीं होगा।

इस पैगम्बराना अंदाज़ में 'मैं सब कुछ जानता हूँ' की मुद्रा भी छिपी हुई है। मणि मधुकर की **खंड-खंड पाखंड पर्व** और धूमिल की **पटकथा**—जैसी कविताओं में यह मुद्रा बहुत स्पष्ट है। चूँकि इस मुद्रा का कोई वैचारिक आधार कविताओं में उपलब्ध नहीं, उन्हें भीषण नैतिक अनुत्तरदायित्व के अलावा कुछ और कहना संभव ही नहीं है। यह नैतिक अनुत्तरदायित्व सिर्फ़ सामाजिक सचाइयों तक सीमित नहीं है। जिस तरह की क्रम-परम्परा संविधान-गणतंत्र को लेकर है, कुछ उसी तरह की परम्परा स्त्री को लेकर भी है। गणतंत्र की तरह स्त्री को भी एक अधम चीज़ के स्तर पर रिड्यूस किया गया है और यहाँ भी अपने कल्पित-अकल्पित पुरुषत्व की इमेज में गिरफ्तार युवा लेखकों ने स्त्री पर कुछ भी कहने और उसके साथ कुछ भी करने का अधिकार हथिया लिया है। यहाँ भी पुरुष को स्त्री से श्रेष्ठ मानने-दिखाने का जतन किया गया है।

शहीदाना अंदाज़ के कवि वे हैं जो अपने को 'लोकतंत्र के शहीद' दिखाने की कोशिश करते हैं, जैसे लीलाधर जगूड़ी :

लोकसभा से संयुक्त राष्ट्र-संघ तक
हमारी कोई उपयोगिता नहीं
विश्वयोनि में बहुत दिन तक
हम चरित्र की तरह खुजला नहीं सकते

ऐसे कवियों में भी हिस्सेदारी का भाव नहीं है, जैसा, मसलन, मुक्तिबोध में था। जो कुछ हो रहा है उसका दोष प्रजातंत्र या दूसरों पर डालकर अपने को

शहीद बताना न केवल नाबालिग़ समझ है बल्कि एक भयानक नैतिक संवेदन-हीनता है।

इस नैतिक संवेदनहीनता का भी कुछ खुलासा ज़रूरी है। नैतिक से मुराद भद्राचार से नहीं, अच्छे-बुरे के भेद से है। अपने को छोड़कर बाक़ी सबको एक षड्यंत्र में भागीदार समझना, जो हुआ है उसके लिए दूसरों को (फिर दूसरे गणतंत्र हो, भीड़ हो, स्त्री बल्कि स्त्रियाँ हों) दोषी ठहराना और कभी-कभार सौजन्यवश अपने को भी कुछ उत्तरदायी मान लेना नैतिक विवेक का प्रत्याख्यान है। बल्कि यह अपने और दूसरों के बीच के रिश्ते को नीतिहीन अर्थात् अमान-वीय बना देना है। इस तरह की 'अमानवीयता' से एक ख़ास तरह का दंभ और हीरोइज़्म टपकता है। यह आकस्मिक नहीं है कि ऐसे कवियों का मूल स्वर हीरोइक है। कैलाश वाजपेयी जैसे कवियों में तो यह हीरोइक्स उपलक्षित ढंग से किसी हीरो की प्रतीक्षा ही बन जाती है :

कोई भी नहीं बताता तुम्हें
इस सुअर सभ्यता का
मल ढोते हुए
तुम्हें कहाँ जाना है।

या, दूसरी ओर ईसा की तरह का हीरोइज़्म है :

दुनिया भर के आधे पागलों
लफंगों, धूर्तों, सत्तांधों को लेकर
शर्मिन्दा हूँ।

मुख्तसर यह कि पैगम्बराना और शहीदाना दोनों ही स्वर एक-दूसरे से घुल-मिलकर एक तरह का हीरोइक रिटौरिक बनाते हैं। हालाँकि कभी-कभार 'संशय की भाषा में बड़बड़ाने' की बात भी एकाध कवियों ने की है, लेकिन ज़्यादातर यह रिटौरिक अत्यन्त आश्वस्त रिटौरिक है, और इन कवियों में अपने ग़लत होने की संभावना का कोई क्रियात्मक अहसास नहीं है, जो कि बौद्धिकता और विचारशीलता का मूलाधार होता है।

भारतीय मनुष्य की पीड़ा से इस रिटौरिक का क्या रिश्ता है? लेकिन उसके पहले यह पहचानना ज़रूरी है कि साहित्य से अलग जानकारी के सूत्रों से पता चली यह पीड़ा और अंतर्संघर्ष है क्या? जाति-प्रथा और नौकरशाही में समाई अमानवीयता, अहमदाबाद के दंगे, आंध्र प्रदेश में हरिजन बालक को जलाने की घटना, नरबलियाँ आदि लोकजीवन में उनकी कुछ अभिव्यक्तियाँ हैं। यह रिटौरिक अधिक-से-अधिक इनका अपने काव्य-संसार को विचित्र या रंगारंग बनाने के लिए दृश्यपट के रूप में तो इस्तेमाल करता है, लेकिन रचनात्मक स्तर पर इनकी कोई गहरी या अधिक पड़ताल नहीं करता। हमारे प्रजातंत्र की सही

विसंगतियाँ संभोग और संविधान के चतुर द्वंद्व में नहीं, शायद ऐसी घटनाओं में हैं। यह रिटौरिक इन विसंगतियों को चरितार्थ नहीं करता—शुद्ध वक्तव्य के स्तर पर ही उनका महत्त्व युवा कवि के लिए तिरोहित हो जाता है। दर-असल, यह रिटौरिक और उसके पीछे सक्रिय काव्य-संवेदना में मानवीय पीड़ा के वास्तविक प्रसंगों से प्रतिकृत होने की कोई क्षमता और उत्सुकता नहीं है। जैसा कि जार्ज स्टाइनर ने कहा है कि जो हमें उदासीन छोड़ता है हम उसमें भागीदार हैं। सच्ची अमानवीयता और पीड़ा के सम्मुख उदासीन युवा कविताएँ अपने फलितार्थों में इस अमानवीयता की भागीदार बन जाती हैं।

यह एक दिलचस्प संगति है कि इस लेखन की कुछ विशेषताएँ हमारी राजनीतिक-सामाजिक ज़िंदगी में व्याप्त वैचारिक गड्डमड्ड, नाबालिग़पन और दृष्टिहीनता से सीधा मेल खाती हैं। शायद इस मेल में यह विडंबना भी छुपी हुई है कि जो लेखन राजनीति, विचार और संगठन का विरोधी है वह उसी गड्डमड्ड और उठाईगीरपन का इज़हार हो या शिकार हो जिनसे हमारे यहाँ बहुत सारी राजनीति और संगठन ग्रस्त हैं। शायद इसकी और पड़ताल अलग से ज़रूरी होगी कि किस हद तक यह संगति आकस्मिक है और किस हद तक इन दोनों की जड़ें हमारे सामाजिक जीवन के मूल से कहीं पोषण पाती हैं।

लेकिन यह दृश्यालेख अधूरा रहेगा अगर युवा लेखन के उस पक्ष की चर्चा न की जाय जिसने विचार-विरोध की इस दक़ियानूसी से अपने को अलग रखा है। यह पहले ही कहा जा चुका है कि कुछ ऐसे भी कवि हैं जिन पर इस दक़ियानूसी का खिचाव कभी-कभी पड़ा है और वे उसका शिकार भी हुए हैं लेकिन कुल मिलाकर उन्होंने वयस्क और विवेकपूर्ण जिम्मेदारी से लिखना जारी रखा है। दरअसल इस दक़ियानूसी का इतना आतंक है कि यह ज़रूरी था कि विस्तार से उसके कुछ पहलुओं का विश्लेषण किया जाए।

धूमिल, कमलेश, रघुवीर सहाय, विनोद कुमार शुक्ल, ऋतुराज और श्रीराम वर्मा के नाम लिये जा सकते हैं। धूमिल और रघुवीर सहाय की कविताओं में, फिर वे **मोचीराम** या **उस औरत की बग़ल में लेटकर** हों या **आत्महत्या के विरुद्ध** और **गिरीश की मृत्यु** हों, वयस्क विचारशीलता है। और भले ही इन दोनों कवियों से ही जनतंत्र, संसद्वाले चालू मुहावरों का सूत्रपात हुआ हो, उन्होंने स्वयं ज़्यादातर उनका शब्दीकरण या उन्हें निरी चीज़ों के रूप में रिड्यूस कर उनकी मानवीयता और मूल्यवत्ता को अवमूल्यित नहीं किया है। धूमिल, कमलेश और विनोद कुमार शुक्ल की ज़्यादातर कविताओं में किसी तरह की 'हीरोइक्स' नहीं है और उनकी भाषा अपने मातृलोक से कटी नहीं है, बल्कि मसलन कमलेश में, अपनी जड़ों की ओर उत्कटता से जाती है। इन कवियों में आत्मस्फूर्ति और बड़बोलेपन का लटका भी प्रायः नहीं है। धूमिल की

मोचीराम, कमलेश की **जरत्कारु**, विनोद कुमार शुक्ल की **उदरस्थ** या **राजनीतिक बहस में** ऐसी कविताएँ हैं जिनमें एक सूक्ष्म पर स्पष्ट नैतिक चेतना है, और वे कैलाश वाजपेयी के रुख 'हर दिमाग़ एक चकला है' में व्याप्त सरलीकरण और चुस्तबयानी से साफ़ बचकर खोज और तलाश, टटोल के मुहावरे की कविताएँ हैं। रघुवीर सहाय, कमलेश या धूमिल की कविताओं में भी 'भीड़ें' हैं, लेकिन वे इस बहाने सामाजिक संघर्ष और समाज को सरलीकृत नहीं करते। सरलीकरण से मुक्त रहने का ही एक नतीजा है कि जहाँ पहले क़िस्म के कवियों की बड़बोली विद्रोही रचनाएँ ज़्यादा-से-ज़्यादा चौंकाती हैं, विनोद कुमार शुक्ल की अबोध, मासूम लगती कविताएँ बेहद शांत होते हुए भी विचलित करती हैं। धूमिल ने कहा है, 'मुझे अपनी कविताओं के लिए दूसरे प्रजातंत्र की तलाश है। यह हमारी प्रजातांत्रिक व्यवस्था की अपर्याप्तता को पहचान कर, प्रजातंत्र को शब्दछद्म न मानकर, एक सचाई के रूप में स्वीकार करना है और भारतीय मनुष्य की समकालीन तलाश का, उसकी नई आक्रामकता का, सीधा और नाटकीय वक्तव्य भी। अगर एक सामान्यीकरण करने की इजाज़त हो (सामान्यीकरण की सीमाओं को ध्यान में रखते हुए) तो इन दूसरे कवियों को दूसरे प्रजातंत्र की तलाश के कवि कहा जा सकता है। विकल्प की खोज हमेशा मानवीय है और वयस्क कर्म भी। उसमें न पैगम्बर होने का भाव है और न शहीद होने की आत्मदया। यह खोज सोचने को व्यर्थ नहीं मानती, बल्कि सचाई को समझने-बूझने और बदलने के लिए सोचना अनिवार्य समझती है, वह सोचने का संकल्प करती है। यही खोज साक्षात्कार की खोज है।

अन्त में विचारहीनता वाले लेखन की ओर फिर लौटा जाए। जैसे रचनात्मक स्तर पर बुद्धि और विवेक की आवश्यकता और मूल्य में विश्वास समाप्त हो रहा है, वैसे ही आलोचना के क्षेत्र में यह भरोसा धीरे-धीरे ख़त्म हुआ जा रहा है कि किसी भी धारणा या स्थापना का प्रतिकार बौद्धिक या तर्क के स्तर पर किया जा सकता है। दूसरों से नैतिक श्रेष्ठता की मुद्रा ही कुछ लेखकों को दूसरों की नीयत पर शक करते रहने की ओर ले जाती है। इन दिनों ज़्यादातर आलोचना नीयत पर शक करने का व्यायाम-भर रह गई है और विचारों की वहाँ भी बेइज़्ज़ती होने लगी है। चरित्र-हत्या, छिछोरेपन और रिटौरिक ने आलोचना-कर्म की जगह ले ली है। पूरा वातावरण ऐसा हो गया है कि बौद्धिक चुनौतियों की कोई गुंजाइश ही नहीं रह गई लगती। बहुत कुछ अजब बिरादरीपने के भाव से, तर्क के बल पर नहीं, उग्र रिटौरिक की धौंस पर चलने लगा है। कुछ लोग तो विचारों का विरोध या सवालों का निपटारा बौद्धिक धरातल और मात्रा से दूर सड़क पर करने की बात भी करने लगे हैं।

बुद्धि-विरोध, युवा-उग्रता, बिरादरी-भाव और आदिमता—इन सबका

मेल भयंकर ऐतिहासिक परिणतियों तक पहुँच सकता है। नैतिक श्रेष्ठता का भाव, हीरोइक रिटौरिक, वास्तविक मानवीय पीड़ा के प्रति उदासीनता, विरोधी के प्रति अनादर अगर हमारे युवा लेखन के एक बड़े और मुखर भाग की विशेषताएँ हैं, तो इस साहित्य की राजनीतिक-सामाजिक परिणतियों को नज़रंदाज़ नहीं किया जा सकता चूँकि ऐसा साहित्य स्पष्ट रूप से राजनीतिक-सामाजिक तथ्यों और कुछेक सचाइयों का (भले ही शुद्ध ऐच्छिक धरातल पर) उल्लेख करता है, वह स्वयं ऐसी परिणतियों की बात उठाने की ओर उकसाता है। अगर हमारे देश में अधिनायकवाद या किसी तरह की तानाशाही सिर उठाती है और प्रजातांत्रिक व्यवस्था नष्ट होती है, तो शायद ऐसी तानाशाही को, भले ही वह स्वतंत्रता और रचनात्मकता की घोर शत्रु है, ऐसे साहित्य में अपना समर्थन प्राप्त होगा। केदारनाथसिंह ने कहा है कि 'बहस किस बात पर हो रही है, यह जानना व्यर्थ है।' यह एक खतरनाक बात है। ऐन इस समय यह जानना बिलकुल सार्थक है, जैसे कि यह पूछना भी दो टूक कि विचारों को विदाई देने के लिए खुले दरवाज़े से कौन आ रहा है?

जातीय स्मृति और समकालीन लेखन

साहित्य जिन संकटों या प्रश्नों से जूझता है वे किसी न किसी रूप में भाषा के संकट और प्रश्न होते हैं। कुछ इसीलिए पिछले दस-पन्द्रह वर्षों में साहित्य के मुख्य प्रश्न भाषा के प्रश्न रहे हैं—अब जब हाल ही में रचनात्मकता का एक लम्बा और उत्तेजक दौर खत्म हुआ है, अगर भाषा का संकट फिर सामने है तो यह स्वाभाविक ही है और एक तरह से इस बात का प्रमाण भी कि अन्ततः हर दौर कुछ चिरन्तन प्रश्नों को नये प्रसंगों और मुहावरों में उठाता है, उनसे जूझता है; और कि प्रश्न भर चिरन्तन हैं, उत्तर नहीं। हर दौर अपने लिए जो उत्तर खोजता है, हो सकता है वह किसी अगले दौर के लिए एकदम बेकार या नाकाफ़ी हो। यह कहना कठिन है कि हम किसी नये दौर की शुरुआत पर खड़े हैं पर कम-से-कम इससे शायद असहमति नहीं होगी कि रचनात्मक प्रयत्न और उत्तेजना का एक दौर खत्म हो चुका है और शायद हम एक अंतराल में हैं जहाँ कुछ प्रश्न, पुराने प्रश्न फिर मुँह बाए खड़े हैं और जिनसे निपटे-जूझे बिना किसी नये दौर में जा सकना संभव हो भी, विवेकसम्मत नहीं कहा जाएगा। यह कहना युवा लेखक के रचनात्मक प्रयत्न या उसकी प्रतिभा को अवमूल्यित करना नहीं उसकी ट्रैजिक हालत को स्वीकार करना है कि रचना-जगत् में पिछले दो-तीन बरसों से जो मौन या ठहराव-सा है, आन्दोलन-प्रिय लेखक-समाज में किसी नये आन्दोलन की घोषणा का अभाव है हालाँकि नया दशक शुरू हुए अब दो वर्ष होने आए हैं, उसका मूल शायद उन बुनियादी प्रतिज्ञाओं में है जिन पर युवा लेखक ने अपने को आधारित-प्रतिष्ठित किया। साहित्य जिनके लिए एक ज़िम्मेदार सरोकार है,

किसी कैरियर उन्नयन की सीढ़ी या सहजकीर्ति का साधन या सप्ताहान्त की हॉबी नहीं, वे शायद महसूस करते हैं उस विडम्बना को कि युवा लेखन ने एक ओर तो रचनात्मक मुहावरे को एक अद्भुत खुलापन और निर्भीकता दी और दूसरी ओर वह एक विपन्न सपाट और एकायामी माध्यम होकर रह गया। वाणी की स्वतंत्रता और दीनता में कार्यकारण संबंध नहीं है लेकिन दोनों लगभग समानान्तर घटनाएँ हैं। नई स्वतन्त्रता ने रचनात्मक भाषा में कुछ भी कहने की एक नई छूट दी लेकिन इस दीनता के रहते उसमें कुछ स्मरणीय न कह पाने की मजबूरी बनी रही। कम-से-कम ऐसा बहुत कम कहा गया जो स्मरणीय हो सके। भाषा ने बात को सीधे साफ़-साफ़ कहने की क्षमता ज़रूर उपलब्ध की लेकिन जैसे ऐसा करने में उसमें पहले जो कहा गया था वह सब कुछ वह भुला बैठी : हमारी भाषा स्मृतिहीन भाषा है और चूँकि अपने तात्कालिक प्रसंग के अलावा कुछ भी और नहीं उकसाती या याद करती, वह एक अतीतहीन, एक अनवरत वर्तमान की भाषा है—एक अनैतिहासिक मुहावरा है। परम्परा के नाम पर जिन प्रगति-विरोधी दक़ियानूसियों की जकड़बन्दी का सामना रचनात्मक प्रतिभा को करना पड़ा था उनके प्रतिकार का रास्ता भाषा की तोड़-मोड़, उनके विन्यास-ध्वंस में होना स्वाभाविक भी था और किसी हद तक ज़रूरी भी। लेकिन उस उत्साह में सम्भवतः हमने रचनात्मक कल्पना को गहरा, अधिक मानवीय और स्मरणीय बनाने वाली जातीय स्मृति से भी अपना संबंध तोड़ लिया। क्या जिस विपन्नता के कारणों की खोज हम कर रहे हैं वह इतनी भयंकर और समृद्धि-प्रतिकूल इसीलिए है कि उसका मूल जातीय स्मृति से हमारी भाषा और रचना के कटाव में है ? नये साहित्य में तथाकथित परम्परा के प्रति एक तीखा आलोचनात्मक रुख था लेकिन परम्परा की धारणा अप्रासंगिक अभी नहीं हुई थी। इस धारणा को रद्दी की टोकरी में फेंकने का काम पिछले दस-पन्द्रह वर्षों में हुआ। जहाँ तक नये तनावों-दबावों और सरोकारों को ताज़े उत्तेजक ढंग से भाषा में चरितार्थ करने का प्रश्न है, युवा लेखक के सामने इसके अलावा कोई विकल्प नहीं था कि वह अपनी तात्कालिक साहित्य-परम्परा को अस्वीकार कर अपना निजी मुहावरा खोजे। लेकिन परम्परा को मात्र तात्कालिक साहित्य-परम्परा में सरलीकृत करने में भारतीय मनुष्य की स्थिति का ही सरलीकरण हो गया क्योंकि परम्परा से मतलब मात्र तात्कालिक और खड़ी बोली की साहित्यिक परम्परा न होकर वह पूरी जीवन-परम्परा है जो भारतीय मनुष्य का उत्तराधिकार है और जिसमें प्राचीन साहित्य ही नहीं, मनुष्य की स्थिति के बारे में एक विशेष और अद्वितीय अन्तर्दृष्टि शामिल है। इस कटाव के दो नतीजे साफ़ हैं। एक तो यह कि हमने ऐसा साहित्य रचा है जिसे अपने अलावा किसी को पुकारने, किसी को याद करने का साहस नहीं है और जो इसलिए खासा सीमित

ग्रौर एकायामी है ग्रौर जिसमें मानवीय ग्रनेकार्थिता की संभावना ग्रत्यन्त क्षीण है। दूसरा यह है कि वह एक तरह से सांस्कृतिक ग्रौर सामाजिक शून्य में संरचना है। यह इसलिए भी कि हमारा कृषिप्रधान समाज ग्रभी भी ग्रपनी पहचान, ग्रपनी कथाएँ, ग्रपने ग्रनुभवों के ग्रर्थ उन प्रसंगों ग्रौर दृष्टि के उन संदर्भों में खोजता है जो हमारी जातीय स्मृति का ग्रंग हैं ग्रौर जिन्हें जातीय स्मृति से जोड़े बिना समझा ही नहीं जा सकता। शायद यही कारण है कि इतने थोड़े समय में हमारे लेखक या तो चुप हो रहे हैं या नया रचनात्मक कर पाने में ग्रपने को ग्रसफल पा रहे हैं क्योंकि उनके कहे-किए का समाज पर कोई प्रभाव नहीं है। समाज ग्रौर साहित्य के बीच ग्रन्तर्क्रिया का एक महत्त्वपूर्ण उपकरण जातीय स्मृति ही गायब है।

नये साहित्य के शुरू के दौर में मनुष्य का नियति ग्रादि के रूप में कुछ चरम मानवीय प्रश्न रचना ग्रौर ग्रालोचना दोनों ही क्षेत्रों में उठाने की कोशिश की गई थी। लेकिन पिछले दशक में वे सभी प्रश्न व्यर्थ हो गए किंतु उनके बदले कोई नये चिरन्तन प्रश्न नहीं उठाए गए। ग्रालोचना में न सही, रचना में ऐसे किन्हीं प्रश्नों का कोई क्रियात्मक ग्रहसास बाक़ी नहीं रहा। क्या इसी-लिए ही हमारे बहुप्रचारित ग्रकेलापन, संत्रास, क्षोभ ग्रादि ग्रोछे या तुच्छ लगते हैं?

संसार-भर के साहित्य में उपन्यास ग्रौर नाटक मनुष्य के चिरन्तन प्रश्नों से रचनात्मक साक्षात्कार के मुख्य माध्यम रहे हैं। हमारे यहाँ उपन्यास की ग्रकाल मृत्यु ग्रौर नाटक के गहरे उत्तेजक उत्कर्ष के ग्रभाव का क्या एक कारण यह नहीं है कि नये ग्रौर युवा लेखक ने इन फार्मों से कतराने की कोशिश की है—उनसे ग्रपसरण किया है क्योंकि उपन्यास ग्रौर नाटक दोनों ही जातीय स्मृति के सघन संदर्भ में चरितार्थ होते हैं ग्रौर उनमें मनुष्य ग्रौर इसके संसार, उसके विशिष्ट समाज के सभी तीखे, तात्कालिक ग्रौर चिरन्तन प्रश्नों के द्वन्द्व से कतराया नहीं जा सकता? क्या कहानी का सुविधापूर्ण माध्यम इसीलिए कथा की मुख्य विधा बन बैठा है कि वह इस ग्रर्थ में ग्रासान है ग्रौर उसमें मज़े से मनुष्य के चरम संघर्षों के साक्षात्कार से बचा जा सकता है? कहानी ग्रनैतिहासिक या संस्कृति-विमुख हो सकती है लेकिन उपन्यास ग्रौर नाटक नहीं? या कि यह कि जो ग्रनैतिहासिकता ग्रौर स्मृतिहीनता पिछले दशक में रचना का मूलाधार बन गयी उसमें उपन्यास या नाटक की कोई संभावना हो ही नहीं सकती थी? उस उपन्यास या नाटक की जिसमें पूरा समाज ग्रपनी पहचान पा सके, जो उसके संघर्षों, उसकी प्रतिष्ठा की महागाथा हो सके? समकालीन साहित्य में मनुष्य की जो इमेज बनती है वह क्या है? यही न कि मनुष्य ग्रौर उसके संसार में न केवल कोई सामंजस्य नहीं है ग्रौर न संभव है, बल्कि ऐसे किसी सामंजस्य की

खोज व्यर्थ ही होगी। और भी कि मनुष्य और उसका संसार असमंजस ही नहीं बल्कि एक-दूसरे के प्रति सक्रिय रूप से शत्रुतापूर्ण है। दूसरे के साथ, फिर दूसरा स्त्री हो, समाज हो, संसार हो, भीड़ हो, व्यक्ति का संबंध परस्पर नाश का ही है—दोनों के बीच किसी रचनात्मक सहयोग की कल्पना ही वर्जित हो गयी है। हमारी जातीय स्मृति हमें जो अवधारणाएँ देती है वे इनके ठीक विपरीत पड़ती हैं : भारतीय मनुष्य का सामान्य रूप से संसार से संबंध संगति और सामंजस्य का रहा है और अक्सर या तो यह संगति दी हुई मान ली गयी है और उसकी संभावना मानवीय प्रयत्न का बुनियादी प्रसंग रही है। वह संसार, जिसके घट-घट में ब्रह्म व्यापता है, भारतीय मनुष्य के लिए कभी भी अजनबी या शत्रु नहीं रहा। न केवल ईश्वर लोकोत्तर होकर भी लोकधर्मी रहा, मनुष्य का संसार और देवताओं का संसार एक-दूसरे से लगभग अटूट रहे हैं और दोनों के बीच बराबर सम्वाद होता रहा। यह मनुष्य की स्थिति की एक अद्वितीय परिभाषा का ही प्रमाण है। इसके विपरीत परिचय में जो परिभाषाएँ विकसित हुईं उनका स्वरूप बिलकुल दूसरा हुआ। ईसाइयत के रहते (और पश्चिमी आधुनिकता तो ईसाइयत के संदर्भ के बिना देखना-समझना असंभव है) पश्चिमी मनुष्य के लिए संसार का उद्भव ही पाप से हुआ है (जबकि भारतीयों के लिए संसार के जन्म से लीला या रचना की धारणा ही जुड़ी है) और ईश्वर भी परम दूसरा है—इस संसार से बिलकुल अलग और परे। ईसाइयत : विश्वासों से विद्रोह के बावजूद पश्चिमी आधुनिकता पर ईसाइयत की बुनियादी अवधारणाओं की गहरी दूरगाभी छाया है। इस अर्थ में यूरोप में साहित्य की एक अटूट परम्परा है और शेक्सपियर की कृतियों को आसानी से आधुनिक कृतियों से जोड़ा जा सकता है : 'किंग लियर' या 'हैमलेट' में 'आउट साइडर' की खोज एकदम स्वाभाविक लगती है। क्या यही कारण नहीं है कि आधुनिक अंग्रेजी युवा कवि बिलकुल सहज की तरह शेक्सपीयर को पुकार सकता है, उसके चित्र-प्रतीकों या उक्तियों का नया रचनात्मक पुनराविष्कार या उपयोग कर सकता है ? इसके मुक़ाबले हमारे यहाँ परम्परा में इतनी गहरी झाँक है कि युवा लेखक किसी प्राचीन को अपना समानधर्मी कहने का साहस नहीं कर सकता। बावजूद इसके कि पिछले दिनों कई बार कबीर का नामोल्लेख हुआ है, ऐसा एक भी कवि नहीं है जिसने कबीर का गहरा रचनात्मक पुनराविष्कार या उपयोग किया हो। अधिक से अधिक कुछ पुराकथाओं का उपयोग हुआ है लेकिन भाषा के पुराने मुहावरों, ध्वनियों का रचाव या प्रतिध्वनियाँ हमारे लेखन में बहुत कम हैं। नितान्त समकालीनता भाषा की रचनात्मकता को बावजूद सक्षमता और नागरिकता के कैसे अन्ततः महत्त्व या सार्थकता के आयाम में बेहद सीमित और विपन्न कर देती है समकालीन लेखन का अधिकांश इसका उदा-

हरण है। क्या यह सच नहीं है कि कोई भी समकालीन अनुभव या पीड़ा कितनी भी सघन और गहरी क्यों न हो, महत्त्वपूर्ण होने से रह जाती है अगर वह हमारे पुराने अनुभवों-पीड़ाओं के सिलसिले को हमारे सामने उजागर न कर दे ? क्या यह मानना कि समकालीन दृष्टि या अनुभव प्राचीन दृष्टि परम्परा से बिना कोई संबंध या सरोकार रखे (भले ही वह तनाव का हो) पूर्ण हो सकती है, रचनात्मक अविवेक नहीं है ? क्या इस बात की पड़ताल नहीं की जानी चाहिए कि अकेलापन, विसंगति और अजनबीपन के समकालीन अनुभव क्या भारतीय मनुष्य की पुरानी लम्बी अनुभव परम्परा के मुक़ाबले वास्तविक हैं ? क्या वयस्क लेखन वहीं संभव नहीं है जहाँ इन दोनों के बीच या तो तालमेल की खोज है या अनवरत द्वन्द्व का गहरा रचनात्मक अहसास ? जो लेखन या रचनात्मकता इस खोज या द्वन्द्व से बिलकुल अनजान है वह न तो बौद्धिक होने का दम भर सकती है और न ही अन्ततः सार्थकता पा सकती है।

यह भी हो सकता है कि कुछ वास्तविक रचनाओं ने परम्परा या जातीय स्मृति को रद्दी की टोकरी में न फेंककर उससे अपना गहरा संबंध जोड़ा हो लेकिन आलोचना उस संबंध को स्पष्ट या उजागर करने में असफल रही हो। क्या समकालीन आलोचना समकालीन लेखन को उसकी समकालीनता की सीमाओं में ही देखने व रखने में इतना व्यस्त नहीं रही है कि परम्परा से पुनर्मूल्यांकन या समकालीन और परम्परा को किसी सार्थक सिलसिले में देखने की कोई कोशिश नहीं हुई है ? क्या रचना और आलोचना दोनों में ही समकालीनता की जकड़बन्दी ने हमारे रचनात्मक विवेक को सीमित और धुँधला और हमारी उपलब्धि को अन्ततः क्षीण नहीं किया है ?

भाषा के माध्यम को अधिक सक्षम, अधिक उत्तरदायी बनाने की कोशिश, उससे जूझते हुए अपनी अस्मिता को ठीक-ठीक पहचानने का संघर्ष क्या आज की परिस्थिति में परम्परा से हमारी समकालीन स्थिति के द्वन्द्व को सही-सही बौद्धिक और भावात्मक दोनों ही स्तरों पर पहचानने की ओर नहीं ले जाता ? क्या भाषा के समक्ष होकर भी महत्त्वहीन रह जाने का हमारा संकट हमें उसकी जड़ों की ओर नहीं ले जाता जो भारतीय मनुष्य की जातीय स्मृति और परम्परा में है ? क्या स्मृतिहीन भाषा लेखन को अन्ततः आत्महीनता की ओर नहीं ले जाती रही है ? क्या यह जरूरी नहीं हो गया है कि हम अपने अतीत के, भाषायी और जीवन संबंधी, उपयोग खोजें ? क्या भाषा के अपने दबाव उसे इतिहास से बाहर पड़े होने की स्थिति से 'ऐतिहासिकता' की ओर ले जाने के नहीं हैं ?

हमारी भाषा की जड़ें सिर्फ़ पुराकथाओं के प्राचीन भण्डार भर में नहीं हैं बल्कि-लोकजीवन की अनगिनत छवियों, मुहावरों में और उन प्रतीक-व्यवस्थाओं

में भी हैं जिन्हें हमसे पहले के कृतिकारों ने विकसित श्रौर सिद्ध किया। फ़ार्म के निहायत कामचलाऊपन से श्रब हमें ही ऊब हो रही है श्रौर लगता है कि मुक्त छन्द की एकरसता श्रौर यांत्रिकता से छुटकारा छन्द की श्रोर वापसी से ही मिल सकता है। छन्द पर पुनर्दृष्टि करना उन लयों की श्रोर फिर लौटना है जिनसे हमारी पुरानी स्मृति चरितार्थ होती है। बिना रूढ़िधर्मी या श्रन्ध-विश्वासी हुए, श्रपनी संस्कृति की नयी पहचान विकसित करना जिसमें हमारी जातीय स्मृतियों श्रौर समकालीन संशयों दोनों को किसी उत्तेजक संतुलन श्रौर संबंध में विन्यस्त किया जा सके, शायद एकमात्र विकल्प रह गया है।

नए-पुराने का झगड़ा

(१)

तटस्थ भाव से आप भले ही यह कह लें कि दिल्ली राजनीति का केंद्र है, यह नहीं कहा जा सकता कि वह धीरे-धीरे साहित्य की राजनीति का भी केंद्र होता जा रहा है। बल्कि साहित्य के झगड़ों और अखाड़ेबाज़ी का—क्योंकि, लाख दुरुपयोग के बावजूद, राज-नीति एक सम्माननीय शब्द है। आप 'इधर' के हों या 'उधर' के, या सुरक्षित 'बीच' के, इससे इनकार करना आपके लिए कठिन होगा कि पिछले दिनों राजधानी में नए-पुराने के बीच एक अजीब-सा घमासान मचा रहा है। कोई भी साहित्यिक आयोजन हो, उसमें नई-पुरानी पीढ़ियों को लेकर कोई-न-कोई अप्रिय या कटु प्रसंग ज़रूर उठ खड़ा होता है। कुछ समय पहले श्री यशपाल की षष्टिपूर्ति के अवसर पर आयोजित अभिनंदन-समारोह में एक पुराने लेखक श्री मन्मथनाथ गुप्त ने फ़रमाया कि यशपाल की श्रेष्ठता का एक प्रबल प्रमाण यह भी है कि नए लेखक उन्हें कोसते या गालियाँ नहीं देते। आप कहेंगे, क्या यहाँ की साहित्यिक गति-विधि इतने घटिया स्तर पर उतर आती या आई है! और रोना ही इस बात का है कि स्थिति सचमुच कुछ ऐसी ही है यानी नए-पुराने के बीच जो द्वंद्व या संघर्ष (वैसे ये दोनों शब्द अनुपयुक्त हैं—झगड़ा या लड़ाई ज़्यादा ठीक होंगे) चल रहा है वह साहित्यिक या कलात्मक स्तर पर कम, भावात्मक और, लगता है, सामाजिक और व्यक्तिगत स्तर पर ज़्यादा है।

संघर्ष पुरानी और नई मूल्य-दृष्टियों, पुराने-नए प्रतिमानों को लेकर हो तो निश्चय ही वह एक स्वस्थ विकासशीलता का प्रमाण माना जा सकता है। पर यहाँ अगर वह इस स्तर पर शुरू

भी होता है तो जल्दी ही कठोर, रूढ़, भावात्मक उत्तेजना में फिसल जाता है और अस्वस्थ और घातक खोखलेपन का पर्याय बन जाता है। फिर तरह-तरह के अतिवाद सिर उठाते हैं। एक ओर तो यह कि नई कविता या नई कहानी जैसी कोई चीज़ या तो है नहीं और अगर है भी तो पूर्ववर्ती साहित्य की तुलना में उसकी कोई बड़ी उपलब्धियाँ नहीं हैं और न ही वह उससे आगे का विकास है और दूसरी ओर यह कि हमसे पहले के प्राय: सभी लेखकों का मात्र ऐतिहासिक महत्त्व है, जो मानवीय है, श्रेष्ठ और मूल्यवान है, हम से ही प्रतिष्ठित होना शुरू हुआ है। एक ओर मान लिया गया है कि जो पुराना है, विश्वविद्यालय में स्वीकृत है, उसकी सार्वकालिक श्रेष्ठता स्वयंसिद्ध है, तो दूसरी ओर यह धारणा प्रबल है कि किसी चीज का मात्र नया होना उसके महत्त्वपूर्ण होने का भी पर्याप्त प्रमाण है। पर बात अगर इस तरह के साफ़-साफ़ दो अतिवादों तक सीमित होती, तो विवेकशील दृष्टिकोण के नाम पर कालिदास का साक्ष्य देकर कह देना काफ़ी होता कि 'पुराणमित्येव न साधु सर्वम्'। पर ऐसा नहीं है और बहुत-सी और बातें इसमें उलझी हुई हैं, जिनकी पड़ताल इस सांस्कृतिक परिवेश को स्पष्ट करेंगी जिसमें समकालीन लेखक रहते हुए रचना करता है।

पहले पुरानी पीढ़ी को लें। नए कवि के साथ तो शुरू से ही आलोचना-कार्य भी आपद्धर्म के रूप में जुड़ा है—बल्कि इस कारण उसे 'आलोचक अधिक, कवि कम' का आरोप भी सहना पड़ा है। 'नई कविता' से आगे की धारा होने का दावा करने वाली 'नई कविता' का लेखक 'नया' कहानीकार भी नए कवि का अनुकरण करता हुआ आलोचना करने के लिए 'बाध्य' हुआ है। उससे पहले छायावादी को भी अपनी कविता की वकालत करनी पड़ी थी और उसकी आलोचना निश्चय ही एक महत्त्वपूर्ण योगदान है। पर पुरानी पीढ़ी के लेखकों को आलोचना को न कभी आपद्धर्म के रूप में स्वीकार करने की ज़रूरत पेश आई और न ही उन्होंने ऐसा कुछ किया। उनमें से एकाध को चिंतक बनने का चस्का था सो बन गए। बहरहाल, अपने युग में (गो वे नहीं मानते कि उनका युग अभी समाप्त हुआ है या हो भी सकता है) उन्होंने आलोचना में कोई ख़ास दख़ल नहीं दिया। यानी व्यवस्थित आलोचना उनके लेखकीय स्वभाव और कार्य का अंग नहीं रही। फिर इधर यकायक जाने क्या हुआ है कि बहुत सारे पुराने लेखक आलोचनात्मक दाँव-पेच में हिस्सा लेने लगे हैं। आलोचना हमेशा एक कठिन काम है—वह दुहरी संपृक्ति माँगती है, परंपरा से और समकालीन मूल्य-बोध से। उनके बीच जो तनाव होता है, वही आलोचना को उसकी रचनात्मक उत्तेजना देता है। जिनके पास यह संपृक्ति नहीं है—और यहाँ की पुरानी पीढ़ी के अधिकांश लेखकों के पास यह संपृक्ति नहीं है—उनकी आलोचना कैसी भोली जिज्ञासाओं में परिणत होती है, उसके नमूने दिल्ली की गोष्ठियों में ख़ूब

देखने में आते हैं। उनका मूल तत्त्व है यह चिंता कि आज से दस-बारह बरस बाद नई कविता और नई कहानी को क्या कहा जाएगा। कभी-कभी उन्हें यह सोचकर ढाढ़स भी बँधता है कि जो आज नई कविता है वह कल पुरानी पड़ जाएगी। कुछेक नई कविता जैसे आंदोलन या प्रवृत्ति की अवश्यंभाविता को इस बात से सिद्ध मानते हैं कि आखिर पूरी-की-पूरी पीढ़ी तो पागल नहीं हो सकती। कुल मिलाकर पुरानी पीढ़ी के लेखकों के दृष्टिकोण और व्यवहार के सम्बन्ध में यह बात दुहराई जा सकती है कि उनमें से अधिकांश ने नए साहित्य को पढ़ने का कष्ट नहीं किया है। अगर किया होता तो उसके सम्बन्ध में अपने वक्तव्यों में वे ऐसी भोली जिज्ञासाएँ न करते और अपनी सैद्धांतिक आक्षेप की बातें वास्तविक रचनाओं का उल्लेख कर समर्थित करते और प्रामाणिक बनाते। हमारे साहित्यिक परिवेश में इससे बड़ा व्यंग क्या होगा कि नई कविता पर ऐसे छायावादोत्तर कवियों को बार-बार बोलने के लिए खड़ा कर दिया जाता है जिनका या तो नई कविता का अध्ययन संदिग्ध है या आलोचना-बुद्धि (उस अर्थ में जिसमें उसकी ऊपर परिभाषा है)।

पूरी चीज़ का एक दूसरा पक्ष भी है। दुनिया में कहीं भी साहित्यिकों के व्यक्तिगत सम्बन्धों के आधार पर आलोचना के प्रतिमानों में इतनी फेर-बदल या दोग़लापन नहीं होता होगा जितना कि हिन्दी में। यह सांस्कृतिक रूप से हमारे कच्चेपन का, अपरिपक्व होने का, ही सबूत है। अक्सर पुराने लेखक नए लेखक को उद्दंड, अहम्मन्य समझते हैं और शिकायत करते हैं कि वह उन्हें यथोचित सम्मान नहीं देता। इस बात में थोड़ी सचाई ज़रूर है, पर उसके लिए उत्तरदायी पुराने लेखक स्वयं हैं। क्या वे उसे ध्यान या सहानुभूति से पढ़ते हैं ? यानी, क्या वे युवा लेखक को पढ़कर उसे समझने का प्रयत्न कर उसका सच्चा सम्मान करते हैं ? क्या वे सामाजिक कारणों से (क्योंकि अब समाज में नए लेखक की प्रतिष्ठा और लोकप्रियता बढ़ रही है) उसके साहित्य को—उसमें जो सच्चा और मूल्यवान है उसको मान्य करने से बराबर इनकार नहीं करते ? और फिर किसी के व्यक्तिगत आचरण या व्यवहार के आधार पर उसके साहित्य के बारे में अपनी राय बनाना मूर्खता भी है और जघन्य अपराध भी। मूर्खता इसलिए कि स्पष्ट ही इससे साहित्य में बुनियादी मूल्यों का अज्ञान ही प्रगट होता है, और अपराध इसलिए कि वह एक स्वस्थ संस्कृति के नैतिक मानों को भ्रष्ट करने के लिए प्रवृत्त होता है। जो ऐसा करते हैं वे किसी तरह के सम्मान या स्नेह के पात्र नहीं हैं, फिर वे आज से पचास-साठ बरस पहले पैदा हुए हों या बीस बरस पहले। फिर क्या पुरानी पीढ़ी में कुछ दुरंगे लोग भी नहीं हैं ? वे लोग नयी पीढ़ी के साथ जो कुछ करते हैं उसका ज़िक्र क्या, ख़ुद पुरानी पीढ़ी के साथ भी तो वे अन्याय कर रहे हैं। एक उदाहरण काफ़ी होगा।

श्री नगेन्द्र ने कुछ बरस पहले यशपाल की एक बहुचर्चित कृति **झूठा-सच** को महान और भारतीय साहित्य का शिखर घोषित किया पर प्राप्त सूचनाओं के अनुसार उन्होंने साहित्य अकादेमी के पुरस्कार के लिए उस कृति को, उसके विचारार्थ प्रस्तुत होने के बावजूद, दो बरसों तक अपना समर्थन नहीं दिया। श्री नगेन्द्र को यह भी समझ में नहीं आता कि पाँच सौ रुपये की स्थायी नौकरी करने वाला नया लेखक अनास्था या कुंठा की बात कैसे कर सकता है। जीवन जिनके लिए वेतन के गणित-जैसा सरल है, ऐसे बहुत हैं। उनसे नए साहित्य क्या किसी भी साहित्य की गहरी समझ की आशा करना व्यर्थ ही है। उनकी सादगी पर रहम आता है कि लड़ते हैं मगर हाथ में तलवार भी नहीं।

इस सम्बन्ध में अंग्रेजी के युवा कवि डॉम मोरेस के हाल ही में **दि इलस्ट्रेटेड वीकली आफ़ इण्डिया** में प्रकाशित ऑक्सफ़ोर्ड सम्बन्धी संस्मरण की ओर ध्यान जाना स्वाभाविक है। श्री मोरेस ने बताया है कि उनके और युवा लेखक मित्रों की मंडली में प्रसिद्ध कवि-समीक्षक डब्ल्यू० एच० ऑडेन (जो ऑक्सफ़ोर्ड की पोएट्री-चेयर पर प्रोफ़ेसर होकर गए थे) और अमरीकी कवि-समीक्षक एलेन टेट दोनों ही बिलकुल घुल-मिल गए थे और उनकी रचनाएँ गहरी दिलचस्पी से सुनते और उन पर चर्चा करते थे। दिल्ली में इतने शीर्षस्थानीय पुराने लेखक हैं पर उनमें से ऐसे कितने हैं जो ऐसा कुछ करते हों या जिनसे ऐसी 'सम-कालीनता' की आशा की जा सके? यह नहीं कि उनके आस-पास लेखक-लिक्खाड़ों की मंडलियाँ नहीं घूमतीं। उनके दरबार लगते हैं, पर उनमें जो लेखक जाते हैं वे प्राय: ऐसे लोग हैं जिन्हें चाटुकारिता या प्रशंसा से सरकारी (क्योंकि पुराने लेखक का सरकार में प्रभाव है) या ग़ैर-सरकारी नौकरी मिलने की उम्मीद होती है, न कि अपने रचनात्मक विकास में किसी तरह की सहायता। यह सब देखते हुए कई बार लगता है कि सच्चे नए लेखक की एक नकारात्मक परिभाषा यह भी है कि वह ऐसा लेखक है जिसने मानवीय और नैतिक विघटन और अध:पतन समाज और संस्कृति में ही नहीं लेखक-समाज में भी इसी मात्रा में देखा है।

लेकिन इसका यह अर्थ नहीं है कि नया लेखक बिलकुल दूध का धोया है। अगर पुराना लेखक एक ध्रुव पर खड़ा है तो, भले ही इसकी प्रतिक्रियास्वरूप, नया लेखक भी दूसरे ध्रुव पर गया है, उसने भी लेखकीय नैतिकता को भ्रष्ट करने में कुछ-न-कुछ हाथ बँटाया है। उसने भी आवेश में आकर अपना विवेक और संतुलन खोया है। नतीजा यह है कि उसने अपने पहले के साहित्य के ख़िलाफ़ जेहाद बोलने में ही अपनी कर्त्तव्यपूर्ति मान ली है, जैसे पुराने साहित्य-मूल्यों को अपदस्थ करके ही नया साहित्य अपने को सिद्ध कर सकता है। यह तो ठीक है कि पुराने साहित्य-मूल्यों में कुछ व्यर्थ पड़ गए हैं और उनका स्थान

नयों को लेना चाहिए, पर उनमें से सबके-सब अपनी सार्थकता खो बैठे हैं ऐसा मानना साहित्य की प्रगति के स्वरूप की एक अत्यन्त भ्रांत धारणा का परिचायक है। ज़रूरत इस बात की ही नहीं है कि नए और पुराने के अंतर को स्पष्ट किया जाए, इस बात की भी है कि उनके बीच की निरंतरता को भी पहचाना और सामने लाया जाए। नई कविता और छायावाद की बुनियादी मूल धारणाओं में काफ़ी अंतर है, पर साथ ही नई कविता में कुछ ऐसे तत्त्व भी हैं जो छायावाद के तत्त्वों का या तो विकास हैं या पुनराविष्कार।

कई बार लगता है कि नए कवि इस बात को स्वीकार करने से इसलिए कतराते हैं कि उससे शायद उनका 'नएपन' का दावा खतरे में पड़ सकता है। स्पष्ट ही यह एक फ़िज़ूल-सी चिंता है। इस दृष्टि से देखें तो कुछेक नए कवियों के वक्तव्य काफ़ी दुर्भाग्यपूर्ण रहे हैं। एक उदाहरण वह वक्तव्य है जिसमें हाल ही में श्रीकांत वर्मा ने समूचे छायावादी काव्य को 'संवेगहीन' ठहराते हुए काव्य नहीं, काव्य की भूमिका क़रार दिया था। स्पष्ट ही छायावाद को 'स्वर्णयुग' मानकर आलोचना के स्वर्ण-प्रतिमान स्थापित करना, जैसा कि अधिकांश ऐकेडेमिक आलोचक करते हैं, आलोचना को उसकी समकालीनता और जीवंत अर्थवत्ता से वंचित करना है। किंतु छायावाद 'उपलब्धियों का शिखर' न हो, पर उसे मात्र 'ऐतिहासिक पृष्ठभूमि' मानने में भी भावात्मक उत्तेजना ज़्यादा है, आलोचनात्मक विवेक कम। नया लेखक भावुकता का विरोधी है, पर क्या यह भावुकता ही नहीं है कि वह 'नए' की रक्षा में पुराने के सच्चे अवदान को भी झुठला देना चाहता है? पुराने लेखक ज़्यादातर व्यक्तिगत संबंधों के आधार पर नए साहित्य पर अपनी रायें बनाते हैं। पर फिर नया लेखक भी तो कई बार नए साहित्य के बारे में उनके विचारों या मतों के आधार पर उनके रचनात्मक कृतित्व या अवदान से इनकार करता है या उसका अवमूल्यन करता है। जो आज मृतप्राय या जड़ हैं, वे अगर कभी जीवित थे तो इससे इनकार करना बिलकुल अनावश्यक और अनुचित है।

नए लेखकों के संप्रदाय में एक दूसरी समस्या उसमें बढ़ती हुई नक़ली या नक़लची लेखकों की संख्या है। उनका एक पूरा 'अंडरवर्ल्ड' दिल्ली में बन गया नज़र आता है। उनमें भी कई हैं जो पुराने साहित्य की भर्त्सना करते रहते हैं। अंतर यह है कि वे उसे बिना पढ़े या समझे-बूझे ऐसा करते हैं, जबकि सच्चे नए लेखक समझ-बूझकर ऐसा करते हैं, भले ही भावात्मक उत्तेजना में अतिशयोक्ति कर जाएँ। होता यह है कि शोर-गुल में उनके नामहीन कोरस को भी एक तरह की मान्यता मिलने लगती है। अपने साहित्य या संस्कृति की बृहत्तर परंपरा से संपृक्त होने की बात तो दूर, उनमें से अधिकांश ऐसे हैं जिनका छायावाद तक से अच्छा परिचय नहीं है, जबकि उनमें से दस-बारह मिलकर

हर हफ़्ते या पखवारे एक नया 'आधुनिक' आंदोलन प्रारम्भ करने की घोषणा करते रहते हैं। दुनिया में शायद कहीं भी इतने भीषण अज्ञान और विवेक-शून्यता के बाद भी लेखक कहलाना और माना जाना उतना आसान न होगा जितना इन लोगों के लिए हो गया है। इनमें से ज़्यादातर कैरीयरबाज़ हैं जो अपने लेखकीय लेबिल का उपयोग अपनी व्यक्तिगत समृद्धि को बढ़ाने में करना चाहते हैं, और प्रायः सफल भी होते हैं।

कैरीयरबाज़ी दिल्ली के लेखक-जगत का एक उल्लेखनीय पक्ष है और वह नक़ली लेखकों तक ही सीमित नहीं है। नई और पुरानी पीढ़ियों के बीच का झगड़ा कुछ उस चीज़ को लेकर भी है जिसे अंग्रेज़ी में 'ऐस्टेब्लिशमेंट' कहा जाता है। नए लेखकों में से कुछ हैं जो 'ऐस्टेब्लिशमेंट' की रूढ़िबद्ध जड़ता के कारण सिद्धांततः उसके ख़िलाफ़ हैं (फिर वह आकाशवाणी हो या विश्वविद्यालय, सरकारी या अर्द्ध-सरकारी संस्थान)। पर ऐसे बहुत हैं जो अधिकांश पुराने लेखकों की तरह 'ऐस्टेब्लिशमेंट' में प्रवेश पाकर समृद्ध होना चाहते हैं। 'समृद्धि का रोग' क़रीब-क़रीब महामारी की तरह बढ़ता जाता है। यह ठीक है कि लेखक को साधारण नागरिक की तरह हर सुविधा मिलनी चाहिए और इसके लिए उसका प्रयत्न करना उचित है। पर लेखक का साहित्य-कर्म को समृद्धि का साधन बना लेना क़िसी भी तरह उचित या हितकर नहीं कहा जा सकता। दिल्ली में जो एक तरह का बाज़ारूपन या व्यवसाय-बुद्धि का वातावरण है, वह इसीलिए कि ऐसे नए लेखक काफ़ी कम हैं जो (अपनी दैनंदिन की सामान्य सुविधाओं की यथोचित चिंता करते हुए) साहित्य-कर्म में ही अपनी सच्ची समृद्धि देखते हों। ज़्यादातर को तो दूसरी तरह की समृद्धि का रोग लगा है। ऐसे लेखक, स्पष्ट ही विवेक के नाम पर नए-पुराने के झगड़े से तटस्थ बनते हुए, एक तरह की चतुर व्यवहारकुशलता का सहारा लेकर अपने को सुरक्षित रखते हैं और अपने हितसाधन में रत रहते हैं। यह आकस्मिक नहीं है कि नए-पुराने के संघर्ष मे बार-बार बहुत थोड़े लेखक ही साहसपूर्वक (फिर भले ही भावात्मक उत्तेजना के कारण कभी-कभार अनावश्यक रूप से भी) अपनी बात कहते हैं। बाक़ी अगर ऐसा कुछ सोचते-मानते भी हैं जो किसी तरफ़ से 'ऐस्टेब्लिशमेंट' के ख़िलाफ़ जाता है, तो उसे व्यक्तिगत स्तर पर भले कहें, पर सामाजिक रूप से कभी नहीं कहते। होता यह है कि जो साहसपूर्वक अपनी बात कहते हैं वे 'ऐस्टेब्लिशमेंट' के कोपभाजन बनते रहे हैं और जो चतुराई से या कायरता के कारण 'तटस्थ' रहते हैं, दोनों ओर से फल पा रहे हैं। नैतिक साहस आज भी लेखक समाज में एक दुर्लभ गुण है, यह नए साहित्य के सन्दर्भ में एक शोचनीय स्थिति है।

(२)

ऊपर जिसे नए-पुराने का 'झगड़ा' कहा गया, उसे कुछ लोग 'संघर्ष' मानकर कुछ अतिरंजित महत्त्व देने की कोशिश करते हैं। अगर यह मान भी लिया जाए कि यह सचमुच संघर्ष ही है, और इसके मूल मे नई और पुरानी मूल्य-दृष्टियों का टकराव है, तो यह सवाल उठता है कि क्या सचमुच आज समकालीन लेखक के सामने जो सृजनात्मक समस्याएँ हैं, उनमें से यह संघर्ष भी एक है। जिसे हम नवलेखन या नया साहित्य कहते हैं, उसे चलते अब बीस बरस होने को आए हैं। और अगर आपकी इच्छा इस बीच के इतिहास को झुठलाने या उसकी मनचाही व्याख्या करने की नहीं है, तो फिर आपको यह मानने में कोई हिचक नहीं हो सकती कि इस अवधि में नवलेखन ने अपने को सब तरह से प्रतिष्ठित किया है। हिन्दी के संस्कारी पाठक में इतनी प्रौढ़ता तो आ ही गई है कि वह विश्वविद्यालय के पाठ्यक्रम या अकादमियों के पुरस्कार को प्रतिष्ठा का प्रमाण नहीं मानता। यह अकारण नहीं है कि पिछले ही दो दशकों की सारी विचारोत्तेजक आलोचना नई कविता और नवलेखन-केंद्रित रही है। यह रचनात्मक लेखन की नहीं, हमारी आलोचना की असफलता है कि, बावजूद इस सकेंद्रण के, वह अब तक ऐसा कोई संतोषप्रद उपकरण विकसित नहीं कर पाई, जो इस साहित्य की समूची जटिलता, मूल्य-संघटन और अर्थ गांभीर्य को ठोस ढंग से परिभाषित कर उसे मूल्यांकित कर सके। यह बात भी बिल्कुल साफ़ है कि आज जो नया है वही अच्छा और महत्त्वपूर्ण और श्रेष्ठता की संभावनाओं वाला भी है, और जो पुराना है वह निष्प्राण और महत्त्वहीन। यहाँ पुराने से मतलब उस साहित्य से है, जो आज की परिस्थिति में लिखा जा रहा है, पर अपने समय की मानवीय वास्तविकता से कटा हुआ है, उससे नहीं जो केवल कालक्रम में पुराना है।

परंपरा हमारी आलोचना का शायद सबसे अस्पष्ट और दुर्भाग्यपूर्ण शब्द है, ख़ासकर इसलिए कि नए साहित्य पर सारे प्रहार प्रायः परम्परा की सुरक्षित ओट लेकर किए जाते हैं। मज़े की बात यह है कि इस बात को मानने से अब बहुत दिनों तक इनकार करना संभव नहीं कि अंततः नए की भी अपनी परंपरा बन गई है। अगर दो दशकों की अवधि में पैदा होकर समाप्त होनेवाला छायावाद हमारी परंपरा में आता है (बल्कि कई बार ऐसा लगता है कि हमारे ज्यादातर आलोचकों के लिए परंपरा का मतलब छायावादी और उत्तर-छायावादी कविता और उसके अधिकांशतः रोमैंटिक काव्य-सिद्धान्त से होता है), तो बीस वर्षों से बराबर विकसित होने वाली नई कविता भी—जो अगर परंपरा से सचमुच विच्छिन्न होती, तो इतनी लंबी अवधि तक ऐसे सशक्त रूप में जीवित नहीं रह सकती थी—हमारी परंपरा का अविभाज्य अंग है। जिसे अक्सर

परंपरा को आगे बढ़ानेवाला साहित्य कहकर आज प्रोत्साहित किया जाता है, वह जड़ और निष्प्राण रूढ़ि मात्र है। दरअसल जो नया है, वही परंपरा से रचनात्मक द्वंद्व की स्थिति में रहकर उसे आगे बढ़ाता और समृद्ध करता है।

इस तरह यह महसूस होता है कि नए और पुराने के बीच आज कोई इतना तीव्र संघर्ष नहीं हो रहा है कि समकालीन साहित्य रचना के लिए वह समस्या का रूप धारण कर उपस्थित हो। जो चल रहा है वह साहित्यिक नहीं, सामाजिक स्तर पर है, और कोई रचनात्मक संघर्ष नहीं, झगड़ा-मात्र है। उसके अंतर्गत जो सवाल पूछे जा रहे हैं वे आज की परिस्थिति में महत्त्वपूर्ण नहीं, बल्कि भ्रांति पैदा करने वाले हैं। नए साहित्य पर विदेशीपन, अंधानुकरण, परंपरा-हीनता, दुरूहता, बौद्धिकता, अनैतिकता, उच्छृंखलता, पाठक-वर्ग का अभाव, आदि के आरोप पिटे-पिटाए हैं—नए साहित्य के आंदोलन के आरंभिक दस-बारह वर्षों में वे प्रसंगानुकूल थे और उनका संतोषप्रद उत्तर भी तब दिया गया था। जो कुछ लोग आजकल बड़े ज़ोर-शोर से इन्हीं आरोपों को दुहराकर अपना सिक्का फिर से बाज़ार में चलवाने की कोशिश में हैं, उन्होंने ताबड़तोड़ नए साहित्य के बारे में वही पुराने सवाल पूछना शुरू किया है, जैसे साहित्य और तत्संबंधी चिंतन-विचार वहीं रुका हुआ हो, जहाँ लगभग एक दशक पहले उन्होंने उसे छोड़ा था। आपकी समकालीनता की एक पहचान यह होती है कि आप कौन-से सवाल पूछते हैं। नई शंकाएँ भी उठाई जा सकती हैं, पर उन सबका संदर्भ नए साहित्य की प्रतिष्ठा का स्वीकरण ही हो सकता है। ऊपर जिनका ज़िक्र आया है वे न तो नए सवाल पूछ रहे हैं और न ही उनके पास यह संदर्भ है।

यह बात बेझिझक दुहराई जा सकती है कि आलोचना दुहरी संपृक्ति माँगती है—परंपरा से और समकालीन मूल्य-बोध से। इस अर्थ में वह गहरे रूप से प्रतिबद्ध कार्य है। आज जो आलोचक तटस्थता का मुखौटा पहनकर इस प्रति-बद्धता से कतराता है, वह मूल्यवान और अर्थपूर्ण आलोचना कर सकेगा, इसमें बहुत संदेह है।

नए लेखक—विशेषकर नए कवि द्वारा की गई आलोचना पर यह भी आक्षेप है कि वह कवि की आलोचना होने के कारण बहुत विश्वसनीय नहीं है। अक्सर वह पक्षधर होती है और उससे अधिक से अधिक नई कविता के समझने में सहायता मिल सकती है, मूल्यांकन का आधार वह नहीं बन सकती। अब अगर आप अंग्रेज़ी आलोचना के इतिहास पर एक नज़र डालें, तो पाएँगे कि ड्राइडेन से लेकर ईलियट, रिचर्ड्स, ब्लेकमर, रेन्सम, 'न्यू क्रिटिक्स' तक सभी महान् और महत्त्वपूर्ण आलोचक मूलतः और प्रायः प्रधानतः कवि रहे हैं। नए लेखक की तरह वे पक्षधर भी रहे हैं और अक्सर मूर्तिभंजक भी। पर उनके काव्य-सिद्धान्तों

और आदर्शों के आधार पर ही साहित्य के विवेचन और मूल्यांकन का इतना सूक्ष्म, संवेदनशील और सचमुच रचनात्मक उपकरण अंग्रेज़ी में विकसित किया जा सका। नए साहित्य का मूल्यांकन करते समय कोई भी समर्थ आलोचक उन सिद्धांतों और धारणाओं का आधार लेने को बाध्य है जो नए लेखक ने अपने रचनात्मक प्रयत्न के दौरान प्राप्त और स्थापित की है। अज्ञेय, मुक्तिबोध, शमशेर और अन्य कई युवतर कवियों की आलोचनात्मक रचनाओं में अनेक उपयोगी धारणाएँ हैं, और अगर हमारी आलोचना को साहित्य समझने-परखने की रचनात्मक ढंग से उत्तेजक प्रक्रिया के रूप में विकसित होना है, तो ये धारणाएँ और सिद्धांत उसके लिए सबसे ठोस संदर्भ और दिशा-दृष्टि प्रस्तुत करते हैं।

कुछ लोग नए-पुराने की समस्या पर आयु के हिसाब से, वर्तमान लेखकों को पीढ़ियों में बाँटकर, विचार करना चाहते हैं। मुझे यह बुनियादी रूप से अनुपयोगी लगता है। साहित्य में 'नया' और 'पुराना' शब्दों से काल या आयु का बोध उतना ही होता, जितना कि मूल्य का। नई पीढ़ी का अर्थ उस समुदाय से है जिसके पास नए मूल्यों के लिए विकलता और संवेदना है और जो अपने को आज के तनावों, सार्वभौम संकट, मनुष्य की ट्रैजिक पीड़ा और उसकी नगण्यता और गरिमा के अंतर्विरोध आदि से उत्कट रूप से संपृक्त करता है, और इस संपृक्ति के दबाव में अभिव्यक्ति और संप्रेषण के माध्यमों का जागरूक आत्मचेतना के साथ प्रयोग या उन्हें पुनराविष्कृत करता है और इस तरह रचनात्मक भाषा को नया संस्कार देता है। उसमें अज्ञेय, मुक्तिबोध, शमशेर, केदारनाथ अग्रवाल जैसे प्रौढ़ता-प्राप्त लेखक भी हैं और बहुत बड़ी संख्या में नवयुवक भी। कुछ छायावादोत्तर कवियों ने अगर कविता में अपनी आलोचना का उत्तर देकर अपने आलोचकों से ही दाद पा ली, तो इससे यह सिद्ध नहीं होता कि व्यवस्थित आलोचना उनके लेखकीय स्वभाव का अंग रही है। उनमें से किसी ने न तो छायावादी कवि या नए कवि की तरह कोई नए और उपयोगी काव्य-सिद्धांत निरूपित किए हैं और न ही अपने से पहले के साहित्य के पुनर्मूल्यांकन की दिशा में कोई महत्त्वपूर्ण स्थापना की है। अगर उनमें सामान्यतः आलोचनात्मक प्रतिभा नहीं थी, तो यह उनके कृतित्व की कोई निंदा नहीं है। पर यह उनके नए साहित्य पर इधर आलोचक का रोल अपनाने का एक ग़ैर-ज़िम्मेदार काम ठहराता है। दूसरे, यह सही है कि हिन्दी में युवा लेखक को अक्सर थोड़े ही समय में प्रकाशन और यश मिल जाते हैं, पर इससे यह बात नहीं कटती या असिद्ध होती है कि पुराने लेखकों में से ज़्यादातर नए लेखक के विकास में कोई रचनात्मक सहयोग नहीं देते और उनमें पश्चिमी पुराने लेखकों जैसी, इस अर्थ में, समकालीनता का घोर अभाव है। नया लेखक पुराने लेखकों की दिलचस्पी या सहयोग के कारण नहीं, हमारी साहित्यिक पत्रकारिता के उलझे हुए प्रतिमानों, संपादकीय विवेकहीनता

और गुटबंदी के कारण, इतनी जल्दी उछल जाता या उछाल दिया जाता है। व्यक्तिगत संबंधों के स्तर पर पुराने लेखकों ने शायद थोड़ा-बहुत कुछ किया हो, पर सामाजिक स्तर पर नयों को निरंतर असहयोगात्मक, उपेक्षापूर्ण, कटु और विरोधपूर्ण रुख ही मिलता रहा है।

नए-पुराने के झगड़े की बहस से ऐसे निष्कर्ष नहीं निकाले जा सकते जो सबको मान्य हों। कुछ निजी निष्कर्ष ही प्रस्तुत किये जा सकते हैं। एक तो, यह नए-पुराने का झगड़ा व्यक्तिगत, सामाजिक और भावनात्मक स्तरों पर अधिक है। आज के रचनात्मक साहित्य की ज्वलंत समस्या वह नहीं है—वह उस परिवेश की, जिसमें आज लेखक लिखने-रहने को बाध्य है, एक विडंबना है। दूसरे, पुराने सवाल पूछने वालों को छोड़कर अब व्यापक रूप से नए साहित्य की प्रतिष्ठा को स्वीकार किया जा रहा है—यह समकालीन संस्कृति की महत्त्वपूर्ण घटना है। तीसरे, यह तीव्रता से अनुभव किया जा रहा है कि हमारी आलोचना में नई उत्तेजना और चिंतन-व्यवहार की आवश्यकता है। इधर धीरे-धीरे, पर दृढ़ता के साथ, आलोचकों का एक ऐसा समुदाय उभरने और साहित्यिक परिदृश्य को प्रभावित करने लगा है, जो ऐलेन टेट के शब्दों में मानता है कि हमारे समय का लेखक मानव-प्रतिमा का पुनर्निर्माण करने के ऐतिहासिक कार्य में लगा है, और जो इस ईमानदार, पर दुस्साध्य मानवीय साक्षात्कार के आदर्श को आत्यंतिक महत्त्व देता है। अगर वह समन्वयवादिता और स्वार्थपरता के फेर में न पड़ा तो यह आशा की जा सकती है कि वह नए और पुराने की समस्या को झगड़े के निंदनीय स्तर से उठाकर आधुनिकता के एक स्थायी और प्रासंगिक तत्त्व के रूप में संग्रथित कर उसे हमारे आलोचनात्मक उपकरण का एक मूल्यवान अवयव बना सकेगा।

बदलता मुहावरा

मैं हूँ उदास !
पर तुझे क्या दुख है
जो गुमसुम खड़ी है यों
मेरे इस सूर्यहीन कंधे पर मुँह रखकर
मेरी नन्हीं तितली !
मैंने दिया है
एक छोटा-सा नाम;
बस इतनी तो बात है !
    किंतु तू न जानेगी,
    मेरी तो सारी यह आयु
    चुक जाएगी
    इससे भी सीधे,
    ग्रौर इससे भी प्यारे
    और इससे भी अर्थभरे
    किसी नए नाम के
    अनवरत अन्वेषण में !

लगभग ग्राठ-नौ बरस पहले जब केदारनाथ सिंह की वह कविता प्रकाशित हुई थी, जिससे ऊपर उद्धरण दिया गया है, तब हिन्दी की प्रायः समूची जीवंत काव्य-रचना मानवीय सचाई की बिलकुल नई श्रेणियों के लिए 'एक छोटा-सा नाम' खोजने में पूरी तरह से व्यस्त हो चुकी थी ग्रौर इस नाम को ग्रधिक सीधा, प्यारा ग्रौर ग्रर्थ-भरा बनाने का 'ग्रनवरत ग्रन्वेषण' नए कवि का एक बुनियादी सरोकार था । दरग्रसल, नई ग्रौर जीवित भाषा की तलाश, जिसमें

समकालीन सचाई साक्षात की जा सके, **तारसप्तक** से शुरू हुई थी और उसकी शुरुआत की निराला की बाद की कविताओं, जैसे **कुकुरमुत्ता**, में भी पहचाना जा सकता था। इस तलाश में सन् १९५० के बाद महत्त्वपूर्ण और उद्दाम विकलता आई। पिछले पचीस बरसों का इतिहास कविता के मुहावरे और संवेदना के बदलने की आकर्षक कथा है।

इससे पहले छायावादी कवियों को लोकोत्तर मिथों के माध्यम से एक आर्गेनिक संसार निरंतर उपलब्ध था। लेकिन सन् '४० के आस-पास यह संसार टूटने-बिखरने लगा, और इस टूटने-बिखरने को स्वीकार करना एक बाध्यता हो गई। नतीजा यह हुआ कि निराला और सुमित्रानन्दन पंत की कविता भी आर्गेनिकसंसार की धारणा से अलग रहने लगी। जब तक यह धारणा इस्तेमाल करने लायक रही, तब तक उससे एक मूल्य-व्यवस्था और कुछ आस्थाएँ एकत्र और उपलब्ध हो सकीं जिनसे अनुभव और उसकी काव्यात्मक अभिव्यक्ति को व्यवस्थित किया और महत्त्व दिया जा सके। कविता का मुहावरा अक्सर उत्सव-धर्मी था और वह छायावादी कवि की आवश्यकताओं के लिए पर्याप्त सिद्ध हुआ। लेकिन जब सामाजिक, आर्थिक, राजनैतिक और ऐतिहासिक शक्तियों के मिले-जुले दबाव में आर्गेनिक संसार की धारणा टूटी और बिखरी, तो आस्था के स्तर पर भी बिखराव अनिवार्य हो गया और इस मौलिक बदलाव को व्यक्त और खोजने-परिभाषित करने के लिए उत्सवधर्मी मुहावरा अगर एकदम अप्रासंगिक नहीं तो एक बड़ी हद तक अपर्याप्त जरूर हो गया। अब कवि का साबक़ा एक बदली, जटिल, चकरा देने वाली और 'पुराणच्युत' दुनिया से पड़ा, और यह स्वाभाविक ही था कि इस साक्षात्कार को चरितार्थ करने के लिए नई भाषा की तलाश युवा कवि का बुनियादी सरोकार बन गई।

पर इससे पहले कि वह सरोकार पूरी तरह से सुस्पष्ट हो, असहनीय सामाजिक-आर्थिक स्थितियों और कविता के संसार को चौड़ा करने की इच्छा ने कवि को मार्क्सवाद की तरफ़ आकर्षित किया। प्रगतिवाद के साहित्य ने मानवीय सहानुभूतियों का दायरा बड़ा किया और मामूली लोगों और ज़िन्दगी को कविता के रचनात्मक घेरे में ला दिया। पर जहाँ उसके साथ राजनीतिक जड़ों ने कविता को अधिक सीधे समकालीन बनाया और मुहावरे को आम भाषा और बातचीत के नजदीक किया, वहाँ दूसरी ओर मुहावरे को रेटौरिकल, शब्दाडंबरी, भी कर दिया। प्रगतिवादी कवि ने छायावादी कवि की ही तरह मार्क्सवादी धारणाओं से एक दूसरा आर्गेनिक संसार रचने की चेष्टा की। हालाँकि सामाजिक सचाई का अन्वेषण करने के लिए मार्क्सवाद एक मूल्यवान उपकरण है, उससे प्रेरित कविता समकालीन सचाई के नए और जटिल दबाव से पूरी तरह प्रतिकृत होने में कामयाब नहीं हो सकी। **तारसप्तक** के नए कवि,

इसीलिए 'राहों के अन्वेषी' बने। अगर उन्होंने छायावादी संसार और मूल्य-व्यवस्था दरकती पाई तो उन्हें प्रगतिवादी संसार भी सँकरा और अपर्याप्त जान पड़ा। नई, प्रासंगिक और प्रामाणिक भाषा की तलाश में उन्होंने उत्सवधर्मी और रिटौरिकल, दोनों ही मुहावरों से मुक्त होने की कोशिश की। व्यक्ति की प्रतिभा को छायावादी ने लगभग अमूर्त बना दिया था और प्रगतिवादी ने व्यक्ति को अवमूल्यित कर लगभग अप्रासंगिक! सन् चालीस के आस-पास नए कवि की सामाजिक सचाई के, जिसमें व्यक्ति उलझता है, अहसास के साथ-साथ व्यक्ति की प्रामाणिक प्रतिभा को फिर से पहचानने और गढ़ने का उपक्रम किया गया। कविता की भाषा तब तक शब्दों की एक निष्करुण परंपरा बन चुकी थी और नए कवि ने उसे नए संबंधों की तलाश और व्यवस्था के लिए एक सक्षम, समावेशी और सघन माध्यम बनाने का संघर्ष शुरू किया।

पर अपने तात्कालिक अतीत से संपूर्ण अलगाव कविता में शायद ही कभी हो पाता है, अगर वह एकदम असंभव न भी हो। छायावाद और प्रगतिवाद दोनों से अलग अपनी राह खोजने की इच्छा और कोशिश के बावजूद **तारसप्तक** के कवि दोनों के प्रभाव से पूरी तरह मुक्त या निरपेक्ष नहीं हो सके। उनकी कविता में कहीं-न-कहीं आर्गेनिक संसार के लिए दबे-छुपे नास्टेल्जिया और एक 'आशा-प्रद अंत' की प्रतीक्षा बनी रही। इस बीच देश स्वतन्त्र हुआ और नए अंतर्विरोध सामने आए। एक ओर तो नई आशाएँ-आकांक्षाएँ आईं और स्वतन्त्रता की नई शक्ति प्रवाहित हुई, और दूसरी ओर देश के बँटवारे, महात्मा गांधी की हत्या ने दुखद कुंठा को जन्म दिया। आशा और कुंठा, नए आवेग और पुराने तनावों और लगातार संकट के तीखे अहसास के वातावरण में सन् '५० के आस-पास कवि ने उत्सवधर्मी और रिटौरिकल मुहावरों की प्रथाओं से छुटकारा पाया और उसका स्वर परिपक्व हुआ—उसने वाणी की एक नई स्वतन्त्रता हासिल की।

सबसे पहले तो काव्यात्मक सरोकारों का क्षेत्र बहुत विस्तृत हुआ। छायावादी के पैस्टोरल संसार और प्रगतिवादी के सँकरे राजनैतिक संसार की जगह एक सीधे मानवीय संसार ने ले ली—एक ऐसे संसार ने जो हम सबका जाना-पहचाना संसार है और जिसमें हम दरअसल रहते हैं। उसकी सारी जटिलता, अंतर्विरोधों और तनावों के साथ उस वास्तविक संसार का, जिसमें हम रहते हैं, बखान, परिभाषा और व्यवस्था युवा कवि का धर्म हो गया।

जाहिर है कि इस बदलाव के साथ काव्यात्मक दृष्टि के क्षेत्र में ही नहीं, बल्कि फ़ार्म में भी कुछ उग्र मूल्य आए। काव्य-सामर्थ्य की पारंपरिक धारणाएँ धूमिल होने लगीं और इस प्रक्रिया में कविता की भाषा के संबंध में एक बिलकुल नई धारणा विकसित हुई। संक्षेप में, यह धारणा यह है कि कविता में भाषा अनुभव की अभिव्यक्ति और अन्वेषण का माध्यम-भर नहीं है, बल्कि स्वयं अनुभव

का आर्गेनिक ढंग भी है। काव्य और शैली, विषय-वस्तु और फ़ॉर्म आदि पारंपरिक द्वैतों का स्थान इस नई पहचान ने ले लिया कि दोनों एक-दूसरे से आर्गेनिक ढंग से जुड़े हैं। इसका यह नतीजा हुआ कि कविता की भाषा में एक नई मानवीय तात्कालिकता आ गई।

बहुत सारे प्रयोगों के बावजूद, पहले की कविता छंद, तुक आदि के कठोर ढाँचे में बँधी हुई थी। नए कवि ने फ़ॉर्म को मुक्त किया और उसे अधिक लचीला और समावेशी बनाया। चूँकि नए कवि की मूल प्रतिज्ञा के अनुसार हर विषय कविता का विषय हो सकता था, काव्यानुभव को व्यवस्थित और चरितार्थ करने में घिसी-पिटी छांदिक परिपाटियाँ एकदम नाकाफ़ी थीं। वास्तविक काव्य-रचना में फ़ॉर्म के नए खोजे गए तत्त्वों को पुरानों से मिलाकर कई तरह के नए और उत्तेजक संयोजन किए गए। यह कहना अनुचित न होगा कि पिछले पंद्रह वर्षों में महत्त्वपूर्ण कविता के लिए छंद, जैसा कि वह पारंपरिक अर्थों में समझा जाता है, काफ़ी हद तक अप्रासंगिक हो गया। पारंपरिक तत्त्वों को एकदम त्याग नहीं दिया गया, लेकिन उनका कुशलता से नए ढंग से और भिन्न उद्देश्यों के लिए इस्तेमाल किया गया। मसलन, पारंपरिक छंद के एक तत्त्व तुक का अज्ञेय ने संगीतात्मकता और मुक्तिबोध ने व्यंग के लिए इस्तेमाल किया :

है अभी कुछ और जो कहा नहीं गया
उठी एक किरण छाई क्षितिज को नाप गई
सुख की स्मृति कसक-भरी निर्धन की
नैन-कोरों में काँप गई
बच्चे ने किलक भरी माँ की वह नस-नस में
व्याप गयी

(अज्ञेय)

इसलिए कि जो है उससे बेहतर चाहिए
पूरी दुनिया साफ़ करने के लिए मेहतर चाहिए

(गजानन माधव मुक्तिबोध)

नए कवि से स्वतंत्र, और सब भाषाओं की तरह, हिन्दी में अपनी एक निजी पारंपरिक प्रतीक-व्यवस्था थी। नए कवि ने अपनी ताज़ी और निजी प्रतीक और बिंब-व्यवस्था प्राप्त की। दोनों के बीच रचनात्मक तनाव नई कविता की समृद्धि का एक प्रधान उद्गम बना।

नई कविता में अनगिनत नए मानव-संबंधों को खोजा और चरितार्थ किया गया। मानवीय नियति से एक नए सरोकार ने कविता में अपने को संबंधों के रचनात्मक अन्वेषण के माध्यम से व्यक्त किया। इस सिलसिले में अज्ञेय मानवीय और चीज़ों के संसारों में अकेलेपन के कवि हैं। मुक्तिबोध में एक गहन निजी

संघर्ष हमारे समय के राजनैतिक उलझाव और तथ्यों के साथ अनिवार्य और विचलित करने वाले ढंग से जुड़ जाता है। रघुवीर सहाय के यहाँ पहले तो जीने के कर्म को सहज पर उद्दाम ऐंद्रिकता से परिभाषित करने की कोशिश है और बाद में समकालीन राजनीति सीधे उनका दृश्यालेख हो गई है, और कविता 'हर दिन मनुष्य से एक दर्जा नीचे रहने' के 'कर्म' का बखान है। श्रीकांत वर्मा का काव्य-संसार एक तरह का आधुनिक जहन्नुम है जहाँ 'किसी के न होने से कुछ नहीं होता'। केदारनाथ सिंह की **अपनी बच्ची के लिए एक नाम**, रघुवीर सहाय की **शक्ति दो पिता** और **दे दिया जाता हूँ**, सर्वेश्वर दयाल सक्सेना की **अपनी बिटिया के लिए दो कविताएँ**, विजयदेव नारायण साही की **एक अर्ध-विस्मृत मित्र के नाम** और **अलविदा**, धूमिल की **मोची राम**, नागार्जुन की **अकाल के बाद** इत्यादि कविताएँ ऐसी हैं जिनमें जाने-पहचाने संबंधों को उनकी पूरी जटिलताओं में नई ऐंद्रिक विकलता और समझ के साथ चरितार्थ किया गया है। सचाई को उसकी पूरी ट्रैजिक संपूर्णता में साक्षात करने में नए कवि ने उल्लेखनीय साहस दिखाया है और यह कहना निराधार नहीं होगा कि शायद ही कभी कविता में मनुष्य की हालत पर पड़ने वाले दबावों और तनावों को इतनी निर्भीकता से पहचानकर काव्यात्मक ढंग से इतना तात्कालिक बनाया गया हो।

नई काव्य-रचना का एक और महत्त्वपूर्ण पहलू इसका ठोसपन और वास्तविक होने पर उसका आग्रह है। स्त्री-पुरुष संबंध के बारे में जो पारंपरिक दृष्टिकोण था उसमें रूमानियत और इच्छित चिंतन इतना था कि संबंध वास्तविक न रहकर हवाई और अमूर्त हो जाता था। स्त्री एक रूमानी आदर्श भले थी, जीवित व्यक्ति नहीं। लेकिन नई कविता में उजागर स्त्री हमारे समय की ठोस और वास्तविक स्त्री है जो एक जीवित इकाई है। उसकी भौतिक और भावात्मक उपस्थिति दोनों ही ठोस ढंग से कविता में उजागर हुई हैं।

अज्ञेय, शमशेर बहादुर सिंह, कुँवरनारायण, केदारनाथ सिंह, रघुवीर सहाय, श्रीकांत वर्मा, धर्मवीर भारती, ठाकुर प्रसाद सिंह, त्रिलोचन, कमलेश, आग्नेय, सौमित्र मोहन, कांता आदि की प्रेम कविताओं में वास्तविक जीवित स्त्रियाँ हैं, सामान्यीकृत आकृतियाँ नहीं। उनमें सेक्स को स्त्री-पुरुष संबंध में एक निर्णायक और सहज तत्त्व के रूप में देखा और स्वीकार किया गया है। अपने पहले के कवियों की तरह नए कवि ने सेक्स और कामना, प्रेम में निराशा और अकेलेपन, की थीमों का दबे-छुपे या अप्रत्यक्ष ढंग से काव्यान्वेषण न कर उन्हें सीधे, बिना किसी हिचक और निर्भीकता से, चरितार्थ किया है। स्त्री-पुरुष इन कविताओं में समकालीन चरित्रों की तरह महसूस करते, बोलते और व्यवहार करते हैं, और इस तरह अपने होने के उद्दाम नाटक को प्रस्तुत करते हैं।

मानवीय तात्कालिकता नई कविता की लगभग चारित्रिक विशेषता है।

मानवीय और मानवेतर संसारों की सीधी पकड़ और एक नई जीवंत ऐंद्रिकता नई संवेदना को परिभाषित करती हैं। प्रकृति को लेकर लिखी गई कविताएँ इस सिलसिले में ध्यान देने योग्य हैं। छायावादियों ने या तो प्रकृति के सुन्दर बखान की कविता लिखी या प्रकृति को प्रतीकात्मक पृष्ठभूमि बनाया। नए कवि ने प्रकृति के अँधेरेपन और निपट उदासीनता के साथ-साथ उसकी पूरी सुंदरता को उसकी ऐंद्रिक विविधता में उजागर करने की कोशिश की है और उसे प्रायः हमेशा ही मानव-स्थितियों से जुड़ा हुआ पाया है :

सूना-सूना पथ है, उदास झरना
एक धुँधली बादल रेखा पर टिका हुआ
आसमान
जहाँ वह काली युवती
हँसी थी।

(शमशेरबहादुर सिंह)

देखो वृक्ष को देखो वह कुछ कह रहा है
किताबी होगा कवि जो कहेगा कि हाय पत्ता झर रहा है
रूखे मुँह से रचता है वृक्ष जब वह सूखे पत्ते गिराता है
ऐसे कि ठीक जगह जाकर गिरें धूप में छाँह में
ठीक-ठीक जानता है वह उस अल्पना का रूप
चलती सड़क के किनारे जिसे आँकेगा
और जो परिवर्तन उसमें हवा करे
उससे उदासीन है।

(रघुवीर सहाय)

मानवीय तात्कालिकता का एक दूसरा स्रोत, जिसका नए कवि ने भरपूर लाभ उठाया है, बातचीत की लय है जिसने काव्यात्मक मुहावरे को समृद्ध किया। इस लय के साथ कविता की दुनिया में टटके लोक-बिंब, ताज़े प्रतीक, नए फ़ॉर्म और आम आदमी की रोज़मर्रा ज़िन्दगी की रंगारंग मुद्राएँ नई संवेदना को उपलब्ध हो गईं।

मानवीय बातचीत, जैसी कि रोज़मर्रा की ज़िन्दगी में वस्तुतः होता है, वह कच्चा माल बन गई जिससे कई नए कवियों ने सशक्त कविताओं की रचना की। बातचीत का सक्रिय पारस्परिक प्रभाव इन कवियों की रचनाओं में सजीवता और ताज़गी का जीवनदायी आधार बना है। बल्कि बातचीत के इस नए कलात्मक अहसास के माध्यम से नई कविता और नई कहानी एक-दूसरे के नज़दीक आई हैं। बहुत सारे युवा कवि सक्षम कहानीकार भी हैं। नई कविता का एक बड़ा अंश कथात्मक ब्यौरों और बातचीत की लयों से अपनी नाटकीय

समृद्धि प्राप्त करता है। मुक्तिबोध, रघुवीर सहाय, शमशेर बहादुर सिंह, भवानी प्रसाद मिश्र, विजयदेव नारायण साही, या युवतर कवियों में धूमिल, विनोद-कुमार शुक्ल, मलयज आदि से ऐसे बहुत सारे उदाहरण दिए जा सकते हैं जो समकालीन बातचीत के टुकड़े जान पड़ते हैं।

मानवीय तात्कालिकता का तीसरा स्रोत, ईलियट के मुहावरे में कहें तो, 'वर्तमान का अतीतत्व और अतीत की वर्तमानता' का बढ़ता हुआ अहसास है। समकालीन अव्यवस्था को ठोस और गहरे ढंग से समझने और चरितार्थ करने के लिए नए कवि ने पुराकथाओं और मिथकों का भरपूर इस्तेमाल किया है। इस सिलसिले में धर्मवीर भारती के काव्य-नाटक **अंधायुग** में जो हिन्दी नाटकीय कविता की शायद सबसे बड़ी उपलब्धि है, महाभारत युद्ध के आखिरी दिन से कृष्ण की हत्या तक की परिचित कथा के ढाँचे में, पुराकथा और दूसरे महायुद्ध के बाद की भयानक निरर्थकता को एक नाटकीय तादात्म्य दिया गया है, और इस तरह मानवीय नियति की मूल प्रकृति, मानवीय दायित्व और अंतःकरण, मूल्यों का संकट इत्यादि समकालीन थीमों का नाटकीय अन्वेषण किया गया है। दूसरे महायुद्ध के बाद का विपर्यस्त संसार नाटक में मार्मिक उपस्थिति बन जाता है और युयुत्सु और अश्वत्थामा जैसे चरित्र समकालीन मानवता के ही संस्करण **नचिकेता** में कुँवरनारायण नचिकेता के पुराण-चरित्र के माध्यम से जीवन के परम अर्थ या निरर्थकता-जैसी जटिल पर सनातन थीम को चरि-तार्थ करने की कोशिश करते हैं; और **असाध्य वीणा** में अज्ञेय एक बौद्ध कथा के माध्यम से आत्मदान और आत्ममुक्ति की अपनी चारित्रिक थीमों को। यह एक दिलचस्प तथ्य है कि नए कवियों ने रामायण के मुक़ाबले महाभारत को अपने संसार के लिए अधिक प्रसंगानुकूल पाया है—उस महाभारत को जो संदेह, अनिश्चय, भय, उग्रता, उथल-पुथल आदि का एक महान् दस्तावेज़ है।

फैंटेसी के फ़ॉर्म का भी नए कवि ने ऐसे उपयोग किया है कि वह एक उत्तेजक, कल्पनाशील और समावेशी माध्यम बन गया है। ख़ासकर मुक्तिबोध ने इस फ़ॉर्म का अत्यन्त प्रासंगिक और कलात्मक उपयोग किया है। उन्होंने अपनी फ़ैंटेसी जासूसी कहानी, रहस्य-कथा आदि के तत्त्वों से संयोजित की है, और वह भारतीय मनुष्य की भय, उम्मीद, कुंठा, पीड़ा-भरी दुनिया में मुक्ति-बोध की अंतर्दृष्टि को मार्मिक और विचलित करने वाले ढंग से चरितार्थ करने वाली संरचना हो सकी है। दूसरे अलग तरीकों से हमारे समय और समाज की अपरिभाषित सामाजिक और निजी सचाइयों को पकड़ने, उजागर करने और चरितार्थता देने के लिए श्रीकांत वर्मा, राजकमल चौधरी, रघुवीर सहाय, कमलेश और विनोदकुमार शुक्ल ने भी अपनी इधर की कविताओं में फ़ैंटेसी के तत्त्वों का उपयोग किया है :

पैरों पर चढ़ती हैं चींटियाँ
कंधे पर पंजे गड़ाता है
                    रीछ ।
भुजा पर प्रेमिका
                    करती है क्रौं ।
—बची रह गई हैं
            मुद्राएँ, सर्प,
                    हाथ, धनुष,
और
        उरोज ।

(मत्स्यबेध : श्रीकांत वर्मा)

            ······मैं अपने ही
घटनाविहीन पूर्वजन्म के मरघट में
भटकता रह जाता
अपनी पितृशिला ढूँढ़ता हुआ अकेले और सैंट्रल होटल में
                    मिले हुए अतीत-यात्रियों के साथ
अपनी विधवाओं के साथ गंगासागर की तीर्थयात्रा
प्रजास्थानों के लिए
प्रजाजनों के निरुपाय जुलूस में मौसमी झंडे थामे हुए······

(मुक्तिप्रसंग : राजकमल चौधरी)

हाथ में एक नई ब्लेड लेकर
पूरी गंभीरता से मैंने कहा कि
अँधेरा छोटे-छोटे बाल की तरह उगा था
साथियों ने एक साथ कहा कि
बिस्तर भूल गया था और
दाढ़ी बनाने का सामान था
अँधेरा मेरे कमरे का मुखौटा लगता था······
······जबकि मेरा स्वतंत्र देश
एक वही था जो पिंजड़े सहित पेड़ पर जाकर बैठ गया था ।
: जैसे मैं कमरे सहित घूमता था :
पीपल के पेड़ पर बैठा ।

खजूर के पेड़ पर बैठा।
रौबदार आदमी दाढ़ी बनाकर रौबदार था।

(एक कविता : विनोदकुमार शुक्ल)

लेकिन, जैसे कि और जगह भी, कविता में नएपन से कुछ अंतर्विरोध और रूढ़ियाँ भी उत्पन्न हुईं। साहस, निर्भीकता, नग्नता आदि की भी रूढ़ियाँ बन गई हैं जिन्हें बीसियों कवि मशीनी तौर पर बिना कुछ नया या उत्तेजक खोजे या किए दुहराते हैं। आशा, आकांक्षा, सबसे तादात्म्य की संभावना, लोकोत्तर आश्वासन आदि की पुरानी दक़ियानूसियों की जगह अकेलेपन, निराशा, यौन अराजकता, जीने की तुच्छता, निरर्थकता आदि की नई दक़ियानूसियों ने ले ली है। अद्वितीयता के संप्रदाय और नितांत निजीपन की तानाशाही ने इन नई दक़ियानूसियों से जैसे साँठ-गाँठ कर ऐसी बहुत-सी कविता को जन्म दिया है जो मानवीय अनुपस्थिति की कविता है। यह एक विडंबना ही है कि जहाँ नई कविता में जो श्रेष्ठ है, उसने कविता के मुहावरे को नई मानवीय तात्कालिकता दी है वहाँ उसमें जो ख़राब है उसने मुहावरे को लगभग 'डिह्यूमैनाइज़' कर दिया है।

नयी कविता के रहते एक नया काव्यशास्त्र भी विकसित हुआ है, जिसके बारे में एक सामान्यीकरण किया जा सकता है : यह काव्यशास्त्र इस धारणा से उपजा है कि नई कविता पाठक को रस-विभोर या आनंदित करने की कोशिश नहीं करती। ज्यादातर उद्देश्य और प्रभाव पाठक को इस तरह से विचलित करने का होता है कि वह समकालीन सचाई को आमने-सामने देख और समझ सके। नई कविता विचलित करने वाली अंतर्दृष्टि की कविता है। आदर्श स्थिति में वह हमारे समय में मनुष्य की हालत के हमारे अहसास और समझ को आगे बढ़ाती, मूर्त और गहरा करती है।

बिलकुल युवा कवियों में इधर अप्रत्याशित उग्रता आई है। व्यवस्थित भाषा का मुहावरा फिर टूटा-फूटा है, और भाषा और लेखक की स्वतन्त्रता इस मामले में आगे बढ़ी है कि अश्लीलता की सीमाएँ तोड़ दी गई हैं। शायद हिन्दी में स्त्री-पुरुष-सम्बन्धों के बारे में सीधे-सीधे, बिना लाग-लपेट के, ख़ासकर यौन-तथ्यों के बारे में, बात करने की निर्भीकता आई है। उग्रता ने भाषा को उसकी 'बिंबकेंद्रित' कोमलता से उबारकर फिर एक तरह का पौरुष-भरा खुरदरापन और अक्खड़ता दी है। यह और बात है कि अकवियों की उग्रता ने अपनी प्रच्छन्न रूमानियत और कामचलाऊ-सी साहसिकता के कारण कविता की भाषा को अस्पष्ट और बेवजह विपर्यस्त किया है। **आरंभ** पत्रिका के कुछ संपादकीय शब्द उधार लेकर कहें, कि स्त्री और संसद के चालू मुहावरों के रहते ढेर सारे युवा कवि बिलकुल एक-दूसरे जैसा महसूस कर रहे हैं और ऐसे लिख रहे हैं कि

एक को दूसरे से फ़र्क करना इस क़दर मुश्किल हो गया है कि कई बार शक होता है और दहशत भी कि जैसे एक कवि कई नामों से लिख रहा है। भाषा की एक नई नामहीनता फिर उभर रही है। शायद कमलेश, धूमिल, श्रीराम वर्मा, विनोदकुमार शुक्ल, ऋतुराज आदि युवा कवियों का एक महत्त्व इस बात में भी होगा कि इस नामहीनता के विरुद्ध उन्होंने भाषा को पहचान और प्रासंगिकता देने की, भाषा को अपने नाम देने की, कोशिश की है।

समकालीन कविता
धार्मिक संवेदना के सिलसिले में

इधर कवि या लेखक के बारे में बात करते संकट की शब्दावली का प्रयोग करने का खूब चलन है : इसलिए एक संकट के उल्लेख से ही बात शुरू करना उचित और सामयिक होगा। संक्षेप में कहा जाए तो वह संकट कवि और फलस्वरूप कविता दोनों में महत्त्व-बोध के क्षय या लोप का है। अखबारी वक्तव्यों या आपसी बात-चीत में आज का युवा कवि बार-बार कहता है, या ऐसा कुछ आभास देता रहता है, कि वह कवि-कर्म को अत्यन्त महत्त्वपूर्ण मानता है और कि वह कविता को अत्यन्त मूल्यवान तथा मानव-मनीषा के एक उत्कृष्ट प्रतिफल के रूप में देखता है। पर सम-कालीन अधिकांश कविताएँ ध्यान से पढ़ी जाएँ तो लगेगा कि उन्हें लिखनेवाले के मन में किसी तरह की महत्त्व-चेतना नहीं है। और यह भी कि उनके रचनाकार उनके लिखे जाने को अपने जीवन-व्यापार में कोई विशेष महत्त्व नहीं देते। यानी सचमुच देते होते तो फिर वैसी कविताएँ न लिखते। ऐसे उदाहरण सहज ही मिल जाएँगे जिनमें पीड़ा या मृत्यु जैसी गहरी चीज़ों पर कवियों ने ऐसे लिखा है कि, सारी गरिमा-भरी शब्दावली के बावजूद, मानवीय पीड़ा छोटी, भोंडी और अर्थहीन जान पड़ती है। मृत्यु को लेकर तो ऐसी सुन्दर उपमाएँ इधर जमा की गई हैं कि मृत्यु मृत्यु न होकर नए कवियों का प्यारा गुलमुहर का फूल लगती है।

हमारी समकालीन सामाजिकता निरंतर उस स्थिति की ओर बढ़ रही है जहाँ किसी चीज़ का उपयोगी होना ही उसका महत्त्व-पूर्ण होना है। ऐसी स्थिति में कविता का सामाजिक महत्त्व स्पष्ट

ही कम या बिलकुल भी नहीं होता। व्यक्ति की उन अनेक पहचानों में से जो हमारे यहाँ मान्य और प्रचलित हैं, कवि एक पहचान नहीं है। इसका प्रभाव समाज पर जैसे भी पड़ता हो, कवि के लिए वह बहुत घातक हो सकता है। कवि-कर्म के साथ पारंपरिक रूप से हम जिस गहरी संवेदनशीलता, दायित्व-भावना और मूल्य-चेतना को जोड़ते आए हैं, वह तभी संभव है जब कवि स्वयं इस कर्म को निरपेक्ष रूप से महत्त्व दे। साथ ही किसी न किसी मानव-मूल्य में उसकी आस्था होनी चाहिए, या अगर मूल्यों के सम्बन्ध में एक सार्वभौम दिग्भ्रम हो, जैसा कि आज है, तो उसके लिए, उनकी रक्षा या प्रतिष्ठा या पुनराविष्कार के लिए, सच्ची विकलता होनी चाहिए। सन् '५५-'५६ के बाद जो युवा कवि सामने आए हैं उनमें से अधिकांश में किसी तरह की मूल्य-दृष्टि या किसी मानव-मूल्य (या मूल्यों) के लिए सच्ची विकलता, जो उनके काव्य और उनकी रचना-प्रक्रिया का सक्रिय अंश हो, खोज पाना बहुत कठिन है। ज़्यादातर युवा कवियों ने प्रयोगशील और नई कविता के बाहरी रूपों को तो अपना लिया, लेकिन उन्हें यह स्पष्ट महसूस हुआ नहीं जान पड़ता कि उन रूपों की वास्तविक भूमिका क्या थी—किस तरह वह एक ऐसी भाषा उपलब्ध करने की विकलता थी जिसमें मनुष्य अपने समय की मानवीय वास्तविकता का यथा-संभव सीधा सामना कर सके। आज की कविता में, विशेषकर नई पीढ़ी की कविता में, जो चीज़ उसमें ज़रा गहरे जाते ही अनुभव होती है, वह है इसी मानवीय वास्तविकता की अनुपस्थिति। सात-आठ कवियों को छोड़ दें तो इस समूची पीढ़ी का काव्य 'मानवीय अनुपस्थिति' का काव्य है।

किसी भी भाषा के साथ एक वास्तविक संसार और क्रिया-जगत का अहसास स्पष्ट और अनिवार्य रूप से जुड़ा रहता है। कविता में, जिसमें भाषा का सर्वाधिक नाटकीय उपयोग होता है, यह अहसास न केवल अनुभव किया जाना चाहिए, बल्कि उसे 'ऑथेंटिक' भी होना चाहिए। युवा पीढ़ी का अधिकांश काव्य इस दृष्टि से काव्य नहीं काव्याभास है। उसमें सतह पर भाषा भले ही वस्तु-जगत की ओर मानवीय संकेत करती हो, उसके अंतर्तम में कोई वास्तविक मानवीय स्थिति नहीं है। वह किसी स्पष्टतः अनुभूत मानवीय स्थिति को रूपायित या नियोजित नहीं करती, और इसलिए इस काव्य में सामान्य मानवीय स्थिति पर किसी तरह का मूल्य-निर्णय भी अंतर्निहित नहीं है जो हमेशा से सच्चे कविकर्म का एक अनिवार्य अंग रहा है। उसमें या तो अनुभव पर्याप्त नहीं है या अपने मौलिक अहसास के अभाव में वह सरलीकृत रूप में आता है, और इसलिए वह ऐसा काव्य (काव्याभास ?) है जिसका मानवीय महत्त्व बहुत क्षीण है।

अपने पहले के सभी आंदोलनों की तरह नई कविता का भी कामचलाऊ

काव्यशास्त्र बन गया है—एक 'रिटौरिक' विकसित हो गया है जिसमें भाषा की कुछ विशेष प्रतीकात्मक मुद्राएँ, कुछ नियत वाक्य-विन्यास, कुछ चित्रात्मकता और छांदिक नियमहीनता शामिल हैं। इस अद्भुत काव्य-शास्त्र का पालन कर कोई भी तथाकथित नई कविता लिख सकता है, छपा सकता है, प्रशंसा पा सकता है और, गाँठ का पूरा हो तो, संग्रह छपाकर बाजार में (साहित्य के) अपना सिक्का भी चला सकता है। साहित्य के इतिहास में ऐसे अवसर कम आते हैं जब कोई यह सब बिना किसी विशेष कोशिश के कर सकता है। बिना प्रतिभा के भी कवि माने जाने का नई कविता एक ऐतिहासिक अवसर है। पत्रिकाएँ हमारे यहाँ खूब हैं और शुद्ध पारिवारिक पत्रिकाएँ भी नई कविता छापने लग गई हैं। एक नए उभरते (अल्पवयस्क) कवि के लिए—जो अक्सर उपर्युक्त काव्यशास्त्र का बहुत ईमानदार अनुयायी होता है—अपनी रचनाएँ छपाना कठिन नहीं है। लगभग हर पत्रिका हर अंक में ऐसे दो-तीन बिलकुल नए नाम ज़रूर प्रस्तुत करती है। युवतम पीढ़ी को इतना प्रोत्साहन इससे पहले शायद ही मिला हो। पर मज़े की बात यह है कि इन पत्रिकाओं के संपादक, जिनमें से कई या तो स्वयं इस पीढ़ी के सदस्य हैं या होने की चेष्टा में निरंतर लगे हैं, ऐसा इसीलिए नहीं करते कि उनमें संपादक के नाते समकालीन लेखन और उसके विकास के प्रति कोई गहरा दायित्व-बोध है, बल्कि इसलिए कि उनमें से कुछ इन नवजातकों के समय रहते अभिभावक बनना चाहते हैं और कुछ नेता। कुछ इतने सरल, सच्चे और विनम्र हैं कि अच्छी-बुरी कविता में भेदभाव करने की क्रूरता नहीं बरत सकते, और कुछ इतने साहसी हैं कि अपनी पुस्तक की अपनी ही पत्रिका में अपने ही मित्र लेखकों द्वारा, एक नहीं, दो-दो समीक्षाएँ एक साथ प्रमुख रूप से छापने में किसी तरह की नैतिक हिचकिचाहट अनुभव नहीं करते।

यह आकस्मिक नहीं है कि इधर कुछ वर्षों से निकलने-चलनेवाली सभी पत्रिकाओं का स्तर गिरता ही गया है। ध्यान से पड़ताल करें तो यह गिरावट और साहित्यिक पत्रकारिता के क्षेत्र में तरुण बुद्धि और किशोर उत्साह का आगमन बहुत-कुछ आनुषंगिक घटनाएँ हैं। इन पत्रिकाओं ने समकालीन पाठक की उस आलोचना-बुद्धि को ही भ्रांत नहीं कर दिया है जिससे वह अच्छी और बुरी कविता में अंतर करता और उसे पहचानता था, बल्कि उस पूरी पहचान को ही अस्पष्ट और धुंधला कर डाला है जो कविता और अकविता के बीच के अंतर की थी। सवाल बहुत सारी बुरी या घटिया कविताओं में से एक अच्छी कविता खोजने-पहचानने का नहीं है; सवाल असंख्य अकविताओं में से एक अकेली कविता ढूंढ़ने का हो गया है। यानी वह अकेली कविता जिसमें कोई वास्तविक मानव-स्थिति और उस पर कोई मूल्य-निर्णय अंतर्निहित हो। आज आलोचना का सवाल यह नहीं है कि अच्छी कविता क्या है; सवाल है : कविता

क्या है ?

महत्त्व-बोध के क्षय या लोप का एक कारण (और प्रमाण) काव्य से इतिहास या परंपरा की किसी तरह की चेतना का प्राय: लोप हो जाना है। प्रयोगशील और नई कविता के आरंभिक कवि रूढ़ियों से जूझकर परंपरा को एक नया विकास देने की चेष्टा कर रहे थे और, बावजूद प्राध्यापक-आलोचकों के आरोपों के, उनमें परंपरा और इतिहास के प्रति एक तीखा आलोचनात्मक दृष्टिकोण सहज ही देखा जा सकता है। नई पीढ़ी में ऐसी कोई तीखी संवेदना स्पष्टत: नहीं है। समूची परंपरा को रचनात्मक रूप से स्वायत्त करना तो दूर रहा, उसे इस बात से कई बार कोई मतलब ही नहीं जान पड़ता कि हमारी कोई परंपरा है। यह आकस्मिक नहीं है कि अधिकांश युवा कवि अपनी व्यक्तिगत भाव-संपदा पर ही अपनी काव्य-रचना के लिए पूरे तौर से निर्भर हैं; और न ही यह कि उनका विकास प्राय: अत्यन्त क्षीण है और वे अक्सर अपनी ही पुनरावृत्ति करते रहने के करुण शिकार हो जाते हैं। मृत्यु, पीड़ा या अकेलेपन जैसी 'थीमों' की क्षुद्रता या भावुकता इस कारण है कि कवि उन्हें कोई अर्थ नहीं दे पाता। उनका अनुभव उसके इंद्रिय-बोध से अधिक आगे का नहीं है।

कवि से स्वतंत्र, भाषा में एक परंपरागत प्रतीक-व्यवस्था और जीवन-दृष्टियाँ निहित होती हैं, जिनके साथ कवि की व्यक्तिगत रूप से उपलब्ध प्रतीक-व्यवस्था और जीवन-दृष्टि हमेशा ही अपने को एक तनावपूर्ण स्थिति में पाती है। सच्ची और महत्त्वपूर्ण कविता को ये दोनों प्रतीक-व्यवस्थाएँ उपलब्ध होती हैं—वह दोनों को उनके तनावों के साथ आत्मसात कर अपने लिए एक सशक्त मूल्य और अर्थ-संदर्भ प्रस्तुत करती है। इस बात को ध्यान में रखकर सोचें तो पिछले बीस वर्षों के काव्यांदोलनों की उपलब्धियों में एक रोचक विरोधाभास जान पड़ेगा। एक ओर जहाँ नई कविता के आंदोलन से भाषा मुक्त हुई है और उसमें व्यक्तिगत संवेगों को वास्तविक बना सकने की क्षमता काफ़ी बढ़ गई है, वहाँ दूसरी ओर उसमें अंतर्निहित पुरानी प्रतीक-मुद्राएँ, जीवन-जगत-संबंधी कुछ सनातन संयोजन धूमिल-से पड़ गए हैं। जातीय और व्यक्तिगत प्रतीक व्यवस्थाओं के द्वंद्व से कविता की जो एक गहरी मूल्यवत्ता मिलती है वह खो-सी गई है, क्योंकि व्यक्तिगत प्रतीकों की लगभग तानाशाही स्थापित हो गई लगती है।

इससे इनकार नहीं किया जा सकता कि भाषा अधिक शहराती हुई है, और शहराती जीवन अपनी व्यापक जटिलता के साथ उसमें अवतरित हो सका है। पर इसके साथ ही इससे इनकार करना कठिन होगा कि जहाँ भाषा में शहराती संवेदना विकसित हुई है, उसकी धार्मिक संवेदना क्षीण होती चली गई है। हमारी भाषा में नागरिक आया तो ईश्वर बाहर चला गया है। फलत: काव्य ने जीवन के चरम प्रश्नों का गहराई और विकलता से सामना करना और

समाधान खोजना छोड़ दिया है। धर्म हमारे यहाँ अजब भोलेपन से आधुनिक चीज़ मान ली गई है, वह हमारे काव्य के लिए अप्रासंगिक हो गया है। जो नए कवि धार्मिक-संवेदना और काव्य में किसी तरह का अनिवार्य और गहरा संबंध मात्र यह कहने से नहीं मानेंगे (या पहचान सकेंगे) कि समूचा भारतीय प्राचीन काव्य इस संबंध और उसके जीवनदायी प्रभाव का प्रमाण है, उनके लिए आधुनिक पश्चिमी साहित्य का साक्ष्य दिया जा सकता है। बिना धार्मिक संवेदना या विकलता के रिल्के, ईलियट, काफ़्का आदि यहाँ तक कि हेंमिग्वे तक का साहित्य असंभव होता और उसकी पूरी समझ के लिए ईसाइयत और ईसाई जीवन-दृष्टि से अच्छा परिचय एक अनिवार्य शर्त है। पश्चिम में हमारे यहाँ की तरह धार्मिक संवेदना का न तो लोप ही हुआ है, और न ही धर्म को त्याज्य या अस्पृश्य माना गया है। ऑडेन जैसे कवि का अंततः ईसाइयत की ओर लौटना और बीटनिक संप्रदाय का उदय इस संवेदना के जागरूक और क्रियाशील रहने के ताज़ा उदाहरण हैं। बल्कि समूचा पश्चिमी आधुनिक साहित्य एक तरह से ईश्वर की मृत्यु पर शोकगीत है। पश्चिम का अकेलापन अधिक भयंकर है क्योंकि वह ईश्वरहीन अकेलापन है। वह मूल्यवान है तो इसलिए कि वह धार्मिक या आध्यात्मिक है, हमारे यहाँ सरीखा मात्र सामाजिक या सांस्कृतिक नहीं। कुल मिलाकर यह निश्चय के साथ कहा जा सकता है कि वहाँ के युवा कवि को आज भी उसकी जातीय प्रतीक-व्यवस्था और दृष्टि हिन्दी के युवा कवि की अपेक्षा अधिक सीधे और रचनात्मक रूप से उपलभ्य है और इसका एक प्रमुख कारण उनकी धार्मिक सवेदना, सारी संशयशीलता, संदेह और अनास्था के बावजूद भी आध्यात्मिक चेतना का निरंतर उपस्थित रहना है। धार्मिक संवेदना होने का अर्थ स्पष्ट ही सामाजिक या राजनैतिक चेतनाओं की अनुपस्थिति नहीं है, वह इससे आगे जा सकने की चेष्टा है।

अब तक यह स्पष्ट हो गया होगा कि ऊपर कविता में मूल्यवत्ता और महत्त्व-बोध के क्षय को धार्मिक संवेदना के ह्रास के साथ जोड़ा जा रहा है। दूसरे शब्दों में, यद्यपि कवि को कुछ बँधे-बँधाए नुस्खे नहीं बताए जा सकते, फिर भी धार्मिक संवेदना के पुनराविष्कार और पुनः प्रतिष्ठा के रूप में कविता के वर्तमान संकट का शायद एक समाधान है। काव्य-रचना और धार्मिक सवेदना का फिर से जोड़ शायद कविता को एक मूल्यवान मानव-व्यापार के रूप में सुरक्षित रख सकता है। इस जोड़ का स्वरूप कैसा होगा, और यह पुनरुत्थानवादी प्रवृत्तियों से किस तरह भिन्न होगा, इन सब प्रश्नों के उत्तर में कुछ कहने का यहाँ अवसर नहीं है। अलबत्ता संक्षेप में यह कहा जा सकता है कि इस जोड़ के संदर्भ में इतना ज़रूर पहचाना जाना चाहिए कि धर्म आज भी, हमारे विकसित होते समाज में एक व्यापक और गहरी शक्ति है। आज भी सामाजिक मानस में

ईश्वर की 'मिथ' जीवित है और नियामक प्रभाव रखती है। पश्चिम की तरह शायद ईश्वर की हमारे यहाँ मृत्यु नहीं हुई है—इसलिए हमारी धार्मिक संवेदना और आध्यात्मिक अवगति निश्चय ही पश्चिम से भिन्न होगी। कविता में उसके पुनर्जीवन का अर्थ कविता का फिर जीवन-जगत की चरम समस्याओं का सामना करना, फिर अपने को मानव-मूल्यों के प्रति सजग करना होगा। यानी तब कविता में मृत्यु या पीड़ा जैसी चीज़ों का एक मूल्यवान अर्थ-संदर्भ हो सकेगा। पूरी जातीय प्रतीक-व्यवस्था और जीवन-दृष्टियाँ एक बार फिर कवि को उपलब्ध होंगी। संक्षेप में, कविता का फिर मानवीय अर्थ होगा—ऐसा अर्थ जो समाज-शास्त्रीय या राजनैतिक, या विभिन्न मतों के, खंड-ज्ञान से आगे बढ़कर उन्हें अंतर्गठित करता हुआ अंतर्दृष्टि की ओर पहुँच सकेगा। निराला के काव्य में ऐसी धार्मिक संवेदना निरंतर उपस्थित रही है और उसका समापन एक सहज समर्पण या विकलता में हुआ। अज्ञेय के ताज़े काव्य में भी एक धार्मिक संवेदना बल्कि एक धर्म-निरपेक्ष आध्यात्मिकता का परिणाम है। अज्ञेय के यहाँ मुश्किल इस संवेदना के उत्सवधर्मी और, बिना किसी हिचक के संदेह से परे और इसलिए, अप्रासंगिक हो जाने की है। ईलियट ने अपनी कविता में कैथोलिक ईसाइयत को बराबर संदर्भ बनाया है लेकिन ईलियट ने उसे सिर्फ़ सेलीब्रेट नहीं किया है, बल्कि आधुनिक मनुष्य के भय और संशय और निराशा को भी पूरी जागरूकता के साथ चरितार्थ किया है। ईलियट की कविता, धार्मिक संवेदना से जन्मी होने के बावजूद, समकालीन और प्रासंगिक कविता है। इन कवियों में धार्मिक संवेदना की उपस्थिति उसकी संभावनाओं का सबसे प्रबल उदाहरण है।

सच्चा कवि-कर्म, यदि धार्मिक शब्दावली का उपयोग किया जाए, प्रार्थना करना है या पाप। दोनों में गहरा आध्यात्मिक अहसास होता है। वह नितांत स्वीकार, नितांत समर्पण, नितांत अस्वीकार या नितांत विरोध की स्थिति है। धार्मिक संवेदना के अभाव, और इसलिए पाप की निरंतर उपस्थिति के अभाव, के कारण समकालीन कविता में दुख-दैन्य, संघर्ष, निराशा आदि को स्थायी महत्त्व नहीं दिया जा सका है। हम या तो पाप-पुण्य को महत्त्व नहीं देते, यदि देते हैं तो पाप का सच्चा आदर नहीं कर पाते। धार्मिक संवेदना का पुनराविष्कार, और उसके द्वारा कविता का मानवीयकरण, तभी संभव है जबकि उसमें पाप का आदर भी एक मान्य तत्त्व हो। निराला और अज्ञेय के रूप में हमारे पाप प्रार्थना-रत कवि हैं। किंतु हमें उस सच्चे पापग्रस्त कवि की प्रतीक्षा है जो एक भिन्न कोटी की महान् कविता लाएगा। नई पीढ़ी उपासक नहीं हो सकती, पर पापी शायद वह हो सके। तभी आज के 'मानवीय अनुपस्थिति' के काव्य के विपरीत 'मानवीय संपृक्ति' का काव्य हो सकेगा।

समकालीन आलोचना, नई कविता और उसका मूल्यांकन

नई कविता के मूल्यांकन की समस्या पर विचार करने से पहले हिन्दी आलोचना की स्थिति पर विचार करना ज़रूरी है। यह एक अजीब विसंगति है कि पिछले बीस बरसों में हिन्दी आलोचना ग़ैर-साहित्यिक दबावों से इतनी आक्रांत रही है कि उसका अधिकांश, वास्तविक कृतियों से निरंतर और उत्कट रूप से संबद्ध होने के बजाय या तो ऐसे सामान्यीकरणों में फँस गया है जिनका वास्तविक आलोचना के काम में कोई उपयोग नहीं किया जा सकता या फिर रचना को उसकी तद्रूपता और अद्वितीयता में देखने, पहचानने और परखने के बजाय उसका राजनीतिक, सामाजिक या समाजशास्त्रीय, मनोवैज्ञानिक, दार्शनिक या नैतिक अभिप्रायों में अनुवाद कर इन अभिप्रायों का विचार करता है। यह प्रक्रिया साहित्य की स्वतंत्र सत्ता की उपेक्षा करती है और काव्य में कथ्य और शिल्प या फ़ॉर्म के कृत्रिम और घातक विभाजन को मान्यता देती है। यह नहीं है कि कविता का मनोवैज्ञानिक या सामाजिक या नैतिक आधार नहीं होता, पर इन आधारों की परीक्षा या खोज का महत्त्व या उपयोगिता उस कविता को समझने भर के लिए है, उसे मूल्यांकन का आधार बनाना ग़लत है। बल्कि इस तरह की खोज-बीन आलोचना नहीं, उसके लिए आरंभिक ढंग की तैयारी है—अगर आलोचना का धर्म प्राथमिक रूप से रचना के संपूर्ण विविध अर्थस्तरों का उनकी पूरी जटिलता में एक रचनात्मक उत्कटता से उद्घाटन करना है।

कोई भी रचना किसी जीवन-दर्शन या राजनीतिक मत या आंतरिक संकट की शाब्दिक अभिव्यक्ति-भर नहीं है। सच्ची

कविता कभी भी किसी तरह का सरलीकरण नहीं होती और सच्चा कवि अपने को मानव-स्थितियों में, उनमें निहित तनावों और विरोधाभासों या अंतर्विरोधों के साथ प्रतिबद्ध करता है। इसलिए साहित्य में प्रगतिवादी या प्रतिक्रियावादी, अहंवादी या कुंठावादी जैसे विशेषणों का प्रयोग एक ख़तरनाक काम है, क्योंकि इन शब्दों की रचना के मौलिक तत्त्वों को विवेचित करने की क्षमता एकदम संदिग्ध है। कविता को राजनीति या नीति या मनोविज्ञान से जोड़ना एक सीमा तक लाभदायक हो सकता है, पर समकालीन आलोचना में अक्सर यह संबंध इतना गहरा हो गया है कि एक बिलकुल भिन्न अनुशासन के प्रतिमान दूसरे पर बेखटके लागू किए जाते हैं। इस गड़बड़ का एक नतीजा यह है कि हमारे आलोचकों के पास अब तक ऐसे उपकरण नहीं विकसित हो पाए हैं जिनसे वे किसी रचना के सभी अर्थ-स्तरों का, उनकी पूरी संकुलता के साथ, उद्‌घाटन और विवेचन कर सकें। और किसी भी आलोचनात्मक मूल्यांकन की तब तक कोई प्रामाणिकता नहीं हो सकती, जब तक कि वह इस तरह के उद्‌घाटन और विवेचन में से नहीं किया गया और संप्रेषित हुआ है। इसके साथ-ही-साथ, एक भ्रामक धारणा से हमारी आलोचना की परंपरा आक्रांत है, और वह है कथ्य और शिल्प के विभाजन की धारणा। जहाँ सिद्धांततः यह मान भी लिया गया है कि कथ्य और शिल्प दरअसल अविभाज्य हैं, वहाँ भी व्यवहार में इस प्रारंभिक विभाजन के बाद (यानी रचना के कथ्य-पक्ष और शिल्प-पक्ष के विचार के बाद) रचना को आलोचनात्मक ढंग से उसकी पूर्णता में उपलब्ध कर पाना बहुत कठिन और अक्सर असंभव हो जाता है।

संक्षेप में, नई कविता के मूल्यांकन के लिए हिन्दी में एक अपेक्षाकृत नए क़िस्म के आलोचनात्मक चिंतन और व्यवहार की आवश्यकता है। एक तो, साहित्य को, कम से कम कविता को, देखने-पहचानने और परखने में, अन्य हर क्षेत्र द्वारा दी गई दृष्टि से सहायता लेते हुए, प्राथमिक और अंतिम रूप से साहित्यिक आधारों का ही आश्रय लेना चाहिए। किसी भी तरह की राजनीतिक दृष्टि या सामाजिक मत तभी आलोचना के लिए उपयोगी है जब वह उसके विवेचनात्मक उपकरण का अवयव बन जाए। जब तक हमारी आलोचना में सामान्यीकरणों की भरमार रहेगी और ठोसपन नहीं आएगा, नई कविता के मूल्यांकन की बात सोचना बेकार है। दूसरे, कविता के बारे में हमें एक 'ऑर्गेनिक थ्योरी' स्वीकार करने की ज़रूरत है। रचना-प्रक्रिया और उपलब्ध रचना दोनों में अनुभूति या भावना या संवेग भाषा से स्वतंत्र या अलग नहीं होते। यह एक मूल्यवान विरोधाभास है कि भाषा के माध्यम से कवि अनुभव की खोज और पुनर्रचना करता है और भाषा स्वयं अनुभव का एक अंग है। आलोचनात्मक क्रियाविधि के लिए सिर्फ़ कविता—भाषा का एक अत्यन्त नाटकीय रूप—उपलब्ध

है, और इसलिए आलोचना को उसकी गहरी पड़ताल कर सकने के लिए पूरी तरह से लैस होना चाहिए। नई कविता पर शिल्पवादी होने का जो आरोप है उसका सही उत्तर है कि यह एक अप्रासंगिक आरोप है, क्योंकि कविता में कथ्य और शिल्प एकमेक होते हैं, और नई कविता-जैसी संकुल अर्थ-स्तरोंवाली कविता में उनमें से किसी एक की प्रमुखता दिखाना या मानना अगर दृष्टिहीन होना नहीं तो अधूरा देखना जरूर है।

यह तो हुई समकालीन आलोचना की स्थिति की बात। अब एक दूसरी समस्या उठती है नई कविता के अपने स्वरूप को लेकर। वह किसी एक स्पष्ट परिभाषित प्रवृत्ति का नाम नहीं है बल्कि एक प्रवृत्ति-समुच्चय का नाम है जिसमें एक ओर, आधुनिक नागरिक जीवन की विषम स्थितियों और उनसे उत्पन्न संशय या बेचारगी या यांत्रिकता आदि की कविताएँ हैं, तो दूसरी ओर, जीवन की आत्मीय मुद्राएँ और प्रकृति-साहचर्य की लोकधर्मी कविताएँ हैं, और तीसरी ओर, धार्मिक या आध्यात्मिक संवेदना की कविताएँ। यह नहीं है कि इस विविधता के बीच एकता या समानता का कोई मूल सूत्र न खोजा जा सके, पर ऐसा करना काफ़ी मुश्किल काम है—कभी-कभी तो असंभव भी लग सकता है। नई कविता की विविध जटिलता निश्चय ही उसका मूल्यांकन करने वाले के लिए एक बुनियादी समस्या है। मुझे लगता है कि नई कविता को पिछली सारी कविता से एकदम अलग-थलग या स्वतंत्र मानने-मनवाने या उसे किन्हीं पूर्ववर्ती तत्त्वों मात्र का विकास समझने के प्रयत्न, दोनों ही भ्रांतिमूलक हैं। उसमें मूलतः दो प्रवृत्तियाँ विद्यमान हैं जिनमें से एक हमारे काव्य-इतिहास में एक नई घटना है और उसे मैं मानवीय साक्षात्कार की प्रवृत्ति कहना चाहूँगा, और दूसरी छायावादी प्रवृत्ति का ही एक विकास है। कुछेक कवियों में दोनों प्रवृत्तियाँ एक द्वन्द्वात्मक तनाव के रूप में हैं और उनके काव्य को एक मूल्यवान अर्थसंदर्भ और उत्तेजना देती हैं।

छायावादी कवि का संवेदनात्मक उपकरण कुछ ऐसा था कि वह हर मानवीय अभिप्राय को प्राकृतिक चित्रों, बिंबों या प्रतीक-व्यवस्थाओं में बुन लेता था—उसकी बुनियादी जिज्ञासा या लगाव का विषय मनुष्य और मनुष्य के बीच का सम्बन्ध न होकर मनुष्य और प्रकृति का सम्बन्ध था और उसकी मूल्य-धारणा इस लगाव से नियमित होती थी। इसके विपरीत, **तारसप्तक** से लेकर अब तक अगर नई कविता के विकास को हम दिखाना चाहें तो यह कहकर दिखा सकते हैं कि नई कविता एक ऐसी भाषा उपलब्ध करने की विकलता से आरंभ हुई थी जिसमें समकालीन मानवीय वास्तविकता का यथासंभव सीधा सामना या साक्षात्कार किया जा सके; और अब काव्यभाषा ऐसी स्थिति में पहुँच गई है जहाँ यह साक्षात्कार संभव है—अगर कवियों में ऐसे साक्षात्कार के लिए लगाव

और नैतिक साहस हो। इस तरह नई कविता का एक बड़ा अंश मानवीय साक्षात्कार के प्रयत्न और इस प्रयत्न की सफलता-विफलता की कहानी है। वास्तव को काव्य में अवतरित करने का ऐसा सीधा प्रयत्न इतने प्रबल आग्रह के रूप में कभी नहीं था। इसका प्रमाण यह है कि संभवतः नई कविता के पहले कभी मानवीय सम्बन्धों को इतना गौरव नहीं मिला था, और न ही उनमें निहित करुणा, तनाव, अकेलापन, आतंक, सुख और आह्लाद—संक्षेप में मानवीय सम्बन्धों की ट्रैजेडी और कॉमिडी दोनों ही—इतने सीधे ढंग से काव्य में अवतरित हुए थे जितने कि नई कविता में हुए हैं। चूँकि साक्षात्कार से हमेशा सुख ही नहीं मिलता—बल्कि अक्सर परेशानी, विचलन या भय-संशय होता है—इस तरह का काव्य प्रसन्न या तृप्त करने के बजाय प्रायः विचलित करता है। पुरानी कविता की तुलना में यह याद रखना जरूरी है कि प्रायः नई कविता पूर्वस्वीकृत आस्था या विश्वासों से उत्पन्न कविता नहीं है। वह पाठक की आस्था या विश्वासों का, जिन्हें अक्सर उनके जीवित न रह जाने के बावजूद वह किसी मोहवश छोड़ नहीं पाता, समर्थन नहीं करती, बल्कि उनके आगे प्रश्नचिह्न लगाती है और उसे उनकी अप्रासंगिकता या व्यर्थता का तीव्र बोध कराती है। खोज की भाषा में कहें तो, नई कविता में आस्था या विश्वासों से कविता पैदा नहीं हुई है, बल्कि कविता उनकी खोज है। आस्था कविता से पैदा हो सके, इसकी भी एक विकलता नये कवियों में देखी जा सकती है। जो कवि किसी विचारधारा विशेष से प्रभावित हैं उनकी कविता में भी उनकी आस्था मोटे ढंग से व्यक्त नहीं होती। एक उदाहरण मुक्तिबोध की कविता है। उनकी कविता अपनी आस्था का न तो बढ़-चढ़कर बयान करती है, और न ही धूम मचाती है, वह अपने अर्थ को सच्ची कविता की प्रकृति के अनुकूल चरितार्थ करती है।

फिर एक दूसरी प्रवृत्ति भी नई कविता में मौजूद है : एक तरह का नया रोमांटिसिज़्म, जिसमें छायावाद की दार्शनिक मान्यताएँ या उसका अंतर्लोक भले ही अस्वीकृत हो गया हो, उसकी संवेदनात्मक स्थितियाँ और काव्य-मुद्राएँ अभी भी स्वीकार्य हैं, यद्यपि उनका मूल स्रोत अब छायावादियों की तरह कालिदास या अन्य संस्कृत कवियों का सौंदर्यबोध नहीं, बल्कि लोक-गीत या लोक-काव्य है। छायावादी कविता की तरह इस ढंग की नई कविता पैस्टोरल ढंग की कविता है, बल्कि आदिम ढंग की। प्रकृति और जीवन के प्रति एक तरह का बाल-विस्मय या मुग्धता का भाव ऐसे कवियों में है और रहस्यात्मकता भी—यह आकस्मिक नहीं है कि इस प्रवृत्ति के कवियों में 'अनजान', 'अनदेखा', 'अनाम' जैसे शब्दों का बार-बार प्रयोग हुआ है—वैसे यह ऊपर ही कहा जा चुका है कि ज़्यादातर कवियों में दोनों प्रवृत्तियाँ मौजूद हैं। इस विपर्यय का बोध सभी कवियों को उतनी तीव्रता से नहीं है जितना कि उसे काव्य के लिए

एक मूल्यवान तत्त्व बनाने के लिए ज़रूरी है।

इस तरह कुल मिलाकर नई कविता जहाँ एक ओर परंपरा में एक नया तत्त्व—मानवीय साक्षात्कार—जोड़ती है वहाँ उसी के कुछ तत्त्वों को—रोमांटिसिज़्म को—विकसित भी करती है। इस तरह परंपरा का तात्पर्य अगर व्यापक जीवन-परंपरा न होकर सिर्फ़ साहित्य-परंपरा हो, तो नई कविता के मूल्यांकन की समस्या परंपरा के पुनर्मूल्यांकन या विन्यास की समस्या भी है। नई कविता की तात्कालिक परंपरा के संदर्भ में मानवीय साक्षात्कार नया तत्त्व हो, किंतु व्यापक परंपरा में अवश्य ऐसे कवि मिल सकेंगे जिनमें यह तत्त्व रहा है, भले ही पहले कभी एक प्रवृत्ति और एक प्रबल आग्रह के रूप में वह प्रतिष्ठित न रहा हो। पानी बिन मीन पियासी देखकर जिसे हँसी आती थी उस कबीर को उदाहरण के रूप में रखा जा सकता है, भले ही उसके लिए नये कवि से भिन्न मानवीय साक्षात्कार का प्रतिफल रहस्य-दृष्टि या निर्गुण भक्ति हो।

यहीं पर एक नई बात भी उठ खड़ी होती है। हमारे यहाँ हर चीज़ के बारे में आंदोलन या प्रवृत्ति की भाषा में सोचने की कुछ ऐसी आदत पड़ गई है कि हम कवि की अद्वितीयता की बात या तो भूल ही जाते हैं या नज़रंदाज करते हैं। नई कविता पर अब तक जो लिखा गया है उसका अधिकांश कवियों को इस या उस प्रवृत्ति के उदाहरण के रूप में प्रस्तुत करता रहा है, जैसे किसी का नया कवि होना एक मूल्य-निर्णायक तथ्य भी हो। उसका दुष्परिणाम यह हुआ है कि अलग-अलग कवियों की स्वतंत्र रचनाशीलता की परीक्षा नहीं के बराबर हुई है, और यह बात धूमिल हो गई है कि किसी भी धारा का कवि उस धारा का कवि होते हुए भी अपनी अद्वितीय प्रतिभा के कारण उसकी सीमाओं का अतिक्रमण करके ही अपनी काव्योपलब्धियाँ करता है। किसी भी युग या धारा-विशेष की पूरी पड़ताल के बावजूद कुछ कवियों को समझना असंभव होता है, जैसे विक्टोरियनिज़्म की किसी भी तरह की व्याख्या हार्पकिंस के जन्म या विकास को पूरी तरह नहीं समझा सकती। इसलिए यह समझ लेना बहुत ज़रूरी है कि नई कविता के मूल्यांकन का अर्थ नये कवियों का उनकी स्वतंत्र अद्वितीयता के पूरे स्वीकार के साथ मूल्यांकन होना चाहिए न कि एक प्रवृत्ति-समुच्चय के अंतर्गत परिगणित हो सकने वाले कृतित्व मात्र का।

जो सामान्य है उसे जानते-खोजते जो विशेष है उस तक पहुँचे बिना पूरे कृतित्व का सच्चा साक्षात्कार नहीं हो सकता। एक रोचक उदाहरण अज्ञेय हैं। अगर आप नई कविता सम्बन्धी सामान्य दृष्टि से देखें तो **आँगन के पार द्वार** की धार्मिक संवेदना और क्लासिकल लोक को, जो निर्वैयक्तिक प्यार, पारमिता करुणा, सम्पूर्ण तादात्म्य आदि भावों और धार्मिक प्रतीकों के माध्यम से व्यक्त और निर्मित हुए हैं, समझना-समझाना मुश्किल है। पर अज्ञेय के अपने विकास-

क्रम में वह अच्छी तरह समझा जा सकता है। आरंभ से ही आत्मदान और मुक्ति अज्ञेय की प्रमुख और प्रायः हमेशा परस्पर-संबंद्ध थीमें रही हैं, और अपनी अंतिम कविताओं में लगभग एक स्वाभाविक परिणति के रूप में वे इन्हीं थीमों को एक नये बोध-स्तर पर उपलब्ध करते हैं। दूसरे शब्दों में, नये कवियों का मूल्यांकन करते हुए समकालीन या आधुनिक मूल्य-बोध और व्यक्तिगत अद्वितीयता दोनों का गहरा विचार होना चाहिए। 'नई कविता' एक व्यापक पर है, नाम-भर है, उसके महत्व या उपयोगिता को मूल्यांकन करते समय अतिरंजित नहीं किया जा सकता। किसी भी नये कवि का मूल्यांकन न्यायपूर्वक तभी किया जा सकता है जब आलोचक उसके बुनियादी लगावों को ठीक से पहचानकर उसके काव्य में उनके अवतरण या उपलब्धि की परख कर सके। जैसाकि ऊपर कहा जा चुका है, अधिकांश नये कवियों में मानवीय साक्षात्कार के या एक नये रोमांटिसिज़्म के प्रति एक उत्कट कोटि का लगाव या दोनों पाए जाते हैं, इसलिए इनका विचार मूल्यांकन में सहायक हो सकता है। पर इनके साथ-साथ अलग-अलग कवियों में दूसरे लगाव भी हैं और उनकी पूरी पहचान और पड़ताल अनिवार्य है। दरअसल, लगावों के ये स्वतंत्र और नये-नये संयोग ही किसी भी काव्य की गहराई, विविधता और समृद्धि के लिए उत्तरदायी हैं।

अंत में, एक बात और ध्यान देने की है। जब हम किसी धारा या युग के मूल्यांकन की बात करते हैं तो उसे हमेशा उस युग या धारा के श्रेष्ठ काव्य के मूल्यांकन की बात होना चाहिए। श्रेष्ठ काव्य हमेशा ढेर सारे घटिया या अप्रामाणिक काव्यों से घिरा होता है। आलोचक का एक प्रमुख कर्त्तव्य ही यह है कि वह श्रेष्ठ को पहचाने और दूसरों को पहचान करने में सहायता दे। इसलिए नई कविता के नाम पर अगर बहुत-सा कूड़ा-कर्कट भी बाज़ार में आ गया है, तो इस बात से मूल्यांकन में कोई बाधा नहीं पड़नी चाहिए। प्रामाणिक आलोचना की सिद्धि इस बात में है कि वह सच्ची रचना को स्पष्ट पहचानकर उससे एक उत्कृष्ट रचनात्मक संबंध स्थापित करती है। रचना की पहचान आलोचना का बुनियादी धर्म है जिससे किसी भी तर्क का आश्रय लेकर कतराना आलोचना-कर्म से ही कतराना है। अगर यह पहचान करना आज बड़ा कठिन है तो इसे आलोचना की आवश्यकता और गौरव का ही आख्यान मानना चाहिए।

नये आचार्यत्व की दो मुद्राएँ

इससे अब कोई इनकार नहीं करता कि पिछले बीस बरसों में कवियों ने आलोचना के क्षेत्र में महत्वपूर्ण योगदान दिया है। नई और ठोस आलोचना को परिभाषित करने और समकालीन जीवन और लेखन से संपृक्त नई धारणाएँ विकसित करने में नये कवियों ने उल्लेखनीय पहल की है। अब जब नये नें अपने को अच्छी तरह प्रतिष्ठित कर लिया है, और परिभाषाओं और धारणाओं को वास्तविक रचनाओं की आंतरिक सत्ता और सार्थकता खोजने के औज़ार के रूप में बदलकर उनकी विश्वसनीयता की पड़ताल करने का वक्त आ गया है, तो ज़रूरी है कि नये कवियों की आलोचना-दृष्टि और उसके प्रतिफलन की परख की जाए। अज्ञेय और लक्ष्मीकांत वर्मा नए कवि हैं और दोनों ने ही नई कविता और नवलेखन की वकालत की है, उनकी सफ़ाई दी है और ऐसा करके कुछ प्रासंगिक चिंतन किया है। हाल ही में अज्ञेय ने हिन्दी-साहित्य संबंधी कुछ लेखों को **'हिन्दी साहित्य : एक आधुनिक परिदृश्य'** शीर्षक से संकलित किया है। जहाँ ज़्यादातर नये कवि आलोचना जब-तब करते-लिखते रहे हैं, अज्ञेय ने, भले ही आपद्धर्म मानकर, व्यवस्थित और नियमित ढंग से आलोचना लिखी है। वे उन गिने-चुने लेखकों में आते हैं जिन्होंने नये साहित्य, विशेषकर नई कविता, का एक नया काव्यशास्त्र परिभाषित करने की कोशिश की है। यों अपने को ज़्यादातर शास्त्रविरोधी माननेवाले साहित्य का भी शास्त्र खोजने की कोशिश एक रोचक अंतर्विरोध है। जब तक अज्ञेय की संवेदना में यह अंतर्विरोध वास्तविक सर्जनात्मक स्थिति और व्यवस्था खोजनेवाली दृष्टि के बीच एक नाटकीय तनाव के रूप में

रहा है, उनकी कोशिश और उसका नतीजा प्रासंगिक भी रहे और उत्तेजक भी। पर जब अज्ञेय ने व्यवस्था की खोज को सरलीकरणों की ओर मोड़ दिया, तो उनकी आलोचना अपने समकालीन संदर्भ से अगर एकदम कट नहीं गई तो हर हालत में उसे किसी महत्वपूर्ण ढंग से उजागर करने में असमर्थ रही। उनकी उपर्युक्त पुस्तक कुछ इसी तरह के कटाव को व्यक्त करती है।

दरअसल वह इतना पंडिताऊ क़िस्म की है कि आपको अचरज हो सकता है कि वह अज्ञेय की है। यों छपी भी वह सच्चिदानंद वात्स्यायन के नाम से है। ठीक से याद नहीं, पर शायद **सारिका** में कभी अज्ञेय ने अपने बारे में यह लिखा था कि यहाँ के विश्वविद्यालय उन्हें हिन्दी आचार्य के योग्य नहीं पाते, हालाँकि भारत से बाहर उनके हिन्दी आचार्य होने की योग्यता से वे इनकार नहीं करते। दूसरे शब्दों में, उस लेख से पहली बार ज़ाहिर तौर पर अज्ञेय की आचार्य-ग्रंथि के बारे में पता चला था। यह संग्रह उसी ग्रंथि की उपज लगता है। कई लेख काफ़ी पुराने हैं पर उन्हें अब और इस तरह संकलित करने का सिवाय इसके और कोई कारण समझ में नहीं आता कि अज्ञेय अपने आचार्यत्व को सिद्ध करना चाहते हैं। आचार्यों की आलोचना के सभी प्रमुख गुण इस संग्रह में मिल जाएँगे। पहले शीर्षकों पर ही नजर डालें: साहित्य-प्रवृत्तियों की सामाजिक पृष्ठभूमि; खड़ी बोली की कविता: पृष्ठभूमि; आधुनिक उपन्यास की पृष्ठभूमि; कहानी: पृष्ठभूमि; हिन्दी एकांकी: पृष्ठभूमि; प्रेमचंद और परवर्ती उपन्यास आदि। दूसरे, पूरी पुस्तक में वास्तविक रचनाओं का सूक्ष्म विश्लेषण न होकर ज्यादातर प्रवृत्तियों और पृष्ठभूमि की व्याख्या है। यह व्याख्या भी अक्सर आचार्यसुलभ वर्गीकरणों पर आधारित है। वह महत्वपूर्ण रचनाओं का अधिक से अधिक उल्लेख-भर करती है, पर उनके आंतरिक संगठन या उनकी नाटकीय और अद्वितीय आंतरिकता में उन्हें उजागर नहीं करती। दरअसल, अज्ञेय शास्त्रसंगत होने में कुछ इस तरह व्यस्त हो गए लगते हैं कि उन्हें इस बात की कोई ख़बर ही नहीं रह जाती कि नये लेखक ने ऐन उन्हीं सरलीकृत विभाजनों और वर्गीकरणों का प्रत्याख्यान किया है जिनका वे इतनी ममता के साथ इन निबंधों में उपयोग कर रहे हैं।

परंपरा का व्यवस्थित मूल्यांकन नया लेखक करे, यह ज़रूरी है: अपने से पहले की महत्वपूर्ण कृतियों और लेखकों से वह नया और उत्तेजक संबंध बनाए, यह भी ज़रूरी है। पर ऐसा तभी हो सकता है जब वह रूढ़िबद्ध चिंतन से मुक्त होकर रचनाओं और लेखकों को देखे। अगर वह पुरानी चिंतन रूढ़ियों के बल पर परंपरा से अपना संबंध खोजना चाहता है तो सारी स्थिति में कोई रचनात्मक तनाव नहीं रह जाता और उसकी संवेदना पुरानी रचनाओं और लेखकों की कोई सार्थक प्रासंगिकता अपने समय और अपने समय के साहित्य के लिए नहीं

खोज सकती . खेद है कि अज्ञेय जैसे लेखक का हश्र आचार्यों की चिंतन-रूढ़ियों और पद्धतियों का शिकार होना था। हिन्दी-साहित्य का जो परिदृश्य वे प्रस्तुत करते हैं वह नये लेखक और नई आलोचना में दीक्षित पाठक के लिए न तो उत्तेजक है और न ही नया। दो-तीन निबंधों को छोड़ दें, जैसे खड़ी बोली की कविता, भारतीय साहित्य परंपरा : संघर्ष का उपयोग आदि, तो पूरी पुस्तक तनावहीन आत्मतुष्ट भाषा में लिखी गई है जो ऊपर से और अज्ञेय की होने के कारण भले सूक्ष्म जान पड़े, पर है सपाट। उसमें जो परिदृश्य उभरता है वह ऐसी दृष्टि का है जो समकालीन रचना और जीवन से संपृक्त नहीं है। वह दृष्टि संकीर्ण भी है। जो उसके चौखटे में नहीं आता वह छोड़ दिया गया है। खासकर जब नये लेखकों के बारे में अज्ञेय कहीं कुछ लिखते हैं तो उन्हें कोई युवा लेखक याद ही नहीं आता। रघुवीर सहाय और सर्वेश्वरदयाल सक्सेना निश्चय ही उल्लेखनीय लेखक हैं, पर पिछले दस बरसों से अज्ञेय युवा प्रतिभा के नाम पर इन्हीं दो लेखकों का नाम जपते रहें यह उनकी दृष्टि की सीमा है : इसे चयनधर्मिता न समझकर संकीर्णता ही मानना पड़ेगा। आलोचना की समकालीन स्थिति पर इस पुस्तक का कोई भी प्रभाव पड़ने की संभावना नहीं। हो सकता है विश्वविद्यालय अब अज्ञेय को अपने अधिक निकट पाएँ। अभी तक परीक्षोपयोगी पुस्तकें लिखने का कार्यभार आचार्यों ने सम्हाल रखा था। अचरज नहीं अगर कुछ विश्वविद्यालय अज्ञेय की इस पुस्तक को पाठ्यक्रम में रख लें। साहित्य के छात्र को कोई नई या विचलित करनेवाली दृष्टि वह नहीं देगी, इसका आश्वासन उन्हें हो सकता है।

अगर अज्ञेय जैसे कुशल भाषा-शिल्पी अपनी आलोचना और भाषा को विश्वविद्यालयों की रूढ़ियों से सुरक्षित नहीं रख पाए तो लक्ष्मीकांत वर्मा से यह उम्मीद करना, कि वे उन रूढ़ियों से बचे रहे होंगे, मुश्किल है। ख़ासकर तब जबकि नई कविता पर लगभग पहली आलोचना-पुस्तक निहायत बोझिल और अपठनीय भाषा में लिखने का संदिग्ध श्रेय उन्हें प्राप्त है। उनकी नई पुस्तक **नये प्रतिमान पुराने निकष** में उनकी भाषा की सामान्य बोझिलता बरक़रार है, अलबत्ता पठनीयता कुछ बढ़ी है। अगर पिछले बीस बरसों की एक बड़ी असफलता का ज़िक्र करना हो तो आलोचना की एक ऐसी सामान्य भाषा विकसित करने की असफलता का ज़िक्र किया जा सकता है जो जीवंत हो, सूक्ष्म होकर भी रोचक हो और जो प्रसंगानुकूल और सार्थक हो। लक्ष्मीकांत वर्मा की भाषा सिद्धांत-निरूपण में कुछ इतने ज़ोर-शोर से व्यक्त है कि वह दिलचस्प नहीं रह जाती। उसमें ब्यौरों की भरमार है पर रचनात्मक दृष्टि का सहज ताप नहीं। वह प्रवृत्तियों और स्थापनाओं के बखान और सिद्धि में प्रायः हमेशा ही जुते रहने के कारण वास्तविक रचनाओं की सार्थक व्याख्या की बहुत कम

कोशिश करती है।

तीन सौ से कुछ अधिक पृष्ठों की पुस्तक में कहीं भी किसी महत्त्वपूर्ण रचना की विस्तृत विवेचना नहीं है। जहाँ-तहाँ इस या उस प्रवृत्ति या सिद्धांत के उदाहरणों के रूप में रचनाओं के उद्धरण हैं पर कहीं भी किसी समूची रचना की आत्यंतिक सत्ता या अद्वितीयता की सूक्ष्म पड़ताल नहीं है। ऐसी पड़ताल के अभाव में स्थापनाओं की प्रामाणिकता की कोई जाँच पुस्तक की सीमा में नहीं हो पाती और इस अर्थ में आलोचना और उसकी भाषा विश्वसनीय नहीं लगती। हिन्दी में हरेक आलोचक को चिंतक और मौलिक विचारक होने का कुछ ऐसा ऐतिहासिक-सा शौक़ है कि हर कोई, वह नया हो या पुराना और युवा हो या बुज़ुर्ग, वास्तविक रचनाओं की व्याख्या और अन्वेषण से स्थापनाएँ विकसित और निश्चित करने की कोशिश से बचता है और मानो हवा में स्थापनाएँ उपलब्ध करता है। इस सिलसिले में 'आधुनिकता : कुछ विचारसूत्र' शीर्षक लेख को लिया जा सकता है। चौबीस पृष्ठों के इस लेख में आधुनिकता की धारणा की चर्चा और व्याख्या तथाकथिक वैचारिक स्तर पर की गई है और हिन्दी-साहित्य का कहीं कोई ज़िक्र ही नहीं है। कहीं भी ऐसी रचनाओं का हवाला नहीं दिया गया है जो आधुनिकता के इस लक्ष्मीकांतीय संस्करण का समर्थन करती हों। इस समर्थन के अभाव में विचारों की विश्वसनीयता और उपयोग संदिग्ध हो जाते हैं। यह समझना मुश्किल होता है कि इन सामान्य स्थापनाओं का महत्वपूर्ण रचनाएँ खोजने, उनमें जो घटता है उसका ऐसे बखान करने के लिए, जिससे उनका आंतरिक संगठन और सार्थकता पाठक के निकट उजागर हो सकें, औज़ार के रूप में कैसे इस्तेमाल हो सकता है। यही करना ठोस आलोचना का काम है। बुनियादी बात यह है कि लक्ष्मीकांत वर्मा ने कोई निश्चित आलोचनात्मक विधि खोजी या विकसित नहीं की है। ऐसा न कर पाना या चाहना उनकी मुख्य कमज़ोरी तो है ही, साथ ही साथ वह उनके बौद्धिक आलस्य का भी एक प्रमाण है।

इतना ही नहीं उनकी भाषा और आलोचनात्मक शब्दावली के पीछे बौद्धिक विश्वास की घोर कमी है। आधुनिकतावाले लेख में उन्होंने कम से कम बत्तीस अंग्रेज़ी शब्दों या शब्द-समूहों का उपयोग किया है। मज़े की बात यह है कि ये शब्द अपने हिन्दी समानार्थी शब्दों के बाद दिए गए हैं। हिन्दी एक सच्ची और जीवित भाषा की तरह विकासशील है, पर ऐसी दरिद्र नहीं है कि उसके लेखक को समसामयिकता, सामंजस्य, क्रिश्चियन अध्यात्मवाद, संपूर्ण मानव, चीज़ों के सत्य, मानव सम्मान, आदिम जिज्ञासा, पुनस्संगठन, निरपेक्ष आदि के अभिप्रायों को स्पष्ट करने के लिए क्रमशः अंग्रेज़ी के कंटेंपोररी, रिकंसिलिएशन, क्रिश्चियन स्प्रिच्युएलिज़म, होल मैन, ट्रुथ ऑफ़ थिंग्ज़, डिगनिटी ऑफ़ मैन प्रिमिटिव क्वेस्ट,

रीएरेंजमेंट, सेक्युलर आदि अंग्रेज़ी शब्दों का साथ-साथ उपयोग करना पड़े। इस तरह का उपयोग करनेवाले के बारे में कुछ नतीजे निकालना अनिवार्य-सा हो जाता है : पहला तो यह कि उसका सारा चिंतन संदर्भहीन है और परदेसी, खासकर विलायती, आलोचनात्मक रूढ़ियों से आक्रांत है। दूसरा यह कि हिन्दी आलोचना ने पिछले बीस बरसों में जो एक नई शब्दावली उपलब्ध की है उसके प्रति लेखक आश्वस्त नहीं है, हालाँकि वह शब्दावली इतनी अपरिभाषित नहीं है जितनी लक्ष्मीकांत वर्मा शायद समझते हैं। और इन दो से आगे जाकर तीसरा नतीजा निकालने से भी नहीं बचा जा सकता कि ऐसे आलोचक के बौद्धिक स्तर और संवेदना में जरूर परिपक्वता की कमी है।

लक्ष्मीकांत वर्मा ने पुराने निकषों की अपर्याप्तता का प्रश्न उठाया और नये प्रतिमानों की ओर संकेत किया है। पर उन प्रतिमानों को वास्तविक रचनाओं और उन पर निर्णय में सक्षम दिखलाने के लिए ज़रूरी साक्षात्कार अपनी आलोचना में आयोजित नहीं किया है। विचार भले ही नये हों, पर लक्ष्मीकांत वर्मा के सोचने-विचारने का ढंग नया नहीं है, बल्कि यह कहना ग़लत न होगा कि यह काफ़ी हद तक विश्वविद्यालयीय है। 'आधुनिक हिन्दी काव्य की नई व्यक्तिवादी प्रवृत्तियाँ और उनकी पृष्ठभूमि', 'नई कविता : मनोवैज्ञानिक पृष्ठ-भूमि' आदि लेखों के शीर्षक ही नहीं, विचार-पद्धति भी काफ़ी दूर तक पिटी-पिटाई लीक पर ही चलती है।

एक ओर अगर पद्धति की दक़ियानूसी उनकी आलोचना को सार्थक बनने से रोकती है तो उनकी दार्शनिकता का आधिक्य उस आलोचना की काट को भोथरा करता है। 'मानवमूल्यों के संदर्भ में लघुमानव की कल्पना' में दुनिया-भर का दार्शनिक विवेचन है, लेकिन वह सब लघु-मानव की धारणा को नये लेखक के लिए प्रसंगानुकूल सिद्ध नहीं कर पाता। हो सकता है कुछ लेखकों के लिए वह प्रासंगिक हो लेकिन उन लेखकों या उनकी कृतियों की ऐसी कोई चर्चा लेख में नहीं है जिससे यह प्रासंगिकता स्पष्ट हो सके। दूसरे, लक्ष्मीकांत वर्मा मुक्तिबोध जैसे लेखक के अत्यन्त महत्त्वपूर्ण और विचलित करनेवाले कृतित्व को क़तई नज़रंदाज़ करते लगते हैं। इससे साफ़ ज़ाहिर हो जाता है कि उनकी लघु मानव की धारणा संकीर्ण है, या कम से कम वे उसे विश्वसनीय आधार देने में सफल नहीं हो सके हैं। कुल मिलाकर उनके यहाँ ठोस आलोचना बहुत कम है, ज्यादातर बोझिल दार्शनिकता, विश्वासहीन और असमर्थित भाषा और वैचारिक दुरूहता हैं। पूरी पुस्तक में 'ताज़ी कविता : कुछ जोड़-बाक़ी' एकमात्र ऐसा लेख है जो समकालीन कविता की सूक्ष्म और ठोस व्याख्या करता है, और जहाँ स्थापनाएँ ठोस और पहचानी जानेवाली स्थितियों से उत्कट रूप से संबद्ध हैं। उससे शिकायत यही है कि एकदम युवा कवियों की कुछ बेहद मामूली

रचनाओं को उसमें उल्लेखनीय माना गया है।

दोनों पुस्तकों को एक साथ देखें तो लगता है कि समकालीन आलोचकों पर आचार्यत्व का दबाव काफ़ी गहरा है। यह दबाव आचार्यों का या कि विश्वविद्यालयों में हो रही शक्तिहीन आलोचना का नहीं है। यह नए आलोचकों के स्वयं आचार्य बनने की कोशिश का दबाव है और इसलिए अधिक घातक है कि वह बाहर से नहीं अंदर से है। अज्ञेय और लक्ष्मीकांत वर्मा दो काफ़ी भिन्न क़िस्म के लेखक और आलोचक हैं। लेकिन दोनों आचार्य-ग्रंथि से त्रस्त जान पड़ते हैं। इन दो पुस्तकों से प्रगट उनकी ज़्यादातर मुद्राएँ आचार्यत्व की मुद्राएँ हैं। यह हमारी आलोचना का दुर्भाग्य हो सकता है। पर फिर यह भी तो बहुत बड़ा और प्रीतिकर सौभाग्य है कि, बावजूद इस सबके, सच्ची रचनाओं से सच्चा साक्षात्कार करनेवाली ठोस आलोचना की परंपरा क्षीण नहीं होती है, बल्कि इस तरह ख़तरे पहचानती अधिक शक्तिवान ही होती चलती है।

ग्रालोचना की भाषा

ग्रालोचना का बुनियादी काम है महत्त्वपूर्ण रचना चुनकर उसमें जो घटता है उसका ऐसी उत्कटता से बखान करना कि पाठक के लिए वह रचना अपनी सार्थकता में गहरे अधिक उपलभ्य हो सके। पर इसके लिए ज़रूरी है कि ग्रालोचना रचना की सार्थकता की खोज करे, उसे परिभाषित करे ग्रौर इस परिभाषा को भरसक मनुष्य की दूसरी खोजों की सार्थकता ग्रौर उसके द्वारा पाई गई दूसरी परिभाषाग्रों से जोड़ सके। ज़ाहिर है कि यह सब कर पाने में समर्थ होने के लिए ग्रालोचना को ऐसे ग्रौज़ारों से लैस होना चाहिए जो सूक्ष्म हों, प्रसंगानुकूल ग्रौर समकालीन हों ग्रौर जिनकी विश्वसनीयता की पड़ताल उन्हें इस्तेमाल करनेवाला बराबर सावधान रहकर करता चले ! ऐसे ग्रौज़ारों में प्रमुख है ग्रालोचना की भाषा। लेकिन भाषा से मतलब सिर्फ़ शब्द-व्यवस्था नहीं है, उसमें धारणाएँ ग्रौर दृष्टि शामिल हैं।

किसी रचना से साक्षात के समय ग्रालोचक कौन-से सवाल पूछता-उठाता है, यह उसकी भाषा को नियमित करता है। ग्रगर वे सवाल प्रासंगिक हैं तो उसकी भाषा में मानवीय तात्कालिकता होगी ग्रौर वह रचना को उसके ग्रर्थ ग्रौर महत्व दोनों पक्षों में उपयोगी ढंग से उजागर कर सकेगा। यानी उसकी भाषा जीवंत होगी, उसमें रचनात्मक उत्तेजना होगी, वह शब्दों की एक मूल्यवान ग्रौर सार्थक व्यवस्था होगी। ज़रूरी नहीं कि ग्राप उस भाषा के पीछे काम कर रही दृष्टि से वैचारिक सहमति रखें या रखना चाहें। वैसी सहमति उसका उद्देश्य भी नहीं होगी। विचारों ग्रौर धारणाग्रों का इस्तेमाल ग्रालोचक महत्त्वपूर्ण रचना चुनकर उसमें

जो होता है उसका बखान करने के लिए कर रहा होगा। एक दिलचस्प उदाहरण गजानन माधव मुक्तिबोध की ग्रालोचना है। उनकी तीन ग्रालोचना-पुस्तकों में कई बार कष्टसाध्य भाषा का प्रयोग हुग्रा है : वह ग्रक्सर सूक्ष्म होने की कोशिश में पांडित्यपूर्ण ग्रौर दुरूह हो गई है पर इसके बावजूद वह सार्थक ग्रौर प्रसंगानुकूल भाषा है : उसमें एक तलाश है समकालीन दबावों ग्रौर तनावों के प्रति खुला रहकर, उनसे प्रतिकृत होते हुए, ग्रपने समय की रचनाग्रों को समझने ग्रौर उनकी सार्थकता को परिभाषित करने में सक्षम धारणाग्रों को विकसित करने की। इसलिए ज्ञान से बोझिल होते हुए भी उनकी ग्रालोचना जीवंत वार्तालाप है। यह ग्राकस्मिक नहीं है कि **एक साहित्यिक की डायरी** में मुक्तिबोध इतने निजीपन ग्रौर कहानी के ढंग से नये साहित्य का एक उदार ग्रौर सार्थक शस्त्र परिभाषित करने की कोशिश करते हैं। ग्राप मुक्तिबोध के विचारों या निष्कर्षों से सहमत न हों तो भी ग्राप उनकी ग्रालोचना को एक जीवंत ग्रौर मूल्यवान वार्तालाप पाएँगे, जो ग्रापको कई नये संबंध ग्रौर संयोग देखने-पहचानने के लिए मजबूर कर देगा :

इसका ठीक उलटा उदाहरण है नगेन्द्र जैसे पंडित की ग्रालोचना। शाश्वत तत्वों से ग्राक्रांत ग्रौर समकालीनता से ग्रसंबद्ध होने के कारण नगेन्द्र जो सवाल पूछते हैं वे ग्रगर व्यर्थ नहीं तो ग्रप्रासंगिक ज़रूर हैं। नतीजा यह है कि उनकी ग्रालोचना भी ग्रगर व्यर्थ नहीं तो प्रायः ग्रप्रासंगिक है। उनकी धारणाएँ लचीले ग्रौर सूक्ष्म ग्रौज़ारों का काम नहीं देतीं, जिनसे वास्तविक रचनाग्रों का संघटन सार्थक ढंग से उजागर हो सके : वे लगभग ज़िद हो गई रूढ़ियाँ हैं। नगेन्द्र की भाषा इसीलिए ग्रपने सारे घटाटोपी पांडित्य के बावजूद ग्रप्रामाणिक भाषा है। उसमें मुक्तिबोध जैसी मानवीय तात्कालिकता ग्रौर निजीपन न होकर सूक्ष्मता-हीन ठंडापन है। उसकी ऊपरी गरिमा इस तथ्य को छुपा नहीं सकती कि वह कोई वार्तालाप नहीं है ग्रौर वह शब्दों की एक निष्करुण ग्रौर ग्रविश्वसनीय परंपरा-भर है। मुक्तिबोध की ऊबड़-खाबड़, दुरूह ग्रौर कष्टसाध्य भाषा तलाश की भाषा है, साहित्य की समकालीन जटिलताग्रों ग्रौर ग्रंतर्विरोधों को किसी संगत समायोजन में गूँथने-देखने की भाषा है। नगेन्द्र की भाषा ग्रात्मतुष्ट सिद्धि की भाषा है, लेकिन ऐसी सिद्धि की जिसकी तह में कुछ प्रसंगहीन सरलीकरण है; वह तनावहीन भाषा है।

नये साहित्य के रहते स्वयं भाषा के बारे में कुछ बुनियादी धारणाएँ बदली हैं। रचना-प्रक्रिया पर जो बहस हमारे यहाँ हुई उससे कम से कम एक बात साफ़ देख सकने की ग्रोर हम प्रवृत्त हुए, ग्रौर वह यह कि भाषा एक माध्यम-मात्र नहीं है : वह ग्रनुभव को संप्रेषित भर नहीं करती, बल्कि स्वयं रचनात्मक ग्रनुभूति का ग्रंग है। इस बात का सीधा मतलब है कि ग्रब तक कथ्य ग्रौर शिल्प,

अनुभूति और अभिव्यक्ति के बीच जो मोटा-मोटा-सा विभाजन हम करते आए थे, वह बदल गया है, बल्कि निहित द्वैत रचनात्मक सत्ता के लिए अप्रासंगिक होने लगा है। नये लेखक के लिए, इसलिए, भाषा के प्रति नई जागरूकता और चिंता उस नई दुनिया के प्रति चिंता का पर्याय हो गई जिसमें कि वह रहने को बाध्य है। लेकिन जो पुराने ढर्रे से सोचने को विवश थे उनके दिमाग़ में कथ्य और शिल्पवाला पुराना द्वैत बना रहा और उनके लिए नया साहित्य बड़ी आसानी से शिल्पवादी हो गया। यह बताना ज़रूरी नहीं कि ऐसी आलोचना प्रसंगहीन हो गई। उसके औज़ार पुराने थे और उनकी काट से वास्तविक रचनाओं में कोई उत्तेजक चमक नहीं उजागर हो सकती थी।

जैसे नये लेखक ने कई क्षेत्रों और अनुशासनों की भाषाएँ लेकर अपने समय की मानवीय स्थिति को परिभाषित करने के लिए एक नई भाषा की तलाश की, नये आलोचक ने भी एक समकालीन रचना को दूसरी समकालीन रचना से, इतिहास से, समकालीन जीवन और राजनैतिक-सामाजिक स्थिति से, जोड़ने की कोशिश की। ज़रूरी नहीं कि यह कोशिश हर बार कामयाब हुई हो। पर जब हुई, तब उसने पाठक के साथ वास्तविक रचनाओं का संबंध बदल दिया, गहरा और सार्थक किया और इसलिए अपने समय में अपनी इस ख़ास दुनिया में मानवीय होने के अनुभव और समझ को आगे बढ़ाया। ऐसे आलोचकों में से दो का नाम लेना काफ़ी है: विजयदेव नारायण साही और नामवर सिंह। जिन्होंने साही का अधूरा लेख 'लघु मानव के बहाने हिन्दी कविता पर एक बहस' पढ़ा है उनके लिए छायावाद से लेकर अज्ञेय तक की कविता एक-दूसरे से, और तत्कालीन, सामाजिक, राजनीतिक और सांस्कृतिक परिस्थिति से, एक नये-ताज़े और सार्थक तारतम्य में जुड़ जाती है। उस लेख के पहले मुझे उत्तर-छायावादी कवियों—बच्चन, भगवतीचरण वर्मा और नरेन्द्र शर्मा—का काव्य कभी महत्त्वपूर्ण नहीं लगा था। अपने एक दूसरे लेख में शमशेर की कविता की जो सूक्ष्म पड़ताल साही ने की है, वह उस कविता के अर्थ और महत्व को ही उजागर नहीं करती, बल्कि ऐसा करते हुए नए कवि के कुछ बुनियादी अंतर्विरोधों को नाटकीय, पर कविता को समृद्ध करने वाले, तनावों के रूप में स्पष्ट भी करती है। शमशेर की कविताओं से हमारा संबंध नई विकलता पाता है, अक्सर रोचक ढंग से बदल जाता है।

इसी तरह अगर हम नामवर सिंह के लेखों के बाद निर्मल वर्मा, केदारनाथ सिंह या पंत की रचनाओं को पढ़ें तो उनका आस्वाद ही अलग नहीं होगा, बल्कि प्रीतिकर ढंग से उनसे हमारा सारा संबंध ही एक ऐसे धरातल पर हो जाएगा जो गहरा है और विस्तृत भी, और जिसमें सपाटपन नहीं, रचनात्मक उत्तेजना भरी जटिलताएँ हैं—ऐसी जटिलताएँ जो हमें अपने समय के आदमी की हालत को देखने-समझने की जीवित दृष्टि और जागरूकता रखने और विकसित

करने के लिए बाध्य करती हैं। रचना के सामाजिक ग्रभिप्राय या निहितार्थों ग्रौर उसकी ग्रांतरिक सत्ता को एक साथ ग्रौर ग्रनिवार्य संबंध में देखने की क्षमता ने ही इन दोनों ग्रालोचकों को उनका जीवंत मुहावरा दिया है ग्रौर उनके ग्रालोचनात्मक लेखन को रचनात्मक उजास।

ध्यान से देखा जाए तो ऐसी भाषा ग्रौर उसे समृद्ध करने वाली धारणाग्रों के विकास में नये लेखक का योगदान बहुत महत्त्वपूर्ण है। उसने ग्रगर ग्रपनी रचना ग्रौर मूल्य-दृष्टि की सफ़ाई दी है तो रचनाग्रों की ठोस ग्रालोचना भी की है। इस मामले में पहल कवियों ने की। नये काव्यशास्त्र की परिभाषा ग्रौर विकास-विस्तार करने की कोशिश, यह एक दिलचस्प बात है, ग्रज्ञेय ग्रौर मुक्तिबोध जैसे कवियों ने की, न कि रससिद्ध पंडित ग्रालोचकों ने। कुँवरनारायण, धर्मवीर भारती, विजयदेव नारायण साही, श्रीकांत वर्मा, रघुवीर सहाय, लक्ष्मीकांत वर्मा, मलयज ग्रादि कवि-ग्रालोचकों की एक मूल्यवान परंपरा है। ग्रज्ञेय ने नई साहित्य-दृष्टि खोजने का प्रयत्न किया ग्रौर साहित्य के इतिहास ग्रौर परंपरा के प्रति एक नई दृष्टि भी विकसित की। यह ठीक है कि नये कवियों की काफ़ी-सी ग्रालोचना नये लेखन की वकालत है। पर इससे इनकार नहीं किया जा सकता कि ऐसा करते हुए भी नये लेखक ने कई उपयोगी, प्रसंगानुकूल ग्रौर नये ग्रौज़ार ग्रौर धारणाएँ दीं।

नामवरसिंह, देवीशंकर ग्रवस्थी ग्रौर नेमिचंद जैन जैसे बाक़ायदा ग्रालोचकों की ग्रालोचना ग्रगर सार्थक ग्रौर सक्षम है, तो इसका कुछ श्रेय नये लेखकों द्वारा बनाए गए ग्रालोचनात्मक माहौल को भी है। इन ग्रालोचकों की भाषा में रचनाग्रों की व्याख्या ग्रौर उन्हें व्यापक संदर्भ से जोड़कर उसके महत्व को गहरा करने ग्रौर इस तरह ग्रनुभव की प्रामाणिकता की पड़ताल ठोस ढंग से करने की परिपक्व शुरुग्रात हुई है। उनकी ग्रालोचना सिर्फ़ साहित्य के प्रति उनकी चिंता व्यक्त नहीं करती : वह उस समूची संस्कृति की परख भी करती है जो रचनाग्रों के माध्यम से व्यक्त होती है ग्रौर जिसे रचनाएँ बनाती हैं ग्रौर जो इसलिए उनका ग्रनिवार्य संदर्भ भी है। उनके मुहावरे व्यक्तिगत हैं, उनके निर्णय भी ग्रलग-ग्रलग हैं : पर उनकी भाषा हमेशा समकालीन तनाव से प्रतिकृत हो रहे ऐसे ग्रादमी की भाषा है जो साहित्य के प्रति सहज भाव से खुले हैं ग्रौर जिनकी सच्ची जिज्ञासा ग्राज ग्रादमी की हालत समझने की है। यह नहीं है कि इन ग्रालोचकों के पास पूर्वग्रह नहीं हैं : यही कि वे ऐसे पूर्वग्रह हैं जो समकालीन हैं, ग्रौर ऐसे व्यक्तियों के नहीं हैं जिन्होंने हमेशा के लिए चीज़ों का हल पा लिया है, पर जिन्हें हल की तलाश है, ग्रौर जो ग्राज हल पाने की भयंकर कठिनाइयों को समझते-बूझते हैं। उनके पास व्यवस्थित दृष्टि है, ग्रपना विशिष्ट मूल्यबोध है, ग्रौर सिद्धांत हैं। उनकी पद्धतियाँ भी ग्रलग-ग्रलग हैं पर वे रचनाग्रों के

सामने विनयशील हैं। वे ऐसे लोग हैं जो अपने औज़ारों को बार-बार परखते और पैना करते रहते हैं, जिनके सिद्धांत रचनाओं से साक्षात्कार के समय लचीले हैं आस्वाद से अभिभूत होते हैं, जिनकी मूल्य-दृष्टि रचनाकार की मूल्य-दृष्टि से रचनात्मक तनाव की स्थिति में रहती है, न कि उसपर अपने को थोपने या प्रभुत्व जमाने की कोशिश में। वस्तुनिष्ठ उतने ही हैं जितना कि प्रामाणिक आलोचनाओं के लिए ज़रूरी है, लेकिन तटस्थ नहीं। समकालीन साहित्य के प्रति वही तटस्थ रह सकता है जो कि अपने आसपास की वास्तविकता से साक्षात्कार के जोखम से और नये संबंधों से बचना चाहता है।

नंददुलारे वाजपेयी आदि को ऐसी तटस्थता के उदाहरण के रूप में प्रस्तुत करना पुरानी बात है। मगर खुद नये लेखक ने जब इस जोखम से बचना शुरू किया, उसकी आलोचना और भाषा अप्रासंगिक होती गई है। अज्ञेय एक ऐसे ही आलोचक हैं जिनकी दिलचस्पी अपने समय के युवा-लेखन में बहुत कम हो गई है। नतीजा यह है कि उनकी इधर की आलोचना युवा प्रतिभा की अवमानना करती है और वे धीरे-धीरे समकालीन अप्रासंगिकता का स्मारक बनकर रह गए हैं। उनका नया निबंध-संग्रह अधिकांशतः आत्ममुग्ध और तनावहीन भाषा में, जो निश्चय ही ऊपर से सूक्ष्म, लेकिन दरअसल सपाट. लिखी गई आलोचना संकलित करता है। वह अज्ञेय का समकालिक रचनात्मक प्रयत्न से क्षीण संबंध ही नहीं प्रकाशित करता, बल्कि उनकी आचार्य-ग्रंथि को भी उघारकर सामने रखता है। यह आकस्मिक नहीं है कि बरसों बाद निकली अज्ञेय जैसे लेखक की आलोचना पुस्तक का नये लेखकों पर किसी तरह का कोई असर नहीं हुआ।

नई आलोचना का एक दूसरा छोर वे युवा लेखक हैं जिनकी रचनाएँ हिंसक और आक्रामक हैं। ज़्यादातर उनका रुख़ आलोचना-विरोधी है। यह एक समझ में आ सकनेवाला सारे मूल्यों के विरोध का रुख़ है। लेकिन उसका उपयोग रचनाओं को बेहतर समझ पाने के लिए कर सकना बहुत मुश्किल है। यह विरोध, जैसाकि, मसलन, कार्ल शेपिरो जैसे अमरीकी कवि-आलोचक के यहाँ है, साहित्य और संस्कृति की गहरी पड़ताल से विकसित हुआ नहीं है, बल्कि ज़्यादातर अपने को गहरा सोचने की जहमत से बचाने के कारण और अपने सार्वजनिक मुखड़े को नाटकीय ढंग से प्रस्तुत करने की इच्छा के कारण है। ऐसे लेखकों ने वक्तव्य देना और लेख लिखना बंद नहीं किया है। पर अक्सर उनके वक्तव्य और रचनाओं में कोई सार्थक संबंध नहीं है। कई बार तो दोनों ही आत्म-प्रदर्शन के दो असंबद्ध संस्करण-भर हैं। उन्होंने अगर रचनात्मक भाषा की वाचकता को बेहद धुँधला कर दिया है, तो आलोचना की भाषा की वाचकता को भी उन्होंने आघात पहुँचाया है। उनकी याददास्त भी बेहद कमज़ोर

है। उनमें से कई कुछ नयी स्थापनाओं को ऐसे सामने रखते हैं जैसे वह एकदम उनकी ताज़ा खोज हो। कुछ दिनों पहले एक ऐसे ही लेखक ने सन् '६० के बाद की कहानी की एक विशेषता यह बतलायी थी (वह एक साप्ताहिक में काले-मोटे हरफ़ों में छपी थी) कि रचना का शिल्प उनके अनुभव में से निकलता है; उसके बाहर से नहीं। इस खोज का अबोध विस्मय लेखक को भले हो, जबकि हम सब जानते हैं कि ऐन इसी खोज से पच्चीस बरस पहले **तार-सप्तक** से नये साहित्य की शुरुआत हुई थी। ऐसे युवा लेखकों की संख्या कम नहीं है जो बड़ी संजीदगी से ऐसे सवाल पूछने और जवाब देने में लगे हैं जो पहले अधिक व्यवस्थित और उत्तेजक ढंग से पूछे जा चुके। बल्कि यह कहना ग़लत न होगा कि पिछले पाँच-सात वर्षों की आलोचनात्मक चर्चाओं और बहस का जायज़ा लिया जाय तो उनका अधिकांश सामान्य आलोचनात्मक बुद्धि और स्तर की गिरावट ही सूचित करता है। युवा लेखकों ने पिछले दिनों जो कुछ लिखा-कहा है उसने हमारी आलोचना को कोई भी नया औज़ार, कोई नयी प्रखरता और उत्तेजना नहीं दी है। उन्होंने ऐसा एक भी नया और तीखा सवाल नहीं पूछा है जो साहित्य की ओर, उसके माध्यम से आदमी की आज की हालत को नये ढंग से देखने की ओर, हमें ले जाये।

दरअसल, बीस वर्षों में ज्यादातर आलोचना सिद्धान्त-निरूपण में व्यस्त रही है। अपने कर्तव्य को ईमानदारी से पूरा करने के लिए जरूरी है कि आलोचक के पास सिद्धान्त और धारणाएँ हों। पर आलोचना का अभिप्राय इन सिद्धान्तों की सिद्धि की खोज करना नहीं है। हो सकता है लगे हाथ वैसा भी हो जाये, पर वह आलोचना का बुनियादी लगाव नहीं है। लेकिन अक्सर यह भुला दिया गया है। अक्सर हुआ यह है कि रचनाओं को उनकी आत्यन्तिकता में पहचानना और उपलब्ध कराना छोड़कर, आलोचक उन्हें किसी सिद्धान्त के उदाहरण के रूप में देखता-परखता-भर रहा है। कोई धारणा तब तक प्रमाणित नहीं हो सकती जब तक वह रचना के, उसके जीवित और नाटकीय संगठन के सामने विनयशील नहीं है। कहना भी काफी नहीं है : सिद्धान्त या धारणाओं के साथ सम्बद्ध भाषाएँ और विधियाँ विकसित होना भी जरूरी है। ठोस और वास्तविक आलोचना तभी हो सकती है। नये आलोचकों में से बहुत कम ने अपने सिद्धान्त और धारणाओं से सम्बद्ध भाषाएँ और विधियाँ खोजने और व्यवस्थित-निश्चित करने की कोशिश की है। इसे परिस्थिति का एक दुर्भाग्यपूर्ण अन्तर्विरोध ही मानना चाहिए। ठोस और व्यवस्थित आलोचना के लिए इतने अनुकूल वातावरण में भी इने-गिने आलोचकों की इनी-गिनी पुस्तकें ही हैं जो ठोस आलोचना प्रस्तुत कर सकी हैं। पुस्तकों में गजानन माधव मुक्तिबोध की **कामायनी : एक पुनर्विचार, एक साहित्यिक की डायरी, नयी कविता का आत्मसंघर्ष और अन्य निबन्ध,**

नेमिचन्द्र जैन की **अधूरे साक्षात्कार**, नामवर सिंह की **कहानी— नयी कहानी** और **इतिहास और परम्परा** तथा अन्य असंकलित लेख, विजयदेव नारायण साही, कुँवर नारायण आदि के लेख, **विवेक के रंग** में संकलित निबन्ध, आदि, इस सिलसिले में उल्लेखनीय हैं।

साहित्य में बार-बार अराजकता की दुहाई देना पण्डितों का काम है। लेकिन उस आरोप से बचे रहकर इतना तो कहा ही जा सकता है कि समकालीन आलोचना में व्यवस्था कम है। यह नहीं कि औज़ार नये और पैने नहीं हैं। जैसा कि ऊपर कहा गया है, हमारे पास औज़ार हैं, तीखे-पैने हैं, उपयोगी धारणाएँ हैं : खासी उत्तेजना है। लेकिन इसे अजीब ही कहा जायेगा कि आलोचना की भाषा प्रमाणित नहीं है : पदों के अभिप्राय स्थिर करने की कोशिश बहुत कम हुई है। नये साहित्य के साथ बहुत सारी नयी शब्दावली आयी है और प्रचलित शब्दों में नयी अर्थ-छवियाँ आयी हैं। अनुभूति शिल्प, फ़ार्म, रूप, बिम्ब, प्रतीक, मूल्य, मूल्यबोध, परिवेश, जटिलता, दुरूहता, संवेदना, सन्दर्भ, परिप्रेक्ष्य, मानवीय साक्षात्कार, सार्थकता, आदि बीसियों शब्द हैं जो आज की आलोचना-भाषा में बहुतायत से इस्तेमाल होते हैं। पर उनका अर्थ निश्चित नहीं है। वे पारिभाषिक होने का आभास देते हुए वास्तविक उपयोग में बहुतों के यहाँ प्रमाणित नहीं हैं। मज़े की बात यह है कि ऐसे कुछ शब्दों का इस्तेमाल एक नयी रूढ़ि बन गया है : लेखकों के वक्तव्य हों, पुस्तक-समीक्षा हो, कविता हो या कहानी, इन रूढ़ियों से छुटकारा नहीं है। छुटकारा पाना जरूरी भी नहीं, क्योंकि ये उपयोगी चिन्तन रूढ़ियाँ हैं, जिनमें रचनाओं में जो घटता है उसका, और उस समूची मानव-स्थिति का जो रचनाओं को घेरती है, उत्कटता से बखान करने की क्षमता है। लेकिन इसके लिए जरूरी है कि इन रूढ़ियों को व्यवस्थित और परिभाषित किया जाये। तभी आलोचना सच्चा और दिलचस्प और उत्कट वार्तालाप हो सकती है जो साहित्य और उसके माध्यम से आदमी की हालत की हमारी समझ को आगे बढ़ा और गहरा कर सकती है। तभी वह साक्षात्कार हो सकती है, वास्तविक रचनाओं से, सच्चे प्रासंगिक और सही सवालों से। हमारे देश में तेजी से एक उठाईगीर और छद्म संस्कृति विकसित हुई है। उसके रहते सही सवालों की पहचान अपने-आप में एक बड़ी उपलब्धि है। यह पहचान चाहे तो आलोचना हमें दे सकती है।

०००